전문번역,
나도 할 수 있다

전문번역,
나도 할 수 있다

| 윤후남 지음

한국학술정보

나의 사랑하는 딸

해리에 의해 번역되는 우리의 삶을 위하여

서 문

한 영국인 철학교수가 필자와 개인적으로 만난 사석에서 자신의 번역 경험담을 얘기하면서 이런 말을 한 적이 있다. 번역은 잘못하면 엄청나게 공격을 받게 되지만 잘해도 그에 대해 알아주는 사람이 아무도 없다고. 그러면서 최근에 자신이 많은 공을 들인 번역에 대해 아무도 얘기해 주지 않는 것을 서운케 생각했다.

그 철학교수가 한 말을 다시 생각해보면, 번역은 아무리 잘해봐야 본전이라는 말로 해석할 수 있다. 또한 잘못된 번역을 판단할 수 있는 일정한 잣대는 있어도 무엇이 잘된 번역인지에 대해서는 일정한 기준이 정해져 있지 않다는 말로 해석할 수도 있다. 그러므로 어떤 번역이 잘못되었는지 지적하기는 쉬워도 어떤 번역이 잘된 번역인지 판단하기는 어렵다는 뜻일 것이다.

사실 어떤 텍스트에 대해 어떤 번역이 잘된 번역인지에 대한 정답은 없다. 한 텍스트에 대한 잘된 번역은 단 한 가지 형태만이 아니라, 다양한 형태의 여러 텍스트가 있을 수 있기 때문이다. 잘된 번역의 기준 또한 시대마다 다르고, 문화권에 따라서, 그리고 독자층에 따라서 다를 수 있다. 또 텍스트의 유형이나 내용에 따라 그 기준이 달라

질 수도 있다. 예를 들어, 종교적인 문제가 결부된 텍스트의 경우에는 번역에 대해 좀 더 엄격한 기준이 적용될 수 있다. 실제적인 신앙의 문제와 밀접한 관련성을 갖기 때문이다.

16세기 프랑스의 번역가이자 인쇄업자였던 에티엔 돌레(Étienne Dolet, 1509~1546)의 경우와 17세기 프랑스의 번역 관행을 보면 잘된 번역의 기준이 얼마나 유동적인지를 잘 알 수 있다. 일대일 대응식의 직역보다는 전체적으로 조화롭고 이해하기 쉬운, 자연스런 번역을 추구했던 에티엔 돌레는 정치적으로 부정확한 번역 서비스를 했다는 이유로 화형을 당하였다. 그는 소크라테스가 죽음 직전에 했던 "And if you died, [death] wouldn't be anything more to you, since you wouldn't exist"란 의미의 구절을 프랑스어로 번역하면서 'as anything at all'이란 의미의 단어를 추가하였다. 이 추가번역으로 인해 인간의 영혼은 불멸한다는 원래의 의미와는 달리 인간은 죽으면 육체도 영혼도 없는, 그 아무것도 아닌 무(無)로 돌아간다는 뜻이 되어버렸으며 이 번역이 종교재판에서 영혼의 불멸을 부정하는 불경한 행위로 간주되어 화형을 당하였다. 가톨릭 전통이 강했던 프랑스에서는 이러한 무신론적인 내용은 신성을 모독한 것이기 때문에 묵과

될 수 없었던 것이다.

그런가 하면 17세기에 이르면 프랑스에서는 번역에 대해 '아름다우나 부정한 여인(Belle infidèle)'이라는 비판이 나올 정도로 외국 작품들을 최대한 자연스럽고 유려한 프랑스어로 번역하는 것이 규범이었다. '아름다우나 부정한 여인(Belle infidèle)'이란 말은 당시 프랑스의 학자였던 질 메나쥐(Gilles Ménage, 1613~1692)가 가독성을 살린 유려한 프랑스어 번역가로 사랑받던 페로 다블랑쿠르(Nicolas Perrot D'Ablancourt, 1606~1664)의 작품에 대해 평하면서 "그의 번역은 내가 투르에서 깊이 사랑한 여자를 연상시킨다. 아름답지만 부정한 여인이었다"라고 비판한 데서 나온 말이다. '아름다우나 부정한 여인'이란 원작의 문체를 배신한 번역이라는 뜻이었다. 원작의 문체를 배신하는 번역 관행은 원작의 문체나 미학적 요소보다는 독자들이 읽었을 때 마치 원래 영어로 쓰였던 것처럼 물 흐르듯이 잘 읽히는 가독성을 중시하는 현대 영미권의 번역규범에서 볼 수 있듯이 현대에도 작동되고 있는 규범이다.

이처럼 잘된 번역의 기준은 시대마다, 문화권마다, 텍스트마다 매우 다르므로 잘된 번역을 하기 위해서는 그 번역이 생산되어 유통되

게 될 환경을 고려하는 것이 매우 중요하다 할 것이다.

　사실 번역하는 데 있어서 고려해야 할 요소들은 무수히 많다. 흔히 번역의 과정을 '원문에 대한 분석 – 전이 – 도착어 텍스트로의 재구성'의 과정으로 단순하게 설명하지만 실제 번역에 착수하게 되면 이 세 단계의 각 단계마다 고려해야 할 요소들이 많다. 이러한 요소들 중 몇 가지를 예로 든다면, 원문의 분석 단계에서는 원문이 생산된 시기, 작가의 의도, 원문 텍스트 자체에 대한 분석, 출발어 문화권에서 원문이 차지하는 위치, 원문의 독자층 등을 고려해야 하고, 전이의 단계에서는 출발어와 도착어 문화 간의 이데올로기의 차이, 문화 간의 차이점, 두 문화 간의 독자층의 차이, 번역전략 등, 그리고 재구성의 단계에서는 도착어 텍스트로서의 유효성, 도착어 텍스트의 독자층, 도착어 텍스트가 도착어 문화권에서 차지하게 될 위치 등을 고려해야 한다. 이처럼 번역에서 고려해야 할 요소들은 실로 다양하다. 번역은 단지 텍스트만의 문제가 아닌 것이다.

　본서는 번역 시 고려해야 할 이러한 다양한 문제들을 해결하는 데 필요한 기본기를 연마할 수 있도록 엮은 입문서이다. 필자가 번역현장에서 수년 동안 번역가로서 활동한 경험과 대학현장에서 번역을 가르친 경험을 바탕으로 하여 잘된 번역을 하기 위해 기본적으로 알아야 할 가장 필수적인 요소들만을 모은 일종의 지침서이다.

본서의 1차적 목적은 대학이나 대학원 현장에서 학생들에게 번역을 가르치는 데 활용할 수 있도록 하는 데 있지만, 번역을 처음 시작하고자 하는 사람이나 현장에서 번역을 해왔지만 좀 더 나은 번역을 위해 공부하고자 하는 사람들도 혼자서 쉽게 공부할 수 있도록 엮었다. 번역 시 알아야 할 번역의 기본개념에서부터 시작하여 번역기법에 대한 이론을 다루었으며, 실제 번역기법을 적용해봄으로써 번역전략 습득에 도움이 될 수 있도록 많은 예제를 실었다. 또한 번역비평을 하는 데 있어서도 실제적인 도움을 줄 수 있도록 실제 번역된 텍스트들에 대한 분석의 예를 제공하였다. 예제들은 문학에서부터 드라마, 정치, 경제, 기술 분야에 이르기까지 가능한 한 다양한 분야를 다루었다.

본서의 구성은 다음과 같다.

PART 1에서는 번역학에서 거론되는 번역에 관한 기본적인 개념들에 대해 다루었다. 여기에서 거론된 개념들은 이론상 여러 가지 다른 언어학적, 또는 철학적 정의들이 있을 수 있지만 여기에서의 관심은 번역이므로, 번역의 차원에서 다룬 개념들이다.

　　PART 2에서는 어휘 층위에서 발생할 수 있는 번역의 문제점들을 중심으로 번역 시 활용할 수 있는 번역기법들을 소개하고 실제 훈련을 통해 번역전략을 익힐 수 있도록 다양한 장르와 주제에 관한 연습문제를 실었다.

　　PART 3에서는 흔히 번역가들이 간과할 수 있는, 텍스트 층위에서 발생할 수 있는 번역의 문제점들을 중심으로 실제 번역 시 활용할 수 있는 번역기법들을 소개하였다.

　　PART 4에서는 이러한 기법들이 이론들과 결합하여 실제 텍스트에서 어떻게 활용될 수 있는지를 번역작품 비평을 통해 소개하였다.

　　본서에서는 설명을 용이하게 하기 위해 주로 영어에서 한국어로 번역하는 과정을 중심으로 예제를 들고 있지만 여기에서 다룬 내용은 한국어에서 영어로의 번역은 물론이고 서로 다른 언어 간에 이루어지는 다른 번역에서도 활용할 수 있는 내용들이다. 본서를 활용하는 독자들에게 많은 도움이 되기를 바란다.

저자 윤후남

목 차

PART 1

번역의
기본 개념들

Basic Concepts of Translation

1. 번역이란 무엇인가?(What is Translation?)

번역(translation)의 국어사전적 의미를 보면 '한 나라의 말로 표현된 글을 다른 나라의 말로 옮기는 작업'이라고 되어 있다. 즉, 출발어(source language) 문자로 기록된 텍스트를 도착어(target language) 문자로 옮기는 작업을 번역의 정의로 규정하고 있다. 여기서 출발어란 번역의 대상이 되는 언어를 지칭하고 도착어란 번역작업에 사용되는 언어를 지칭한다. 즉, 국어사전에서는 번역 대상이 되는 언어로 된 문자로 기록된 텍스트를 번역어 문자로 옮기는 작업을 번역이라 규정하고 있다. 이러한 정의는 번역의 결과물보다는 번역과정에 중점을 둔 정의이다.

이와는 달리 옥스퍼드 영어사전에 실린 내용을 보면 번역이란 첫째, 번역하는 행위라고 규정하고 있으며, 둘째, 단어나 담화나 텍스트의 의미를 다른 언어의 문자나 구두로 표현한 것이라고 정의하고 있다. 이는 한국어사전상의 정의와는 다르게 번역의 과정은 물론이고 결과물까지를 번역의 정의에 포함시키고 있음을 알 수 있다. 또한 문자뿐만 아니라 구두로 표현한 것까지를 정의에 포함시킴으로써 우리가 통상적으로 얘기하는 통역까지도 번역의 범주에 포함시키고 있음을 알 수 있다. 이러한 정의로 볼 때 우리가 통상 번역이라고 지칭하는 정의 속에는 번역하는 행위와 이러한 행위를 통해 나타난 결과물, 그리고 구두를 통해 전달하는 통역이 모두 포함된다고 볼 수 있다.

실제적으로 번역이란 용어가 사용되는 경우들을 보면 번역과정은 물론이고 번역결과물까지를 지칭하는 포괄적인 의미로 사용되고 있으며, '통역'이라 일컬어지는 구두(口頭) 번역까지도 포괄하는 상위개념으로 사용되는 경우가 많다. 여기에서는 통상적인 의미의 통역을 제외한 번역만을 대상으로 하여 좀 더 자세히 다뤄보기로 하자.

번역의 개념은, 실제 사용되는 사례들을 보면, 한 언어에서 다른 언어로 옮기는 작업을 넘어서서 그 범위가 매우 광범위하다. 번역은 서로 다른 언어 사이에서뿐만 아니라 같은 언어 간에도 이루어질 수 있으며, 문자텍스트에서 문자텍스트로뿐만 아니라 문자텍스트에서 도상적 기호로, 도상적 기호에서 문자텍스트로 등, 서로 다른 매체 사이에서 이루어질 수도 있다. 특히 요즘에 거론되는 번역의 개념에는 텍스트에서 행위언어로, 텍스트에서 음악으로, 혹은 그 반대의 경우도 포함되는 경우가 많다.

프라하학파로 알려진 유럽 구조주의 언어학 운동의 창시자 일원인 로만 야콥슨(Roman Jakobson, 1896~1982)은 「번역의 언어학적 측면에 관하여(On Linguistic Aspects of Translation)」라는 논문에서 번역의 유형을 3가지로 분류하고 있다.

첫째, 동(同)언어간 번역(intralingual translation), 둘째, 이(異)언어간 번역(interlingual translation), 셋째, 이(異)기호간 번역(intersemiotic translation)이 그것이다.

동(同)언어간 번역이란 같은 언어 사이에서 이루어지는 번역 형태를 일컫는다. 시대가 변하면 언어 형태나 의미 또한 변화할 수 있는데, 동언어간 번역은 대개 시대의 흐름에 따라 언어가 달라질 때 이루어지는 번역으로서, 고어와 현대어 사이에 이루어지는 경우가 대표적이다.

한 예로서, 조선 전기의 문인인 임제(1549~1587)가 지었다는 다음 시조를 보자. 평안도사로 부임하러 가는 도중에 조선조 최고의 명기였던 황진이의 무덤을 지나다가 지었다는 시조이다.

靑草 우거진 골에 자는다 누웠는다
紅顔을 어듸 두고 白骨만 무쳣는이
盞 자바 권ᄒ리 업스니 그를 슬허ᄒ노라

위 시조는 한국 현대어에서는 사용되지 않는 고어와 한자어가 혼용되어 있어 고어를 배우지 않은 독자나 한자를 모르는 독자들은 읽어내기가 어려울 뿐만 아니라 의미를 파악하는 데도 어려움이 있다. 따라서 현대 독자들을 위해 다음과 같이 현대어로 바꿔쓰기를 할 수 있다.

푸른 풀 우거진 골짜기에 자고 있느냐, 누워 있느냐?
젊고 아름다운 얼굴은 어디에 두고, 창백한 백골만 묻혀 있느냐?
술잔을 잡아 권할 사람이 없으니 그것을 슬퍼하노라.

위의 시조는 고어나 한자를 현대어로 바꿔 쓰고 원문에 없는 구두점도 첨가하여 고어를 모르는 현대 독자들도 이해할 수 있게 번역되어 있다. 즉, 고어를 현대어로 번역한 동(同)언어간 번역이다. 14세기에 초서가 쓴 『캔터베리 이야기』를 현대영어로 다시쓰기를 하는 경우도 이에 해당된다. 이처럼 동언어간 번역이란 일종의 '바꿔쓰기(rewording)'로서, 언어 기호들을 동일한 언어의 다른 기호들을 사용해서 번역하는 것을 말한다.

이러한 바꿔쓰기는 고어와 현대어 간에 이루어질 뿐만 아니라 같은 현대어 간에도 이루어질 수 있다. 예를 들어, 조앤 롤링(Joan K. Rowling)의 판타지소설인 해리포터 시리즈를 보면 영국판과 미국판에 사용된 영어가 상이하다. 미국 독자들을 위해 영국영어의 어휘, 문법, 구문 등에 변형을 가한 것을 볼 수 있는데 이 또한 동언어간 번역에 해당된다.

이외에도 동언어간 번역에는 방언으로 된 텍스트를 동일한 언어의 표준어로 옮기는 것, 성인용 텍스트를 아동들이 이해할 수 있는 언어로 다시 쓰는 경우라든지 동언어간에 이루어지는 청각장애자들을 위한 자막 번역과 같은 경우도 포함된다.

번역의 두 번째 유형인 이(異)언어간 번역은 두 가지 이상의 서로 다른 언어 간에 이루어지는 번역을 말한다. 즉, 한 종류의 언어 기호를 다른 종류의 언어 기호를 사용하여 옮기는 것을 말한다. 영어로 쓰인 셰익스피어의 희곡을 한국어로 옮긴다거나, 한국어로 된 한국 문학작품을 영어나 다른 언어로 옮기는 등의 경우가 이에 해당된다.

이 유형의 번역은 서로 상이한 언어권과 문화권을 넘나드는 작업이기 때문에 그에 따른 번역상의 어려움과 문제들이 아주 많다. 번역학에서 지금까지 가장 많이 논의되고 연구되는 분야가 바로 이 번역 분야이기도 하다. 이 유형의 번역은 지금까지 논의되어온 가장 엄밀한 의미의 번역(translation proper) 형태에 속한다. 이 번역 유형의 예는 앞으로 본서에서 많은 예제를 통해 소개할 것이므로 별도로 소개하지 않기로 한다.

번역의 세 번째 유형은 이(異)기호간 번역이다. 로만 야콥슨의 정의에 따르면 이기호간 번역이란 비언어적 기호를 언어적 기호로 바꾸는 것을 말한다. 하지만 이기호간 번역에는 이보다 훨씬 더 다양한 유형이 있을 수 있다. 실제로 번역학 분야에서 연구가 이루어지고 있는 번역의 범위를 보면 이보다 훨씬 더 다양한 이기호간 번역에 대한 연구가 이루어지고 있음을 볼 수 있다. 예를 들어, 언어 기호들을 비언어적 기호로 바꾸는 것, 즉 언어로 된 텍스트를 음악이나 발레, 영화, 그림으로 옮기는 것, 또는 그 반대로 음악이나 그림을 문자 언어로 표현하는 것, 구전문학을 문자문학으로 옮기는 것, 또 여기에서 더 나아가 모든 사물들에 이름 붙이는 것 등 다양한 형태가 이러한 유형의 번역에 해당된다.

이기호간 번역의 한 예로서, 도상적 기호가 문자로 번역된 이기호간 번역의 예를 보자. 다음 그림은 독일 화가 홀바인(Hans Holbein der Jüngere, 1497?~1543)의 <대사들(The Ambassadors)>이란 제목의 그림으로 우리가 흔히 볼 수 있는 다른 그림들과 마찬가지로 도상

적 기호들로 이루어져 있다.

그런데 런던 내셔널 갤러리(National Gallery)의 웹사이트에 들어가 보면 다음과 같은 텍스트가 그림 아래에 실려 있다.

This picture memorialises two wealthy, educated and powerful young men. At the left is Jean de Dinteville, aged 29, French ambassador to England in 1533. To the right stands his friend, Georges de Selve, aged 25, Bishop of Lavaur, who acted on several occasions as ambassador to the Emperor, the Venetian Republic and the Holy See. The picture is in a tradition showing learned men with books and instruments. The objects on the upper shelf include a celestial globe, a portable sundial and various other instruments used for understanding the heavens and measuring time. Among the objects on the lower shelf is a lute, a case of flutes, a hymn book, a book of arithmetic and a terrestrial globe. Certain details could be interpreted as references to contemporary religious divisions. The broken lute string, for example, may signify religious discord, while the Lutheran hymn book may be a plea for Christian harmony. In the foreground is the distorted image of a skull, a symbol of mortality. When seen from a point to the right of the picture the distortion is corrected.

내용을 자세히 들여다보면 그림에 대한 설명임을 알 수 있다. 그림 속에 등장하는 두 사람이 누구인지, 어떤 신분인지, 그림 속의 물건들이 무엇인지, 그것들이 상징하는 바가 무엇인지, 그림이 전달하고 있는 메시지는 무엇인지 등을 상세하게 설명하고 있다. 그림 속에 등장하는 두 사람에 대해서, 그리고 그 시대의 그림 속 상징에 대해 알지 못하는 독자들을 위해 그림 기호를 언어적 기호로 번역함으로써 독자의 이해를 돕고 있는 것이다. 이는 도상적 기호인 그림을 상징적 기호인 언어로 번역한 이(異)기호간 번역의 한 예이다.

또 셰익스피어의 『로미오와 줄리엣』이 레오나르도 디카프리오 주연의 할리우드판 영화로 제작된 경우를 보자. 문자 텍스트가 스크린으로 옮겨지는 과정에서 지문이나 대사 등의 문자들이 인물의 행위나 배경, 또는 소품 등의 시각적 또는 청각적 기호로 옮겨지게 되는데, 이 역시 문자 기호가 언어적, 시각적, 청각적 기호로 옮겨진, 서로 다른 매체 간에 이루어지는 이기호간 번역에 해당된다.

이기호간 번역은 우리의 일상생활에서도 빈번하게 이루어지는 번역 유형이다. 친구와 함께 길을 건너다가 신호등이 빨간색으로 바뀐 것을 보고 "위험해"라고 말한다거나, 커피숍에서 커피를 주문하고 나서 기다리다가 커피가 준비되었음을 알리는 진동벨이 울리는 것을 보고 "커피가 나왔어"라고 말하는 것은 모두 도상적 기호나 청각적 기호를 언어라는 상징적 기호로 번역한 것이므로 이 또한 이(異)기호간 번역에 해당된다. 또 가끔 TV를 보다 보면 청각 장애자들을 위해 화면 한 구석에서 수화로 번역해주는 장면을 볼 수 있는데 이것도 이기호간 번역에 속한다. 맹인용 점자 텍스트, 모스 부호(morse code), 국기의 상징들(flag symbol), 금연을 뜻하는 도상적 기호 등도 문자언어를 다른 기호로 번역한 이언어간 번역의 유형에 해당된다.

본서에서는 엄밀한 의미의 번역인 이언어간에 이루어지는 번역을 중심으로 다루겠지만, 번역에는 이처럼 다양한 유형의 번역이 있으며 폭넓은 연구가 이루어지고 있음을 염두에 두는 것이 좋겠다.

2. 번역의 등가성(Translation Equivalence)

번역에서 등가성이란 개념은 마치 형식적, 내용적 측면에서 출발어 텍스트와 등가적인 가치를 이루는 도착어 텍스트가 있는 것인 양, 그리고 완벽하게 등가적 번역이 가능한 것인 양 사용되어 왔다. 하지만 등가성이란 개념은 지극히 논쟁적인 개념이다.

등가성은 번역의 정의 및 번역의 실제 문제와 밀접한 관련을 갖고 있기 때문에 번역학에서 중요한 개념으로 논의되어 왔지만 그 정의와 적용가능성에 대해서는 끊임없이 논쟁의 대상이 되어왔다. 또한 등가성의 개념은 시대가 흐르고 번역에 대한 태도가 달라짐에 따라 다양한 층위에서 논의의 대상이 되어오고 있다.

예를 들어, 캣포드(Catford, 1965)는 번역의 정의를 한 텍스트 자료를 "다른 언어로 된 등가적인 텍스트 자료로 대체하는 과정"이라고 규정하며, 번역의 정의에서 중심 개념을 텍스트와 등가성으로 규정하고 있다. 사회 언어학적인 관점에서 번역을 정의하고 있는 나이다(Nida, 1969)와 테이버(Taber, 1969) 역시 번역을 등가성에 초점을 두어 "번역의 본질은 일차적으로는 의미면에서, 이차적으로는 문체면에서, 출발어의 메시지에 가장 근접한 등가어를 수신자의 언어로 재창출하는 데 있다"고 규정한다.

그렇다면 이처럼 번역에서 필수적인 요소로 다뤄지고 있는 등가성이란 무엇인가.

등가성이라고 하면 대부분 '똑같음' 또는 '동등한 가치'를 떠올리게 되는데, 콜린스 영어사전(1991)에 따르면 등가성은 "가치, 양, 중요성 등에 있어서 동등하고 서로 교환할 수 있는 상태"나 "동등하거나 유사한 효과나 의미를 갖는 것"을 말한다. 여기에서 주목할 점은 등가성의 의미에 '같음' 이외에도 '유사함'이란 의미가 포함되어 있다는 사실이다.

번역학 수업을 듣는 학생들에게 번역이 무엇인가라는 질문을 던지면, 하나같이 한 언어에서 다른 언어로 옮기는 것이라고 대답한다. 그러면 무엇을 옮기는 것인가 다시 물으면, 원문에 나와 있는 내용이라고 답한다. 또 원문에 나와 있는 내용이란 무엇인가 질문하면, 단어의 뜻, 저자의 문체, 저자의 사상, 저자의 생각, 저자의 의도, 원문이 전달하고자 하는 문화적 요소 등 매우 다양한 요소들을 지적한다. 이처럼 번역에 있어서 옮겨야 할 요소들은 실로 다양하다. 이와 같은 다양한 요소들을 손실 없이 고스란히 도착어로 옮기는 것, 그것이 등가적 번역일 것이다.

루틀리지 번역학 백과사전에서도 번역가의 임무는 도착어 독자층을 위해 원문의 의미론적, 기능적, 화용적, 문체적 차원을 고려하며 동시에 도착어 텍스트 독자들의 기대와 요구에 맞추어 원문을 재생산하는 것이라고 기술하고 있다. 즉, 번역이란 다양한 층위의 등가성을 달성하는 것이 필요함을 지적하고 있다.

율리시즈를 번역한 발레리 라르보는 번역은 "말의 무게를 다는 것"이라고 말한다. 원문의 말과 번역텍스트의 말의 무게를 똑같이 맞추는 것, 즉 저울의 한쪽에는 저자의 말을 얹고 다른 한쪽에는 그에 대한 번역어를 올려놓고서, 저울이 어느 한쪽으로도 기울어지지 않고 평행이 될 때까지 무게의 균형을 맞추어 나아가는 작업이 번역이라는 말이다. 여기에서 저울에 올려지는 저자의 말이란 사전상에 나와 있는 말이 아닌 저자가 사용하고 있는 말이다. 즉, 저자의 의도와 사상과 개성과 문학적, 미학적 감성 등이 묻어나 있는 말이며 저자가 생산한 특정 텍스트의 맥락을 담은 말이다. 그러한 다양한 층위의 요소들이 함축된 말을 손실 없이 고스란히 옮겨 저울이 어느 한쪽으로도 기울지 않게 하는 번역이 등가적인 번역일 것이다.

그렇다면 원문에 담겨 있는 이러한 요소들을 손실 없이 그대로 옮기는 일이 가능한 것일까? 여기에 덧붙여, 콜린스 영어사전에서 등가성에 대해 정의하고 있듯이, 원문이 독자들에게 주는 효과나 의미까지를 등가성의 개념에 포함시킨다면 과연 등가적 번역이 가능한 일일까? 이는 번역에 능통한 번역가들이 모여 수백 년 동안 작업을 한다 해도 불가능한 일일 것이다. 단어의 뜻에 충실하다 보면 문체를 희생시켜야 하고, 문체를 따르다 보면 의미전달이 안 될 경우가 발생하고, 저자의 의도에 충실하다 보면 작품이 독자에게 미치는 효과를 희생시켜야 하고, 또는 독자에 대한 효과에 충실하다 보면 원문을 훼손시켜야 하는 경우가 허다하게 발생하기 때문이다. 이처럼 동시에 모든 층위에 대한 등가를 달성하기란 불가능한 일이다.

이러한 상위의 층위에 대한 등가성을 이루는 번역이 아니더라도 사실상, 문맥을 떠난 한 단어에 대한 등가성이 이루어지는 번역 역시 불가능하다고 볼 수 있다. 예를 들어, 우리가 흔히 God을 한국어로 '하나님' 또는 '하느님'이라고 번역하는데, 엄밀한 의미에서 'God=하나님'은 성립되지 않는다. 연상적 의미의 측면에서만 보더라도 영어의 'God'에 대해 영어권 사람들이 가지고 있는 수많은 연상적 의미와 한국인이 '하나님'에 대해 가지고 있는 수많은 연상적 의미는 서로 동일하지 않기 때문이다.

영어와 한국어 간의 관계에서뿐만 아니라 또 다른 예로서, 영어의 'river'와 불어의 'fleuve', 그리고 한국어의 '강' 또한 엄밀하게 따지면 등가성이 성립되는 관계가 아니다. 영어의 'river'는 불어의 'fleuve'와 한국어의 '강'에 대응되는 단어이고 영어의 'stream'은 불어의 'rivière'와 한국어의 '시내'에 대응되는 단어이긴 하지만, 영어에서 river와 stream은 강의 크고 작음에 따라 구분하는 것에 비해, 불어의 fleuve(바다로 흘러드는 강)와 rivière(바다로 흘러들지 않는 강)는 바다로 흘러드는지 그렇지 않은지의 여부에 따라 구분하고, 한국어의 '강'과 '시내'는 넓고 긴 정도에 따라 구분하기 때문이다.

이처럼 세상의 언어들은 세상의 사물과 개념을 각기 다르게 발음하고 각 언어마다 대상을 분절하는 방식이 다르기 때문에 같은 개념이라 하더라도 각 언어 간에 틈새(gap)가 발생하기 마련이다. 그러므로 서로 다른 두 언어 간에 '동일하다'는 의미에서의 등가성을 갖는 것은 불가능하다.

등가적 번역의 문제는 이러한 측면에 덧붙여 어떤 어휘가 '상호텍스트성'과 '거대한 문맥적 상황들'을 담고 있을 경우 더욱더 어려워진다. 독일어의 Vorstellung, Aufhebung, Dasein 등이 그러한 예이다.

독일어의 Vorstellung(표상/재현), Aufhebung(지양), Dasein(현존재), Ereignis(사건/일어남/생기) 등은 그 개념 속에 숨겨져 있는 상호텍스트들은 말할 것도 없고, 그 자체로서 거대한 문맥적 상황들을 담고 있는 텍스트성의 압축물이다. 여기서 상호텍스트성이란, 각 개념들이 동일한 혹은 반대의 사유전통에 속하는 학자들에 의해 기존 개념이 다시 사용되거나 변형되거나 혹은 기존의 용법에 대한 반론이 제기되는 등의 과정을 거쳐 형성되었음을 의미한다. 이처럼 언어마다 의미장이 서로 다를 뿐 아니라 통사구조들도 서로 다르며 문장의 어감에 따라 전달되는 문화적 유산들도 달라진다. 또한 명백하게 규정된 외연적 의미를 가진 어휘가 다양한 기호와 문장, 짧고 긴 시퀀스 사이를 부유하면서 추가적으로 가지게 되는 반쯤 숨겨진 내포적 의미들에 대해서는 말할 나위도 없다. (리쾨르, 2004)

이처럼 언어에 내포된 의미들과 각 언어가 품고 있는 문화적 유산은 물론, 언어가 서로 다른 사유 전통에 의해 형성된 각기 다른 의미장을 지닐 때 등가적 번역을 하는 일은 참으로 어려운 일이다. 여기서 거대한 문맥이란 로트만이 말하는 언어가 가지는 기억능력과도 관련이 있다. 로트만(1998)은 언어란 정보적 기능, 창조적 기능, 기억의 기능을 갖는다고 말한다. 언어란 새로운 정보를 전달하는 기능과 새로운 의미를 창조하는 기능 외에도 언어가 거쳐온 이전의 문맥을 기억하는 기능을 지닌다는 것이다. 즉, 텍스트란 '문화적 기억의 축전기'로서 그 이전의 문맥에 대한 기억을 보존하는 능력을 지닌다. 예를 들어, 오늘날 햄릿은 '꼭 셰익스피어의 연극만이 아니라 그것에 대한 모든 해석들의 기억이며 또 텍스트 밖에서 발생하지만 셰익스피어의 텍스트가 그것과 더불어 연상을 불러일으킬 수 있는 역사적 사건 모두에 대한 기억'이라는 것이다.

이러한 측면에서 볼 때 사실상 '등가성'을 '같음'을 의미하는 것으로 보면 등가성은 번역 방법론에서는 부적절한 개념이 되어버린다. 따라서 번역에서는 결정적으로 다른 출발어 텍스트(source text)와 도착어 텍스트(target text) 간에 동일성(sameness)을 찾아내려는 시도보다는 서로 다른 것들 간의 차이를 최소화하고자 하는 시도가 중요하기 때문에, 번역에서 사용되는 '등가성'이란 '같다'가 아닌 '유사하다'

란 의미로 이해하여야 할 것이다. 캣포드가 말하듯이, "출발어와 번역어의 어떤 어휘는 같은 상황에서 같은 기능을 할 수는 있지만 (엄밀한 의미에서) 동일한 뜻을 갖는 경우는 드물"기 때문이다.

도착어 텍스트는 출발어 텍스트가 출발어 문화권 독자에게 주는 것과 같은 똑같은 효과를 도착어 문화권 독자에게 전달해주어야 한다고 하는 '등가 효과'에 관해서도 같은 얘기를 할 수 있다. '등가'의 의미를 '똑같다'는 의미로 상정할 경우 등가효과란 달성하기 불가능하다.

그 이유는 허비와 히긴스(Hervey & Higgins)가 얘기하듯이, 첫째, 출발어 텍스트가 출발어 문화권 독자에게 준 것과 똑같은 효과를 도착어 문화권 독자에게 전달하려면 어떤 특정 수신자가 어떤 텍스트에 대해 어떻게 반응하는지를 정확히 측정할 수 있어야 하기 때문이다. 또한 어떠한 상황에서든 똑같은 텍스트에 대해 항상 같은 해석이 이루어진다는 전제가 있어야 하기 때문이다. 하지만 특정 수신자의 반응을 정확히 측정하는 것은 불가능한 일이며, 같은 텍스트라 하더라도 독자가 텍스트를 읽는 시기에 따라서 다른 해석과 다른 반응을 보일 수 있다는 점에서 늘 같은 효과를 기대하기란 어렵다.

둘째, 등가효과원칙은 도착어 텍스트가 대상독자에게 미칠 영향을 번역가가 미리 알 수 있음을 전제로 한다. 그러나 번역가는 출발어 텍스트가 그 대상독자에 대해 미친 효과에 대해서, 그리고 도착어 텍스트가 그 대상 독자에 미칠 효과에 대해서 알기 위해 주관적인 해석에 의존할 수밖에 없으므로 그것은 객관적인 등가성이 될 수 없다. 추정되는 출발어 텍스트와 도착어 텍스트의 효과가 있을 뿐 텍스트의 효과에 대해 엄밀하게 객관적인 등가성은 존재하지 않는다는 뜻이다.

특히 서로 다른 언어를 사용하는 독자들 간에는 문화적 간극(cultural gap)이 존재하고 배경, 공유지식, 문화적 가설(cultural assumptions), 각 독자들의 학습된 반응이 문화에 따라 다르기 때문에 번역은 출발어 텍스트와 똑같은 효과를 거둘 수는 없다. 여기에 덧붙여 시대적으로 오래된 텍스트라면 독자의 반응을 헤아리기가 더더욱 어려울 것이며, 가능하다 하더라도 번역된 텍스트가 서로 다른 문화권의 현대 독자들에게 똑같은 효과를 가질지는 미지수이다. 그렇다고 출발어와 도착어의 문화권이 유사하다고 해서 원작이 갖는 동일한 효과를 도착어 문화권으로 전달할 수 있는 것은 아니다. 그 효과는 총체적, 제한적 의미에서 유사할 뿐 같을 수는 없다.

출발어 텍스트가 복수의 효과를 가질 경우 더욱더 그러하다. 예를 들어, 출발어 텍스트가 유머, 다른 문화에 대한 새로운 정보, 문체적 미학적 요소, 사회 풍자 등의 효과를 가진 경우를 가정해보자. 이러한 텍스트가 갖는 다양한 효과 중 유머 효과를 번역할 경우, 번역가는 도착어 문화권의 독자들에게 웃음을 유발하는 도착어 텍스트를 만들어낼 수는 있지만, 이러한 효과를 위해 다른 효과를 희생해야 하는 경우가 빈번히 발생한다. 텍스트는 한 가지 효과를 목적으로 하는 경우는 거의 없으므로 출발어 텍스트가 갖는 다양한 효과를 손실 없이 그대로 전달하는 것은 불가능한 일이다. 더구나 허비(1995)가 언급하듯이 의미적 효과는 어떤 특정 텍스트의 내재적인 속성이라기보다는 텍스트를 읽는 독자의 동기에 따라, 심지어는 다양한 문화 가운데서 반응을 결정하는 다양한 관습에 따라 달라짐을 고려할 때 똑같은 등가적 효과란 불가능하다.

그러므로 번역 방법론에서 얘기하는 등가란 '유사하다'는 의미로 이해되어야 하며, 번역이란 완전한 등가를 이루도록 하자는 것이 아니라 겉으로 보이는 이문화 간의 차이를 가능한 한 좁혀서 출발어 텍스트 독자가 느끼는 등가 효과에 가깝게 다가가고자 하는 작업이라고 이해해야 한다.

위와 같은 근거에서 스넬 혼비나 겐츨러(Gentzler)와 같은 학자들은 등가성을 번역학에 있어서 부적절하거나 해로운 것으로 간주한다. 그러나 캣포드, 나이다와 테이버, 투리(Toury), 핌(Pym), 그리고 콜러(Koller)와 같은 학자들은 번역을 출발어 텍스트와 도착어 텍스트 간의 등가관계로 규정한다.

번역을 출발어 텍스트와 도착어 텍스트 간의 등가성의 관계로 규정하는 학자들은 등가성의 유형을 개발하는 데 관심을 두는데, 나이다와 같은 경우는 등가성을 형식적 등가(formal equivalence)와 역동적 등가(dynamic equivalence)로 분류하고, 콜러는 의미유형에 따라 5가지로 등가성을 분류한다.

먼저 나이다는 번역의 목적, 출발어 텍스트가 갖는 기능, 텍스트 수신자의 소통적 요구, 저자의 의도 등에 따라 형식적 등가를 취할 것인지 역동적 등가를 취할 것인지를 선택해야 한다고 말한다. 형식적 등가란 원천텍스트에 나오는 단어나 구(phrase)를 도착어로 대체하는 과정에서 원래의 형태를 변형시키지 않고 그대로 유지하는 것이다. 이는 직역의 한 형태로 볼 수 있지만, 직역과 다른 점은 문맥이나 저자의 의도에 대한 고려의 유무이다. 직역은 문맥이나 저자의 의도와 상관없이 무조건 형태를 그대로 옮기는 것인 반면, 형식적 등가는 여러 가지 표현 중 어떤 특정한 표현을 사용한 것에 대해 어떤 목적이나 동기가 있는지, 그러한 표현이 문맥상 어떤 효과를 가지는지, 저자가 의도한 것인지 아닌지 등을 고려해서 번역하는 것을 말한다. 예를 들어, 이중적 의미로 해석될 수 있거나 의미가 모호한 어떤 특정한 단어가 텍스트에 사용된 경우, 이러한 표현이 저자의 의도이고 텍스트에서 특정한 효과를 갖는 경우에는 도착어에서 모호한 의미를 갖는 똑같은 형태의 단어로 옮겨주고, 그러한 의도나 효과가 없는 경우에는 형태를 그대로 따르지 않고 의미를 명시적으로 옮기는 것이 형식적 등가이다. 반면에 직역은 의도나 효과에 상관없이 무조건 모호한 표현을 그대로 유지하는 번역이다.

역동적 등가란 출발어 텍스트가 출발어 문화권 독자에게 갖는 효과를 도착어 문화권 독자에게 전달하는 번역 방법이다. 출발어 텍스트의 형태보다는 수신자 중심의 번역 방법이다.

이에 반해 콜러는 등가성 유형을 5가지로 분류하는데, 외연적 등가성(referential or denotative equivalence), 내포적 등가성(connotative equivalence), 텍스트 규범적 등가성(text-normative equivalence), 화용적 등가성(pragmatic equivalence), 형식적 등가성(formal equivalence)이 그것이다.

외연적 등가성이란 텍스트 내에서 중개되는 언어외적인 사실에 초점을 둔 등가개념으로서 내용상의 불변체를 전달하는 데 역점을 둔 등가성을 말한다. 외연적 등가관계를 기술하는 주요 대상영역은 어휘이다. 예를 들어, 'water'라는 단어와 '물'이라는 단어가 똑같이 현실에 있는 물이라는 지시물을 지시하는 것과 같이 출발어와 도착어가 지시하는 현실 세계에 있는 지시물에 해당되는 단어를 도착어로 옮기는 것을 말한다.

외연적 등가적 번역을 할 경우 어려운 점은 한 단어가 두 가지 또는 그 이상의 것을 지시할 경우이다. 이와 같은 번역의 어려움은 제2차 세계대전 당시에 있었던 이탈리아의 몬테카시노 수도원 폭격 사건의 경우를 통해서도 알 수 있다. 당시에 독일군 동태를 파악하기 위해 독일군 측의 무선통신 내용을 도청하던 연합군 측 통·번역사는 "Der Abt ist im Kloster"란 말이 오가는 것을 듣게 된다. 그는 이 독일어 문장을 "The battalion is in the monastery"라고 번역하여 전달하게 되고 그 정보에 의거하여 연합군은 몬테카시노 수도원을 폭격한다. 수도원이 폭격을 당하게 되는 비극적 사태를 맞이하게 된 데는 순전히 Abt라는 독일어 단어의 번역 때문이었다. 즉, Abt라는 단어를 battalion으로 번역한 데 따른 결과였다. 그런데 여기에서 Abt라는 단어는 두 가지 지시적 의미로 번역될 수 있는 단어이다. 하나는 '수도원 원장'이란 뜻이고, 다른 하나는 Abteilung의 약어로 사용되어 '부대, 대대'를 의미한다(Hatim & Munday, 2004). 당시에 몬테카시노 수도원에는 독일군 부대는 존재하지 않았으며 수도원 원장이 있었을 뿐이었다. 그런데 현장을 보지 못한 통역사는 전쟁이 일어나는 상황에서 Apt가 당연히 battalion의 의미로 사용되었으리라 생각하고 그렇게 번역함으로써 비극을 야기하게 된 것이었다.

다음으로 내포적 등가성이란 문체의 층위, 사회집단에 따른 언어 사용의 차원, 지리적인 차원, 빈도 등과 관련하여 텍스트 내에서 사용된 표현에 초점을 맞춘 등가개념이다. 이는 다양한 동의어적 표현들 가운데서 어느 특정 표현을 선택함으로써 전달되는 내포적 사항들에 방향을 맞춘 등가개념이다. 즉, 텍스트에 사용된 언어가 표준어인지, 속어인지, 비어인지, 교육받은 사람의 언어인지, 노동자계층의 언어인지, 문어인지, 구어인지, 또는 고어인지, 현대어인지, 유행어인지, 자주 사용되는 언어인지, 잘 쓰이지 않는 언어인지, 또는 경멸 등의 태도나 감정이 내포된 언어인지 등을 파악하여 그러한 층위를 전달하는 데 역점을 둔 등가개념이다. 즉, 출발어와 도착어의 단어가 두 언어를 사용하는 사용자들의 마음속에 동일하거나 유사한 연상작용을 일으킬 때 내포적 등가성이 성립된다고 말할 수 있다. 예를 들면, 영어의 police와 fuzz는 둘 다 지시적 의미(referential content)는 동일하지만 총체적 의미는 다르다. 이 두 단어에 해당하는 외연적 등가어는 '경찰'이지만 내포적 등가는 다르다. police는 중립적인 표현인데 반해 fuzz는 경멸적 뉘앙스를 가지고 있기 때문에 한국어로 번역할 경우에도 그러한 경멸적 뉘앙스를 떠올릴 수 있는 단어로 번역할 때 내포적 등가성이 성립되는 것이다.

텍스트 규범적 등가성은 특정한 텍스트에 적용되는 텍스트 규범 및 언어 규범과 관계되는 등가성으로서 텍스트 장르 특유의 자질과 관련되는 등가성이다. 우리가 어떤 텍스트를 대할 때 이 텍스트는 소설이다, 시이다 또는 기사문이라고 구별할 수 있는 것은 각 장르마다 독특한 텍스트 규범이 있기 때문이다. 즉, 장르마다 사용되는 문체나 언어가 다르기 때문에 그러한 구별이 가능한 것이다. 예외는 있겠지만, 문학 텍스트에서 상품 사용설명서와 같은 문체를 사용하지는 않을 것이고, 상품 사용설명서에서 법조문과 같은 문체를 사용하지는 않을 것이다.

텍스트 규범은 문화권에 따라 다를 수 있다. 예를 들어, 상업서신, 계약서, 사용설명서 등에 사용되는 어휘와 구문은 영어와 한국어 간에 상당한 차이가 있다. 이처럼 각 텍스트의 고유한 문체에 중점을 두어 도착어 문화권에서 통용되는 텍스트 규범에 따라 번역하는 것이 텍스트 규범적 등가성이다.

화용적 등가성은 수신자를 중심으로 하는 등가성 개념이다. 즉, 출발어 텍스트가 출발어 문화권 독자에게 미치는 효과와 유사한 효과를 도착어 텍스트가 도착어 문화권 독자들에게 갖도록 하는 것이다. 이는 나이다의 역동적 등가성(dynamic equivalence)에 해당된다.

형식적 등가성은 출발어 텍스트에 나타난 철자나 음운적 특성과 같은 형태적, 미학적 특성들을 도착어 텍스트에서도 동일하거나 유사하게 유지하는 번역이다. 이는 작가의 문체적인 특성과 관계된 등가성이다. 문학에서, 특히 운문 번역에서는 '예술적, 미학적 영역에서의 등가' 또는 '표현의 등가'라고 일컬어진다.

이처럼 번역에서 말하는 등가성이란 단어나 문장이나 문체 등 언어적인 문제만이 아니라 문화와 텍스트 외적인 것까지를 포괄하는 매우 광범위한 개념이라는 것을 알 수 있다. 그러나 뉴먼(Peter Newman)이 지적하듯이, 이러한 모든 층위의 등가성을 달성하는 것은 불가능하므로 번역가는 어떤 등가성을 우선시할 것인지를 결정해야 한다.

예를 들어, 어떤 사람이 상대방의 눈을 가리키며 "Your eyes look like those of a cow"라고 말했다고 해보자. 이 문장을 번역한다면 어떻게 해야 할까? 물론 글자 그대로의 뜻을 번역한다면 "당신 눈은 꼭 암소 눈 같네요"가 될 것이다. 문법적으로나 글자 그대로의 뜻을 비교해보면 완벽한 번역이다.

그렇다면 '암소 눈을 닮았다'는 것은 무슨 의미인가? '암소 눈'이라는 표현을 접했을 때 한국 독자들이 연상할 수 있는 의미를 통해 유추해본다면 이 말은 '눈이 크다'는 뜻, '슬픈 눈을 가졌다'는 등의 뜻이 될 것이다. 그런데 이 말을 한 사람이 인도 사람이라고 가정해 보면 이 문장이 전달하는 의미는 달라진다. 인도에서는 아름다운 여자의 눈을 소에 비유한다고 한다. 그러므로 이 문장은 "당신 눈이 참으로 아름답다"는 뜻이 된다. 그렇다면 이 경우 어떻게 이러한 의미를 전달해야 할까? 한국인 독자를 위해 "당신 눈은 꼭 암소 눈 같네요"라고 번역을 한다면 원문에 충실하긴 하지만 화자가 전달하고자 하는 의미가 제대로 전달되지 못하는 문제가 발생할 것이고, "당신 눈이 참으로 아름답군요"라고 번역을 한다면 전달하고자 하는 의미는 제대로 전달되지만 원문의 형식적인 문체에 충실치 못한 번역이 될 것이다.

셀레스코비치의 말처럼 "통역과 번역은 구워내도 형태가 변하지 않아 알아볼 수 있는 건포도와 같은 부분과 빵 반죽처럼 구워내면 형태가 변해 밀가루, 우유 등 반죽재료를 알아볼 수 없는 부분으로 구성되어 있"는데 여기서 전자는 형태가 변하지 않는 직역이 되고 후자는 형태가 변하는 의역이 될 것이다. 나이다(Nida)의 용어를 빌자면, 전자는 형식적 등가에, 후자는 역동적 등가에 중점을 둔 번역이 된다.

"당신 눈은 꼭 암소 눈 같네요"라고 번역을 한다면 원문의 형식에 충실한 형식적 등가적 번역이 될 것이고, "당신 눈이 참으로 아름답군요"라고 번역을 한다면 내용을 충실히 전달한 역동적 등가적 번역이 될 것이다. 인도문화권에서 통용되는 표현을 도착어 문화권의 독자에게 알리고자 할 경우에는 형식적 등가를 취하여 전자의 번역을 택할 것이고, 반면에 타문화에 관한 정보를 제공하기보다는 화자가 의도하는 효과를 즉각적으로 전달하고자 할 경우에는 역동적 등가를 취하여 후자의 번역을 선택할 수가 있을 것이다.

가장 바람직한 번역은 모든 층위에서의 등가성을 달성하는 번역이라 할 수 있지만, 그것은 불가능한 일이므로 이처럼 번역의 문제는 여러 층위의 등가성 중 텍스트의 목적이나 대상 독자에 따라 우선시해야 할 등가성의 층위를 선택해야 하는 문제가 수반됨을 알 수 있다.

3. 번역의 득과 실(Translation Loss and Gain)

앞서 언급한 바와 같이 번역에 있어서 모든 층위의 등가성을 충족시키는 것은 불가능하다. 이러한 이유 때문에 번역 시에는 출발어 텍스트에 있는 요소가 도착어 텍스트에서는 누락되거나, 또 출발어 텍스트에 없는 요소가 도착어 텍스트에 추가되기도 한다. 이처럼 출발어 텍스트에 있는 요소가 번역어 텍스트에서 누락되는 경우를 번역의 손실이라고 하고, 출발어 텍스트에 없는 요소가 도착어 텍스트에 추가되는 경우를 번역의 득이라고 한다.

다음 문장을 예로 들어보자.

> Bill isn't the sharpest tack in the drawer.
> 번역 ① 빌은 서랍 속의 가장 날카로운 못은 아니다.
> 번역 ② 빌은 남들보다 유난히 머리가 좋은 편은 아니다.

번역 ①은 출발어 문장에서 사용한 비유적인 문체가 주는 생생함을 그대로 살리고 있지만, 머리가 좋은 것을 날카로운 못에 비유하는 표현이 사용되지 않는 도착어 문화권 독자들에게는 의미가 전달되지 않는다. 즉, 외연적 등가성이나 형식적 등가성은 달성되었지만 의미의 전달에 있어서는 손실이 발생한 경우이다. 반면에 번역 ②는 의미 전달은 되지만 출발어 텍스트에 사용된 비유적인 표현이 사라져버렸다. 물론 가장 적절한 번역은 이와 똑같은 의미를 갖는 관용구를 도착어에서 찾아 대체하는 것일 테지만 이에 대응하는 관용구가 없을 경우에는 위 둘 중 한 가지로 번역할 수밖에 없다.

물론 번역 ①에 주석을 달아 영어권에서는 '머리가 좋다'는 뜻으로 'sharpest tack in the drawer'라는 표현을 쓴다는 설명을 해줄 수는 있지만 그렇다고 해도 이 표현이 출발어권 독자에게 주는 효과와 도착어권 독자에게 미치는 효과가 같을 수는 없다.

그러므로 번역은 아무리 원문에 충실하고자 한다 해도 최종적인 도착어 텍스트는 여러 측면에서 번역의 손실이 생길 수밖에 없다.

물론 그 반대로 도착어 텍스트에 출발어 텍스트가 가지고 있지 않은 특성들이 추가되어 번역의 이득이 생기는 경우도 있다. 역으로 '빌은 남들보다 유난히 머리가 좋은 편은 아니다'를 'Bill isn't the sharpest tack in the drawer'로 번역했다면 원문이 가지고 있지 않은 비유적 문체에 있어서 이득이 생기는 것이다.

앞서 언급한 바와 같이 모든 측면에서 완벽한 등가를 달성하기란 불가능하므로 번역을 할 때에는 출발어 텍스트에서 도착어 텍스트로 의미를 옮기는 과정에서 반드시 번역의 손실과 이득이 수반된다는 것, 즉 출발어 텍스트에 있는 것이 도착어 텍스트에서 누락될 수도 있고, 출발어 텍스트에 없는 것이 도착어 텍스트에 추가될 수도 있다는 사실을 인식해야 한다. 번역가의 책무는 출발어 텍스트와 도착어 텍스트 간에 있어서 이러한 손실과 이득에 있어서의 차이를 줄이는 데 있는 것이다. 그러므로 번역가의 어려운 점은 번역의 손실이나 이득을 완전히 제거하는 데 있는 것이 아니라 출발어 텍스트에 있는 특성들 중 보존해야 할 것과 희생시켜야 할 것을 선택하고 그 손실과 이득을 줄이는 데 있다. 그러므로 번역은 선택의 과정이고 의사결정의 과정이며 타협의 과정이다. 물론 이러한 타협과 의사결정 과정은 다음에 논하겠지만, 출발어 텍스트의 특성, 출발어 텍스트가 출발어 문화권 독자에게 갖는 위치, 도착어 텍스트의 생산 목적과 대상 수신자(addressees), 그리고 텍스트 전달을 위해 사용된 매체 등의 영향을 받는다. 번역가는 이러한 측면들을 분석한 후 효과적인 도착어 텍스트 생산을 위해 어떤 특성을 희생하고 어떤 특성을 부각시킬 것인지를 결정해야 하는 것이다. 예를 들어, 텍스트 생산의 목적이 새로운 정보전달에 있다면 문체를 희생하고 내용전달에 우선을 둘 것이며, 시의 경우처럼 운율이 의미보다 중요한 경우라면 의미를 희생시키고 도착어 텍스트에서 등가적인 효과를 갖는 운율을 생산하는 쪽으로 타협을 할 것이다.

다음 동화의 예를 보자.

> IN the sea, once upon a time, O my Best Beloved, there was a Whale, and he ate fishes. He ate the starfish and the garfish, and the crab and the dab, and the plaice and the dace, and the skate and his mate, and the mackereel and the pickereel, and the really truly twirly-whirly eel.

위의 텍스트를 보면 mackereel과 pickereel처럼 철자가 잘못 표기된 단어들이 보인다. 언뜻 보면 교정 단계에서 오류가 발생한 것처럼 보이지만, 좀 더 자세히 들여다보면 의도적인 오류임을 알 수 있다. starfish와 garfish, crab과 dab, plaice와 dace, skate와 mate의 종결음이, 그리고 really, truly, twirly, whirly가 서로 같은 음으로 끝나는 것을 알 수 있다. 이처럼 운율을 맞추기 위해 mackereel과 pickereel 역시 뒤에 오는 eel과 운율을 맞추기 위해 철자를 의도적으로 잘못 표기하고 있는 것이다. 이러한 점으로 비추어볼 때 작가는 텍스트의 의미전달보다는 운을 전달하는 데 더 중점을 두고 있다고 볼 수 있다. 즉, 고래가 불가사리와 동갈치, 게와 작은 가자미, 넙치와 황어, 홍어와 그의 짝, 고등어와 강꼬치고기 등, 어떤 고기를 먹는 것인지가 중요한 것이 아니라 닥치는 대로 먹어치웠다는 것이 중요한 것이며 이를 보여주기 위해 고기 이름을 길게 나열한 것이다. 그리고 이러한 고기 이름을 나열하면서 아이들에게 읽어줄 경우 읽는 재미를 고려하여 일정한 운율을 사용하고 있다. 그러므로 번역에 있어서도 의미전달보다는 운을 전달하는 것이 더 중요하다고 할 수 있다. 즉, 번역에서도 각운을 살려 갈가자미, 돌가자미, 갯장어, 먹장어, 눈다랑어, 참다랑어, 갈치, 넙치, 황어, 홍어 등으로 번역할 수 있다. 물론 이 과정에서도 득과 실은 발생한다.

그렇다면 모든 텍스트를 이처럼 내용전달 위주의 텍스트와 문체 중심의 텍스트로 그 경계를 뚜렷이 구분하여 무엇을 희생시키고 무엇을 살릴 것인지를 쉽게 결정할 수가 있을까? 모든 텍스트의 기능이 정보 아니면 문체전달, 이 두 가지로 구분될 수 있다면 번역가의 결정은 좀 더 쉬울 것이다.

4. 텍스트 기능과 번역(Text Function and Translation)

번역가가 등가성을 달성하기 위해 번역할 때 고려해야 할 요소들은 텍스트 장르, 텍스트의 목적, 저자의 의도, 독자, 시대적, 문화적 맥락 등 아주 다양하지만, 이러한 여러 층위의 등가성 중 어떤 층위의 등가성을 최우선시할 것인지 그 위계를 정할 때 가장 중요한 요소로 작용하는 것은 텍스트 자체라 할 수 있다. 번역가가 번역을 할 때 맨 처음 대하는 것은 번역할 텍스트이다. 번역가는 번역에 앞서 자신이 번역할 텍스트가 소설인지, 시인지, 평론인지, 신문기사인지, 학술적 논문인지 또는 광고문인지 등에 대해 맨 처음 인식하게 되며, 이러한 인식을 바탕으로 번역할 텍스트가 갖는 특징과 기능 및 텍스트 규범에 대해 이해하게 된다. 그리고 이러한 이해를 바탕으로 번역에 착수한다.

그렇다면 이러한 텍스트의 장르와 기능과 규범을 구분하게 만드는 요소는 무엇인가?

칼 뷜러는 언어 기호가 갖는 기능을 정보(informative) 기능, 표현(expressive) 기능, 호격(vocative) 기능으로 분류하는데, 언어 기호가 갖는 이와 같은 기능을 바탕으로 한 가장 보편적인 형태의 텍스트 유형은 카타리나 라이스(Katharina Reiss)가 제시한 세 가지 텍스트 유형이다. 라이스는 번역과 관련하여 텍스트 유형을 정보(informative) 텍스트, 표현(expressive) 텍스트, 조작(operative) 텍스트로 분류한다.

정보 텍스트란 뉴스, 지식, 주장, 의견, 판단 등과 같은 사실을 분명하게 전달하는 데 목적이 있는 텍스트이다. 이러한 텍스트는 주로 의미론적, 통사론적 수준에서 구성된다. 슈틸러(Stiehler)가 분류한 인간의 인지 유형에 따르면 이러한 텍스트에 수반되는 인지 유형은 사고(thinking)와 지각(perceiving)이며, 코세리우(Coseriu)가 분류한 언어 형태에서는 기술적(descriptive), 선언적(declarative), 정보적(informative) 언어 형태가 이에 해당된다. 대표적으로 기사문, 논설문 등이 이에 해당한다.

텍스트의 두 번째 유형인 표현 텍스트란 창조적인 텍스트를 말한다. 즉, 시적 언어로 쓰인 텍스트가 여기에 해당한다. 표현 텍스트는 저자가 자신의 생각을 예술적이고 창조적으로 전달하기 위해 의식적으로 언어의 표현적이고 연상적인 가능성을 탐구한다.

표현 텍스트는 2중적 구조로 구성되는데, 첫 번째는 통사론적, 의미론적 단계이고, 두 번째는 예술적 구성의 단계이다. 표현 텍스트는 이러한 언어의 기능 외에도 예술적 기능을 수행한다. 슈틸러에 따르면 이와 같은 유형의 텍스트에 수반되는 인지 유형은 감동(feeling)이며 코세리우(Coseriu)가 분류한 언어형태에서는 표현적(expressive), 정서적, 감정적 언어형태가 이에 해당된다. 소설, 시 등 문학 텍스트가 이에 해당된다.

세 번째 텍스트 유형인 조작 텍스트는 독자의 행동 반응을 유도하기 위한 텍스트로서 언어 형태는 주로 텍스트의 대상 수신자에 의해 결정된다. 조작 텍스트는 2중 또는 3중의 층위로 구성되는데, 의미 구조적 층위, 설득의 층위, 그리고 필수적이지는 않지만 예술적 구성의 층위로 구성된다. 이 텍스트의 언어 형태는 주로 호격(vocative)과 명령형(imperative)을 취한다. 조작 텍스트는 언어적 기능과 심리적 기능을 모두 수행해야 한다. 대표적으로 광고 텍스트가 이에 해당된다고 볼 수 있다.

그렇다면 텍스트 유형과 번역은 어떤 상관관계를 갖는 것일까.

세이보리(Theodore Savory)가 분류한 번역의 4개 부문과 카타리나 라이스의 텍스트 유형을 비교하면서 텍스트 유형에 따른 번역상의 문제점을 알아보자.

세이보리는『The Art of Translation』에서 번역을 4개의 부문으로 분류한다. 첫째는 정보적 진술문(informative statements) 번역, 둘째, 줄거리 번역, 셋째, 복합적인(composite) 번역, 넷째, 학술, 과학, 기술, 실용 번역이 그것이다.

정보적 진술문이란 메시지 전달이 직접적이며 감정이 배제되어 있고 평이한 단어를 사용하는 것이 특징으로서, 앞에서 논한 텍스트의 유형 중 정보 텍스트가 이에 해당된다. 문체를 번역하기보다는 정보 전달이 중요시되기 때문에 거의 완벽한 번역이 가능하다. 안내문이나 게시판이 그 대표적인 경우이며 그 밖에도 정보를 전달하는 것을 목적으로 하는 뉴스 등의 텍스트가 이에 속한다.

런던의 한 술집 간판에 쓰인 다음 문구를 보자.

Licensed retailer of beer, wines & spirits to be consumed on or off the premises

위의 문구를 직역하면 '점포 내외에서 소비될 맥주, 포도주, 술 판매 허가 소매상'이 되겠지만 한국에서 이런 식의 문구를 써놓은 술집은 없다. 이 문구는 점포 내외에서 술을 파는 것이 허용된 가게라는 정보를 알리기 위한 글이므로 한국어로는 '주류판매 허가점'으로 번역하면 될 것이다. 즉, 독자에게 문체를 전달하기보다는 정보를 전달하기 위한 목적의 텍스트이므로 전달하고자 하는 메시지만 전달되도록 번역하면 되는 것이다.

줄거리 번역이란 번역물인지 자국작가의 것인지 상관하지 않는 일반 독자를 위한 특징 없는 번역을 말한다. 세이보리의 줄거리 번역은 문학작품을 염두에 둔 것이므로 앞서 논한 텍스트 유형 중 대개는 표현 텍스트 번역이 여기에 해당된다. 대부분의 경우 이러한 번역물을 읽는 독자들은 출발어를 잘 알지 못하거나 전혀 모르는 경우에 속하며 번역 시 발생하는 언어적인 문제 등에 전혀 관심을 두지 않는다. 이러한 번역은 출발어 텍스트의 문학이나 문화, 또는 언어에 대한 관심보다는 줄거리에 관심이 있는 독자들을 위한 것으로서, 문체나 언어는 번역 시 중요성을 갖지 못한다. 줄거리 번역은 문체보다는 줄거리에 역점을 두기 때문에 번역가는 특수한 문체나 표현을 어떻게 번역할지에 대해 고민하면서 시간 낭비를 하지 않아도 되며, 때로는 모호한 단어나 문장을 생략하기도 하고 상황에 적절하게 자유롭게 의역을 할 수도 있다. 그러므로 문체나 언어는 번역 시 중요성을 갖지 못한다.

한국의 경우, 개화기 초기에 줄거리 번역이 많았는데 그 이유는 일본어로 된 서양문학이 중역된 결과로 인한 것이기도 하지만, 당시에는 문학의 예술성 문제보다는 "민권과 국권의 수호에 대한 문학의 참여, 즉 국민의 모험심을 고발(鼓發)한다거나, 애국심을 주조(鑄造)한다거나 하는 정치적, 사회적 효용으로서"(김병철, 1988) 소설이 중시되었기 때문에 완역보다는 줄거리 번역이 많았다.

세이보리는 줄거리 번역은 비평, 해설, 권장의 대상이 되지 못한다고 말한다.

복합적인(composite) 번역은 내용 못지않게 문체가 중요한 비중을 차지하는 문학번역을 말한다. 앞서 논의한 텍스트의 유형 중 표현 텍스트의 번역이 이에 해당되는데, 산문을 산문으로 번역한다든지, 시를 산문으로, 또는 시를 시로 번역하는 등의 경우가 이에 속한다. 이 유형의 번역은 오락 이상의 것을 얻기 위해 독서를 하는 진지한 독자들을 대상으로 한다. 복합적인 번역은 내용과 문체가 똑같은 비중을 갖기 때문에 번역의 어려움이 크며, 번역가는 원작에서 사용된 어휘에 상응하는 어휘를 도착어 문화권에서 선택해야 하는 문제뿐만 아니라 저자가 독자들에게 다가가기 위해 사용하고 있는 장치, 즉 문체까지를 전달해야 한다. 그러므로 번역가의 작업이 원작자의 작업보다 어려움이 더 큰 분야이기도 하다.

이 분야는 학문적 관심의 대상이 되어온 분야이며, 과거 번역 분야에서 논의되어온 번역의 문제점들은 거의 이 복합적인 번역과 관련된 문제들이었고 유일하게 번역의 불가능성이 제기되어온 분야이기도 하다. 번역을 하는 데 많은 시간을 투자해야 하기 때문에 일반적으로 상업성이 배제되는 분야이다. 따라서 문학번역을 하는 번역가들은 지적 즐거움을 얻고 그러한 즐거움을 독자들과 공유하기 위해 번역을 하는 경우가 많다.

앞서 논한 텍스트 유형 중 조작 텍스트 또한 복합적인(composite) 번역에 해당된다고 볼 수 있다. 조작 텍스트는 정보 텍스트와 표현 텍스트의 모든 특징을 가지고 있기 때문이다.

학술, 과학, 기술, 실용 번역은 문체보다는 내용이 중요시되는 분야로서 전문분야의 번역이 이에 해당된다. 이 분야는 각 분야에 대한 전문지식을 필요로 하는 번역분야이다. 과학, 기술 번역은 기술의 발달에 따라 점점 더 많은 번역이 필요한 분야이기도 하다. 이 분야의 텍스트는 주로 정보 텍스트에 해당된다.

　이처럼 텍스트 유형을 분류하고 번역 분야를 나눈 것은 이언어로, 그리고 이문화권으로 텍스트가 번역될 때 출발어 텍스트와 도착어 텍스트 간에 완벽한 등가성을 달성하는 것이 어렵기 때문에 텍스트 목적과 기능에 따라 서로 다른 번역전략이 필요함을 적시한 것이라 할 수 있다.

5. 의사결정 과정으로서의 번역
(Translation as a Decision-making Process)

작가는 작품을 쓸 때 자신이 의도하는 메시지나 감동을 효과적으로 전달하기 위해 다양한 대안들 중에서 가장 적절하다고 생각하는 것을 선택한다. 주인공은 어떤 인물로 설정할까? 나이와 성격과 외모는? 주변 환경은? 태생은? 배경은 어디로 설정할까? 플롯은? 이 장면에서는 주인공이 한적한 오솔길을 걸어가게 할까, 아니면 사람들이 붐비는 시장을 걷게 할까? 날씨는 어떻게 설정할 것인가? 주인공의 말투는? 누구의 관점에서 쓸까? 전체적인 문체는 어떻게 설정할 것인가 등등. 이러한 선택의 과정은 효과적으로 주제를 전달할 수 있도록 작품 전체를 통해 총체적으로 이루어진다.

번역 역시 작품을 쓰는 과정과 마찬가지로 다양한 대안들 중에서 가장 효과적인 대안을 결정하는 총체적인 선택 과정을 통해 이루어진다. 번역은 끊임없는 의사결정(decision-making)의 과정인 것이다. 이러한 점에서 번역가의 결정은 의식적으로 이루어져야 하며 책임 있는 번역을 위해서는 무엇이 적절한 것인지에 대해 여러 대안을 놓고 고려하는 과정을 거쳐 선택하고 결정해야 한다.

그렇다면 번역가의 이러한 의사결정에 영향을 미치는 요소들은 무엇일까.

첫째, 번역 시 여러 가지 요소들 중 가장 중요한 의사결정의 근거가 되는 요소는 원작 텍스트 자체의 기능과 목적이다. 앞서 언급한 바와 같이 텍스트들은 각 장르마다 생산 목적과 기능이 다양하기 때문에 텍스트의 장르는 번역전략을 결정하는 중요한 기준이 된다.

정보전달을 위한 텍스트의 경우에는 의미전달 차원에서 의사결정이 주로 이루어질 것이며, 미학적 기능이 중요한 텍스트의 경우에는 텍스트의 미학적 요소들을 유지할 수 있는 차원에서 의사결정이 이루어질 것이다. 그렇다고 해서 정보전달을 목적으로 하는 텍스트에 미학적 요소가 전혀 없다는 뜻은 아니며 미학적 차원을 고려하지 않아도 된다는 뜻은 아니다. 의사결정을 하는 데 있어서 정보전달에 더 치중하게 된다는 뜻이다. 또한 똑같은 장르라 하더라도 텍스트의 번역 목적에 따라 의사결정 과정이 달라질 수 있다. 예를 들어, 같은 연설문이라 하더라도, 내용을 전달하는 데 목적을 둘 것인지, 연설자의 문체를 전달하는 데 목적을 둘 것인지에 따라 의사결정은 달라진다. 키케로는 웅변술 때문에 그의 연설이 읽히는데, 내용전달에 중점을 두어 번역하는 것이 온당할 것인가, 또 윈스턴 처칠의 유창한 문체를 희생하고 내용전달에 역점을 두어 번역을 하는 것이 온당한 일인가 하는 문제는 진지하게 생각해봐야 할 일이다.

번역가의 의사결정에 영향을 미치는 두 번째 요소는 번역작품을 읽는 대상 수신자이다. 대상 수신자는 먼저 연령대에 따라 그 유형을 구분할 수 있다. 대표적으로 아동과 성인으로 구분할 수 있는데, 번역작품을 읽는 대상이 아동일 경우와 성인일 경우에는 번역상의 선택과정이 각기 달라진다. 예를 들어, 아동을 위한 번역일 경우에는 아동의 눈높이에 맞는 어휘와 구문을 선택해야 할 것이고 아동에게 읽어줄 목적으로 쓰인 텍스트라면 발음을 고려하고 리듬감을 고려한 번역 선택이 이루어질 것이다.

또 번역 대상 수신자를 전문가 그룹과 일반 대중으로 구분할 수 있다. 이 두 부류의 독자들은 선호도에서뿐만 아니라 번역을 읽는 목적이 제각기 다를 수 있는데, 번역처럼 읽히는 번역을 선호할 수도 있고, 마치 원래 도착어 문화권에서 생산된 원작을 읽는 듯한 느낌을 주도록 유려하게 번역한 텍스트를 선호할 수도 있다. 대체적으로 전문가 그룹은 원작의 내용은 물론이고 문체까지를 고려한 원작 그대로의 아름다움을 번역을 통해 감상할 수 있기를 바라는 반면, 일반 대중들의 경우에는 문체보다는 내용에 관심을 두는 경우가 많다. 그러므로 전문가 그룹을 대상으로 할 경우에는 원문의 문체가 살아 있는 번역전략을 사용해야 할 것이며, 일반 대중을 대상으로 할 경우에는 번역처럼 읽히는 번역보다는 물 흐르듯 유려하게 읽히는 번역전략을 사용하는 것이 일반적이라 할 것이다. 물론 모든 경우에 항상 그러한 것은 아니라는 점을 염두에 두어야 한다.

또 번역 수신자 중에는 외국어 습득의 차원에서, 또는 원본의 이해를 돕기 위해 원본과 번역본을 대조하며 읽는 독자들이 있을 수 있다. 이러한 독자들을 위해서는 의역보다는 외국어의 어휘와 구문이 생경하게 드러날 수 있는 직역이 더 적절한 번역이 될 수 있을 것이다.

세 번째로 번역 의뢰자 또한 번역의 의사결정에 영향을 주는 요소이다. 의뢰인이 출발어 문화권에서는 성인용으로 출판된 작품을 아동용으로 출판하고자 하는 경우 아동의 눈높이에 맞추어 번역해줄 것을 요구할 수 있다. 또한 의뢰인이 작품의 미학적 측면보다는 대중의 눈높이에 맞추어 명시적이고 명료하게 의미가 전달될 수 있는 번역을 요구할 수도 있다. 또 다른 예로서는, 번역에 착수하기 전에 도착어 문화권에서 시장성이 있는지를 타진하기 위해 줄거리번역을 의뢰하는 번역 에이전시들이 있을 수도 있다. 이러한 경우 모두 번역가의 번역전략에 영향을 준다.

네 번째로 번역가의 의사결정에 영향을 주는 요소로서 번역가의 미학적 취향을 들 수 있다. 어떤 저술작품에나 작가의 개성이 묻어나 있듯이 번역작품 역시 번역가의 개성이 드러나게 마련이다. 저자가 자신의 스타일에 따라 어휘와 구문을 선택하듯이 번역가의 선택 또한 번역가 자신의 개성과 무관할 수가 없다. 이러한 이유 때문에 같은 내용을 전달하는 번역 텍스트라 하더라도 번역가의 문체나 취향에 따라 번역결과물은 서로 다른 작품이 될 수 있는 것이다.

다섯 번째는 출발어 텍스트가 출발어 문화권 독자에게 갖는 위치에 따라 번역전략 선택에 영향을 줄 수 있다. 시중에 유통되는 번역서들을 보면 원작이 출발어 문화권에서 정전적인 위치를 갖는 텍스트의 경우에는 원작의 미학적 측면을 고려하여 원작의 문체를 그대로 번역하는 경향이 있고, 반면에 출발어 문화권에서 비정전적 위치를 갖는 대중적인 작품의 경우에는 원작에서 다소 벗어나더라도 도착어로서 유창한 잘 익히는 번역을 하는 경향을 볼 수 있으며 심지어는 원작의 내용 일부를 삭제해버리는 경우도 볼 수 있다.

여섯 번째는 텍스트 전달을 위해 사용된 매체에 따라 번역전략이 달라질 수 있다. 예를 들어, 영상번역이나 무대용번역의 경우는 구어적 특성을 더욱 살리고 관객이 즉각적인 이해를 할 수 있도록 좀 더 명시적 번역을 하는 경향이 있음을 볼 수 있다.

저자 의도 역시 번역가가 의사결정을 할 때 고려하는 요소이다. 예를 들어, 정보전달이 목적인지, 설득이 목적인지, 아니면 미학적 특성을 전달하는 것이 목적인지 등에 따라 번역전략이 달라질 수 있다.

이때 저자의 의도는 주로 문체를 통해 나타나므로 텍스트 장르와도 밀접한 관련이 있다.

　마지막으로 의사결정에 영향을 주는 요소로서 도착어 문화권의 번역규범을 들 수 있다. 번역규범에 대해서는 다음 항에서 상세히 살펴보기로 한다. 그동안 번역규범은 문학번역과 관련하여 논의가 이루어져 왔으므로 문학번역과 관련하에 번역규범에 대해 알아본다.

6. 번역규범(Translational Norms)

번역학 분야에서 규범(norms)에 관한 개념은 1970년대 말 이스라엘 학자인 투리(Gideon Toury)가 도입한 이래 특정한 사회문화적 환경에서 발생하는 번역활동을 설명하는 유용한 틀로 사용되어 왔다(Baker, 1980). 기데온 투리(Toury, 1995)에 따르면 규범이란 특정한 사회문화적 환경하의 번역행위에서 나타나는 규칙적인 패턴(regularities)이다. 이러한 규범은 간주관적(intersubjective)이며 규정(rule)과는 달리 구속력은 없지만 번역행위를 통제하는 역할을 한다. 르페브르(André Lefevere) 역시 개인이 자신의 선택에 따라 이러한 제약을 거스를 수 있기 때문에 규범은 절대적인 것은 아니지만 제어적 요소로 작용한다고 말한다.

그러므로 번역행위는 출발어 텍스트나 번역대상이 되는 언어와 텍스트 전통 간의 구조적인 차이, 또는 중재자로서의 번역가의 인지 가능성과 한계를 넘어서서 사회문화적인 제약을 받을 수 있다. 이러한 번역행위의 사회문화적 연관성 때문에 번역환경이 달라지면 번역전략 또한 달라지고 번역결과물도 달라지게 된다(Toury, 1995). 즉, 번역규범은 번역가가 여러 선택 중에서 어떤 것을 선택하도록 하는 중재역할을 한다(Shuttleworth & Cowie, 1997).

그렇다면 구체적으로 규범이란 어떤 것인가? 먼저 투리가 규정하는 번역규범에 대해 알아보자. 투리(1995)는 번역규범을 초기규범(initial norm), 예비규범(preliminary norm), 운용규범(operational norm)

세 유형으로 분류한다.

초기규범은 출발어 텍스트에 구현된 규범, 즉 출발어와 출발어 문화권의 규범을 반영하는 출발어 텍스트상의 규범을 준수할 것인가, 아니면 도착어 문화권과 도착어에서 통용되는 규범을 선택할 것인가의 문제에 관한 것이다. 출발어 문화권의 규범을 준수할 경우 번역은 출발어 텍스트에 대해 적합성(adequacy)을 갖는 방향으로 번역전략이 선택되고, 도착어 문화권의 규범을 준수할 경우에는 수용문화권에서 번역결과물에 대한 용인성(acceptability)을 높일 수 있도록 번역전략이 선택된다. 즉, 번역결과물에 있어서 적합성을 추구할 경우 이국화(foreignization) 번역전략이 주축을 이루고, 용인성을 추구할 경우에는 자국화(domestication) 전략이 주축이 된다.

예비규범은 번역방침(translation policy)과 번역의 직접성에 관한 규범이다. 번역방침이란 번역의 방향과 계획으로서, 어떤 유형의 텍스트를 선택할 것인가, 그러한 유형 중에서도 개별적으로 어떤 텍스트를 선택할 것인가, 또 어떤 저자를 선택할 것인가, 어떤 언어로 된 텍스트를 선택할 것인가의 문제가 포함된다. 번역의 직접성은 번역에 있어서 원본의 매개 유무와 관련된 규범이다. 즉, 원본에서 직접 번역할 것인가, 아니면 중역을 할 것인가의 문제로서, 이는 번역 시 원본의 매개에 대해 사회적으로 용인되는가의 여부와 관련된 규범이다. 한국의 경우, 근대화 초기에는 일본어를 매개로 하여 중역하는 경우가 많았고 이러한 중역이 규범으로 작동했지만, 20, 30년대 해외 유학파의 국내유입으로 외국어를 잘 구사하는 지식인층이 늘어나 저본으로 직접 번역을 하는 경우가 많아짐에 따라 이러한 규범은 점차 미약해졌음을 예로 들 수 있다.

세 번째로 투리가 말하는 운용규범이란 번역실천에 있어서 번역전략을 결정하는 데 적용되는 규범들이다. 이는 모체규범(matrical norm)과 텍스트 언어규범(textual-linguistic norm)으로 구분되는데, 모체규범은 출발어 텍스트의 내용을 빠짐없이 번역할 것인지, 대대적인 생략 등을 통해 텍스트의 구조에 변화를 줄 것인지 등, 텍스트의 전체적인 틀에 관한 규범이며, 텍스트 언어규범은 도착어 텍스트를 구성하는 데 있어서 텍스트의 내용을 선택하거나 특정 내용을 대체하는 것과 관련된 규범이다. 예를 들어, 도착어 문화권의 이데올로기적인 문제로 인해 용인되지 않는 경우, 다른 내용으로 대체하는 경우를 들 수 있다.

이처럼 투리는 텍스트의 선정에서부터 실제 번역 시 이루어지는 번역전략에 이르기까지 번역과정을 중심으로 규범의 문제를 정의하고 있다. 이와는 달리 체스터만(Chesterman, 1997)은 번역을 생산하는 번역가와 번역결과물을 소비하는 독자라는 번역의 주체들을 중심으로 번역규범을 정의한다. 그는 번역규범을 기대규범(expectancy norm)과 직업인 규범(professional norm)으로 나눈다. 기대규범이란 도착어 문화권의 공동체가 가지고 있는 견해나 가정이나 기대를 반영한 것으로서(Shuttleworth & Cowie, 1997) 무엇이 옳고 적절한 번역인지에 대한 독자들의 기대를 바탕으로 한다. 이러한 독자들의 기대는 번역임이 분명하게 드러나는 명시적(overt) 번역을 선호하는 쪽과 도착어 문화권에서 생산된 텍스트처럼 자연스럽게 익히는, 은밀한(covert) 번역을 선호하는 쪽으로 나뉠 수 있다. 기대규범은 도착어 문화권의 번역전통, 도착어 문화권에 존재하는 병렬 텍스트, 경제적 요소나 이데올로기적 요소, 권력관계 등에 영향을 받는다.

직업인 규범은 책무규범(accountability norm), 소통규범(communication norm), 관계규범(relation norm)으로 이루어진다. 책무규범은 윤리적 측면의 규범이고, 소통규범은 독자 등 번역과정에 관련된 당사자들 간의 소통을 최적화하는 사회적 측면의 문제를 말하며, 관계규범은 출발어 텍스트와 도착어 텍스트 간의 관련성을 다루는 언어적 측면의 규범이다.

투리와 체스터만이 정의하는 이러한 규범들은 법이나 규정처럼 가시적으로 구체화된 것이라기보다는 번역된 텍스트나 텍스트 외적인 진술문을 통해 추정할 수 있다.

투리(1995)에 따르면, 텍스트 내에서 구현되는 규범은 실제 번역된 텍스트들을 통해 드러나는 일정한 패턴을 말하고, 텍스트 외적 요소에서 나타나는 규범은 처방적 번역이론과 같은 비평문이나 이론에 가까운 진술문, 번역가, 출판인, 편집인, 또는 번역행위와 관련된 당사자들이 기술한 진술문, 개별 번역물이나 번역가들의 행위에 대한 평가 등을 통해 추정할 수 있다.

투리와 체스터만의 번역규범은 기술적(descriptive) 측면에 역점을 두고 있지만, 이러한 번역규범들은 처방적(prescriptive)으로도 제시될 수도 있다. 기술적 규범이란 실제 번역된 텍스트 속에서 번역이 어떠한 모습으로 이루어지고 있는가에 대한 분석을 통해 드러나는 규범이라면, 처방적 규범이란 번역이 어떠해야 하는가를 규정하는 진술문으로, 번역을 둘러싼 담론 속에 표출된 번역규범이다. 투리(1995)가 지적하듯이 이러한 처방적 규범은 실제 적용되고 있는 규범과는 상이할 수 있다. 처방적 규범은 한편으로는 규범이 존재하고 있고 규범이 중요하다는 인식을 드러내는 것일 수 있으며, 다른 한편으로는 번역행위를 제어하고자 하는 바람이나 욕망을 드러내는 것일 수 있다. 그러므로 투리는 처방적 규범은 편향되어 있을 수 있으며, 그 점을 가감하여 이해해야 한다고 지적한다.

그렇다면 이러한 규범들이 문학번역에서 작동하는 데 영향을 주는 요소들은 무엇인가. 문학번역의 고유한 기능은 주제전달, 관점과 문체전달, 문화의 차이전달, 도착어 문학에 새로운 문학형식을 소개, 새로운 언어적 형태를 도착어 문화권의 언어에 소개, 번역을 통한 원문의 느낌을 독자에게 전달, 도착어 문화권의 문학의 일부를 구성하는 것 등이다(Roberts, 1992). 문학번역은 마땅히 이러한 목적달성을 위해 이루어져야 하겠지만, 시대마다 문화권마다 서로 상이한 규범들이 존재한다는 사실은 문학번역의 기능이 이러한 요소들에 한정되지만은 않는다는 점을 보여주는 것이라 할 수 있다.

그렇다면 이러한 상이한 규범들이 작동하는 데 영향을 주는 요소들은 무엇인가?

번역규범에 영향을 주는 요소로서는 도착어 문화권의 문학 폴리시스템, 병렬텍스트, 독자, 번역전통, 이데올로기, 권력관계, 경제적 요소, 문화의 친숙도(familiarity)를 들 수 있다. 이러한 요소들은 서로 중첩되는 부분들이 있긴 하지만 개별적으로 번역규범에 영향을 주는 요소라 할 수 있다.

첫째, 도착어 문화권의 문학 폴리시스템이 확립되어 있는지 아닌지에 따라 번역의 적극적 개입(interference) 여부가 영향을 받으므로 번역규범이 달라질 수 있다. 여기에서 개입이란 출발어 문학과 도착어 문학 간의 관계를 의미하는데, 그 관계의 형태에 따라 출발어 문학이 도착어 문학의 직접적인 또는 간접적인 차용의 원천이 될 수 있

다. 이븐 조하(Even-Zohar, 1990)는 번역을 '개입'의 한 형태로 보고
있다.

이븐 조하(Even-Zohar, 1990)에 따르면, 번역문학이 도착어권의 문
학 폴리시스템에 적극적으로 개입하는 경우는 번역이 도착어권 문학
폴리시스템에서 중심부를 차지할 때이다. 그러한 경우의 예로서는,
1) 도착어 문화권의 문학폴리시스템이 아직 확고하지 않을 경우, 즉
초기단계로서 아직 구축단계에 있는 경우, 2) 도착어권 내에서 특정
한 문학 형태가 전체적인 문학의 장(field) 내에서 주변적인 위치를
차지하거나 미약할 때, 또는 3) 도착어권의 문학이 전환기이거나 위
기 상태이거나, 혹은 문학적 공백이 있을 경우이다.

이러한 경우 번역은 도착어 문화권의 문화 레퍼토리(culture repertoire)
를 구축하는 데 적극적으로 개입하게 된다. 여기서 문화 레퍼토리란
"한 집단이나 그 집단의 일원들에 의해 이용되는 선택들의 총합"을
말한다(Even-Zohar, 1997).

사실 이븐 조하(1997)가 지적하듯이 번역은 항상 레퍼토리를 구축
하는 데 있어서 실제로 인식하는 것 훨씬 이상으로 중요한 역할을 해
왔다. 번역이 레퍼토리를 구축하는 데 적극적인 역할을 할 때는 번역
규범 또한 이러한 목적에 부합하도록 작동한다. 이러한 경우 번역텍
스트는 도착어 문화권내에서 새로운 모델을 제시하는 목적으로 사용
되기 때문에 번역전략은 출발어 텍스트의 원형을 제시하도록 선택된
다. 이븐 조하(2004)가 지적하듯이, 이 경우 번역은 적합성의 측면에
서 출발어 텍스트에 가깝도록 이루어진다. 이러한 경우로서 한국 근
대화 초기의 서구문학 번역을 예로 들 수 있다. 당시에 한국은 근대
문학의 수립 단계에 있었기 때문에 서구문학 번역을 통해 문학 레퍼

토리를 구축하고자 하였다. 그리하여 서구문학 텍스트를 교과서로 인식하고 가능한 한 원본을 그대로 재현하고자 하는 적합성 규범이 적용되었다(Yun, 2010).

다음으로는 병렬텍스트의 유무가 규범의 영향 요소로 작용하는 경우이다. 이는 도착어 문화권의 문학시스템에 존재하지 않는 장르나 주변적인 위치를 차지하는 장르가 번역될 경우에 해당한다. 이러한 경우에 번역은 도착어 문화권의 지배적인 문학형식을 따르는 경향이 있다. 이를 테면, 그리스나 라틴문학의 서사시에서는 6보격(hexameter)이 규범이었는데, 이러한 6보격이 영국문화권으로 번역되면서 영국시에서 지배적이었던 약강격의 운율(iambic meter)로 번역된 경우를 예로 들 수 있다. 1697년에 존 드라이든(John Dryden)이 번역한 『베르길리우스 작품집(The Works of Virgil)』이라든지, 1715~26에 알렉산더 포프(Alexander Pope)가 번역한 호메로스의 『일리아스』와 『오디세이아』가 그 예이다.

독자 요소 또한 번역규범에 영향을 주는 요소이다. 체스터만의 기대규범의 정의에서 드러나듯이 도착어권의 독자들은 번역이 어떠해야 하는가에 대해 특정한 견해나 기대를 가지고 있을 수 있다. 번역이 자연스럽게 익히는 쪽을 원하는 독자들을 위한 것이라면 번역규범이 용인성 쪽으로 기울 것이고, 모국어 텍스트로서는 생경하지만 번역 텍스트임이 분명한 번역을 원하는 독자를 위한 것이라면 번역규범이 적합성 쪽으로 기울 것이다. 또한 독자의 기대는 윤리규범을 형성하는 데 영향을 줄 수도 있다. 번역이 독자의 기대에 부합되지 않을 경우 독자들의 비난은 번역가의 윤리의 문제로 이어질 수 있기 때문이다.

번역전통 또한 규범형성에 있어서 중요한 요소이다. 전통적으로 중역을 허용하는지 아닌지에 따라 번역의 직접성 규범이 영향을 받을 것이고, 이국화번역이 전통인지, 또는 자국화번역이 전통인지에 따라 투리가 말하는 초기규범이 정해질 수 있다. 번역전통은 독자들의 기대규범과 밀접한 관련성이 있다.

유럽의 전통에서는 번역이 다른 언어권의 작가들이 성취한 예술적 업적을 억압하고 유럽문화의 우월성을 드러내는 수단이었다 (Bassnett and Trivedi, 1999). 그러므로 번역이 적극적으로 도착어 문화권의 문학에 개입하는 경우에 통용되는 규범과는 전혀 다른 규범이 통용되었다. 다시 말해서, 번역가가 원작을 마음대로 다시쓰기 (rewriting)를 하는 것이 통례였다. 대표적인 예로서, 페르시아 시인 오마 카이얌의 시를 번역한 영국시인 에드워드 피츠제럴드(Edward FitzGerald)를 들 수 있다. 스스로도 '변형작품(transmogrification)'이라고 말한, 그가 번역한 『The Rubáiyát of Omar Khayyám』은 원작을 뛰어넘는 아름다운 영시로서 영국 전통에 남아 있는데, 번역을 하는 과정에서 페르시아 시를 번역한 또 다른 번역가인 에드워드 코웰 (Edward B. Cowell)과 주고받은 다음과 같은 서신 내용을 보면 번역상의 개입의 흔적을 엿볼 수 있다.

My translation will interest you from its form, and also in many respects in its detail: very un-literal as it is. Many quatrains are mashed together: and something lost, I doubt, of Omar's simplicity, which is so much a virtue in him(Letter to E. B. Cowell, September 3, 1958).

I suppose very few People have ever taken such Pains in Translation as I have: though certainly not to be literal. But at all Cost, a Thing must live: with a transfusion of one's own worse Life if one can't retain the Original's better. Better a live Sparrow than a stuffed Eagle(Letter to E. B. Cowell, April 27, 1959).

또 다른 예로서 미국의 경우를 들 수 있는데, 미국의 번역전통은 베누티(Venuti, 1995)가 지적하듯이, 17세기 이래로 현재까지 유창성 (fluency)에 중점을 둔 번역이 주류를 이루었다. 하팀과 먼데이(Hatim & Munday, 2004) 역시 영미권의 번역전통이 자국화전략(domesticating strategy)이 주류를 이루어 왔음을 지적하고 있다. 반면에 일본은 유창성보다는 번역투가 느껴지는 번역이 전통으로 되어 있다. 일본의 경우는 은밀한 번역보다는 명시적 번역이 기대규범으로 작동한다고 볼 수 있다.

다음으로 이데올로기의 요소는 규범의 거의 모든 층위에서 작동하는 요소라 할 수 있다. 번역은 다시쓰기의 중요한 형태이고(Lefevere, 1992), 진공상태에서 이루어지는 것이 아니므로(Bassnett and Lefevere, 1990) 번역과정이나 행위를 제어하는 규범에 이데올로기가 개입되지 않을 수 없기 때문이다. 앞서 언급한 피츠제럴드의 루바이야트 번역의 경우를 이데올로기적 측면에서 보면, 피츠제럴드는 페르시아인들이 빅토리아 시대 영국인들보다 열등하다는 생각을 가졌다고 볼 수 있다. 그렇기 때문에 호메로스나 베르길리우스를 번역했더라면 꿈에도 생각지 못했을 방식으로 다시쓰기를 할 수 있었던 것이다(Lefevere, 1992). 이데올로기는 지배문화가 피지배 문화권의 텍스트를 번역할 때도 작용하지만, 피지배문화가 지배 문화권의 텍스트를 번역할 때도 작용한다. 크비에친스키(Kwieciński, 1998)가 주장한 바와 같이 저항이나 문화종속을 막기 위한 전략적 개입이 이루어지기 때문이다. 이러한 전략적 개입의 예는 한국 근대연극의 장에서 이루어진 아일랜드극의 번역과정을 통해서도 고찰할 수 있다(Yun, 2010). 이 밖에도 번역에 개입되는 이데올로기의 형태들은 매우 다양할 수 있다.

권력관계 또한 규범을 형성하는 데 중요한 요소로 작용한다. 번역에 권력관계가 작동하는 경우는 번역을 통한 문화의 약탈(looting)이나 문화의 전유(appropriations)의 경우에 볼 수 있다. 로마제국에 있어서 번역은 자국문화를 풍성하게 하기 위해 다른 문화권에서 새로운 내용을 약탈, 흡수하는 것을 의미했다. 즉, 로마인들에게 있어서 문학이나 철학작품을 번역하는 것은 로마문화의 심미적 차원을 확대할 수 있을 만한 요소들을 그리스문화로부터 약탈하는 것을 의미했다. 그러므로 번역에 있어서 원문의 어휘나 문체를 전달하는 것은 관심사가 아니었다(Schulte & Biguenet, 1992).

식민제국의 경우 지배문화가 피지배문화의 텍스트를 번역할 때 전유를 통해 오리엔탈리즘을 양산한 경우가 있는데, 이 또한 권력관계가 번역규범에 개입하는 경우이다. 니란자나(Niranjana, 1992)는 실천(practice)으로서의 번역은 피식민자들을 표상(representation)할 때 식민주의하에서 작동하는 비대칭적인 권력관계를 드러낸다고 주장한다.

경제적 요소 또한 규범에 영향을 주는 주요한 요소이다. 이는 자본주의 이데올로기 등의 문제와 결부될 수도 있다. 전후 영국의 경우를 예로 들면, 일반대중지향적인 번역전략이 하나의 규범으로 작동된 경우를 볼 수 있는데, 이는 경제적 요소와 결부시킬 수 있다. 2차 대전 당시 영국에서는 전시산업과 군대에 노동계급의 참여가 긴요했고 이러한 노동계급은 이 시기에 중요한 역할을 한다. 그리하여 전쟁을 끝나자 영국에서는 노동계급의 복지와 위상이 국가적 이슈로 부상하게 된다. 이러한 과정을 통해 노동계층은 전후에 안정적인 고용을 통해 생활이 안정되었고, 경제적 상황이 호전됨에 따라 그들의 잠재적 구매력과 경제적 위상 또한 높아졌다. 50년대 중반 이후 페이퍼백 소설 출간이 확장된 것 또한 이러한 잠재적 독자층을 겨냥한 것이라 볼 수 있으며 번역에 있어서의 대중지향적인 번역전략 역시 이 같은 경제적 요소와 연관 지을 수 있다.

이 밖에도 출발어 문화의 친숙도(familiarity) 역시 규범에 영향을 미치는 요소이다. 출발어 문화가 친숙할 경우에는 적합성 규범이 선호될 수 있지만 그렇지 않을 경우에는 도착어 문화권에서 수용성과 접근성을 높이기 위해 자국화 규범이 작동할 수 있다.

지금까지 살펴본 다양한 요소들은 때로는 상호작용하에, 때로는 충돌하면서, 문화권마다 다른 번역규범을 형성하는 데 영향을 줄 수 있다. 그리고 이러한 규범들은 번역 시 의사결정을 하는 데 영향을 미치게 된다. 위에서 살펴본 바와 같이 의사결정에 작용하는 요소들은 텍스트의 목적과 기능, 대상 수신자, 의뢰인, 저자의 의도, 번역가의 미학적 취향, 전달매체, 번역규범 등 매우 다양하다. 이러한 요소들은 번역을 할 때 번역가의 머릿속에서 총체적으로 작동하며, 어느 한 가지만 고려하여 의사결정이 이루어질 수는 없다. 그러므로 여러 요소들이 서로 상충하는 경우가 발생할 수 있는데, 번역가는 이러한 다양한 제약 상황을 오가며 끊임없이 타협점을 찾아가야 한다. 그러므로 번역은 끊임없는 의사결정과 타협의 과정을 통해 이루어진다. 이러한 의사결정과 타협의 과정은 번역가의 번역능력과도 직결된다.

7. 번역능력(Translation Competence)

뉴마크(Peter Newmark)는 「번역과 번역가에 대한 단상(Some Notes on Translation and Translators)」이란 글에서 "늙은 바보라도 언어는 배울 수 있지만 번역가가 되기 위해서는 지적인 능력이 필요하다"라는 말을 한다. 이는 번역가가 되기 위해서는 언어를 배우는 능력 이상의 것이 필요함을 의미하는 것이라 할 수 있다. 글을 쓰는 작가가 되기 위해서는 글 쓰는 능력이 필요하듯이 번역가가 되기 위해서는 번역을 할 수 있는 능력, 즉 번역능력이 필요하다. 그렇다면 번역능력이란 무엇일까?

흔히 번역을 잘하기 위한 조건으로서 언어를 다룰 수 있는 언어능력을 가장 중요한 요소로 꼽는다. 여기서 언어능력이란 국어국문학 자료사전에 따르면, "무한히 많은 수의 문법적인 문장을 만들어낼 수 있는 잠재적(潛在的)인 능력"을 말하는 것으로, "과거에 이미 들은 바 있는 문장뿐만이 아니라 전혀 들은 일이 없는 문장까지도 생성시켜 낼 수 있는 창조적인 능력"을 말한다. 물론 번역가에게 필요한 이러한 언어능력은 번역가가 다루는 출발언어에 대해서뿐만 아니라 도착언어에 대해서도 해당되는 얘기이다.

그러나 이러한 언어능력이 있다고 해서 번역을 다 잘할 수 있는 것은 아니다. 언어능력은 번역능력을 구성하는 가장 핵심적인 요소이긴 하지만 가장 기초적인 능력에 지나지 않는다. 번역작업을 하는데 있어서는 언어 이외에도 필요한 요소들이 무수히 많기 때문이다.

번역능력을 구성하는 요소들에 대해서는 학자마다 의견이 다양하다.

핌(1993)은 번역가는 첫째, 원문을 번역하기 위해 다양한 대안을 제시할 수 있어야 하고, 둘째, 그중 주어진 상황에서 가장 적절하다고 판단되는 번역문을 선택할 수 있어야 한다고 말한다. 존슨과 화이트락(Johnson & Whitelock, 1985)은 직업적인 번역가에게 필요한 지식으로서 다섯 가지 지식을 들고 있다. 그것은 도착언어에 대한 지식, 텍스트 유형에 관한 지식, 출발언어에 대한 지식, 실제 세계인 대상 분야에 관한 지식, 그리고 대조적 지식이다.

핌이 언급한 대안의 제시와 선택 능력, 그리고 존슨과 화이트락이 제시한 다양한 지식들 외에도 번역을 잘하기 위해서는 앞서 언급한 의사결정에 영향을 주는 요소들에 대한 지식, 번역규범에 대한 지식, 그리고 번역기법에 대한 지식 등 다양한 지식이 필요하다.

번역과정에 따라 단계별로 필요한 번역능력을 분류해보면 다음과 같다.

흔히 번역과정은 원문의 분석, 전이, 그리고 재구성의 단계로 이루어지는데, 맨 먼저 분석의 단계에서 필요한 능력은 번역해야 할 텍스트에 대한 이해능력이다. 텍스트에 대한 이해를 위해서는 백과사전적 지식, 세상에 대한 지식, 주제지식은 물론이고 텍스트 유형에 대한 지식이 필요하며, 텍스트가 생산된 환경에 대한 조사와 분석능력이 필요하다. 이 단계에서는 출발언어에 대한 지식이 필수적이다.

두 번째 전이의 단계는 머릿속에서 텍스트를 어떻게 번역할 것인지를 생각하는 단계로서, 다양한 대안들을 고려하고 견주어보는 단계이다. 이 단계에서 필요한 능력은 번역가의 의사결정에 영향을 주는 요소들에 대한 지식, 번역규범에 대한 지식, 그리고 번역기법 등의 번역전략에 대한 지식 등을 꼽을 수 있다. 즉, 원문의 어떤 내용을 누구를 대상으로 하여 어떻게 전달할 것인가, 직역을 할 것인가, 의역을 할 것인가, 원문의 문체를 전달할 것인가, 아니면 의미만을 전달할 것인가, 대상 독자는 타문화에 대해 어느 정도의 지식을 가지고 있는가, 독자에게 얼마만큼의 추가정보를 제공할 것인가 등에 대한 대안들을 제시하고 최선의 선택을 모색하는 능력이다.

마지막 재구성의 단계에서 필요한 능력은 다양한 대안들 중 가장 효과적인 선택을 하는 능력과 번역을 하는 데 필요한 도착언어 구사능력이다.

이처럼 적절한 번역을 하기 위해서는 언어능력, 텍스트에 대한 이해, 번역전략 구사능력, 독자에 대한 이해 등 다양한 자질이 요구된다.

그러나 이와 더불어 정보화와 세계화에 따른 번역시장 환경의 변화는 이러한 지식을 넘어서서 번역가들에게 새로운 능력을 요구하고 있다. 정보화와 세계화가 우리의 모든 일상에 변화를 가져왔듯이 이제는 번역시장에 있어서도 변화를 가져오고 있다.[1]

오늘날의 번역시장은 기존의 아날로그 번역시장과는 다른 특성을 보여주고 있는데, 핌을 비롯한 여러 학자들은 그 특성을 세계화(global), 탈중심화(decentralized), 세분화(specialized), 가변성(dynamic), 가상성(virtual), 그리고 과도한 주문(demanding)이라는 6가지 특성으로 요약하고 있다.

먼저 첫 번째 특성은 세계화의 추세에 따라 번역시장 또한 세계시장(global market)으로 바뀌고 있다는 점이다. 오늘날에는 많은 기업

---

[1] 세계화 정보화에 따른 번역가의 능력에 관한 내용은 『통번역교육연구』에 발표한 내용을 바탕으로 수정한 것이다.

들이 국내시장에만 머물지 않고 해외시장에 진출하여 자사상품과 서비스를 해외에 광고하고 판매하고 있다. 이제 자본주의의 경쟁 속에서 해외진출은 선택이 아닌 생존전략이 되었으며 이러한 생존전략에서 번역은 중요한 마케팅전략 언어로 전면에 등장하였다. 그리하여 한 국가의 경계선을 넘어서서 다른 나라의 고객들을 대상으로 하는 번역수요가 양적인 측면에서 극적으로 증가하였다. 즉, 국내 고객뿐 아니라 다수의 국가의 고객을 대상으로 하는 번역물이 증가함에 따라 번역물의 수용자가 다국화되었다는 점이다.

두 번째 특성은 번역시장이 탈중심화되고 있다는 점이다. 첨단 기술의 발달로 인하여 번역서비스가 시간과 공간적인 제약을 벗어나게 됨에 따라 번역시장은 국내와 해외시장을 동시에 아우를 수 있게 되었다. 인터넷과 같은 통신의 발달은 번역업무를 수행하는 데 있어서 물리적 거리에 따른 제약을 해소시켰으며, 특정 지역이나 특정 문화권에 국한되지 않는, 국적을 불문한 다양한 번역가들을 번역시장에서 동시에 가용 가능하게 만들었다. 이에 따라 번역가들은 국내를 벗어나서 더 많은 일을 할 수 있는 기회와 더 다양한 일을 할 수 있는 기회를 얻게 된 장점도 있지만, 국내 번역가들은 물론이고 다른 여러 나라 번역가들과도 경쟁을 해야 하는 입장에 놓이게 되었다. 그리하여 다른 번역가들과의 경쟁에서 유리한 입지를 확보하기 위해 다양한 분야에 대한 전문성을 확보하고 여러 언어에 대한 지식을 습득하는 등 고객들의 다양한 요구를 수용할 수 있는 능력을 갖추는 일이 필요해졌다.

세 번째 특성은 첨단 분야와 첨단 기술이 발달함에 따라 번역시장이 점차 세분화되고 있다는 점이다. 첨단 기술의 발달은 번역가들이 일하는 외적인 환경은 물론이고 번역가들이 다뤄야 할 텍스트의 유형에도 변화를 가져왔다. 경제, 산업, 기술, 공학, 문학 등 기존에 다루었던 여러 분야의 텍스트는 물론이고 원거리 통신(telecommunication), 소프트웨어, 웹 사이트, 통신위성, 생명공학, 나노기술 등 새로 등장하는 분야에서도 전문가적인 번역에 대한 요구가 발생하고 있다. 번역가들은 이제까지 다뤘던 분야와는 다른 아주 생소한 분야에 대한 요구에 대처하기 위해 많은 시간과 노력을 들여 새로운 분야에 대한 지식을 습득하는 일이 필요해졌다.

네 번째 특성은 번역시장이 가변적인 특성을 띠게 되었다는 점이다. 정보통신 기술의 발달은 사회의 변화 속도를 가속화시켰고 이에 따라 번역시장의 변화 또한 예측하기 힘들게 되었다. 번역에 대한 요구는 최신 동향의 문화 및 기술 발전과 밀접한 관련을 갖기 때문에 어떤 분야에 대한 번역 요구가 증가할지 예측하기 힘들게 되었다.

다섯 번째 특성은 번역시장이 가상적 시장의 특성을 띠게 되었다는 점이다. 인터넷과 정보통신 기술의 발달로 번역가와 고객(번역 의뢰자)과의 관계, 번역가와 번역물 수용자 사이의 교류환경 및 방식이 사이버화되어 가고 있다. 예전과 달리 물리적 공간에서 번역가와 의뢰자가 만날 필요가 없어졌고 인터넷이라는 가상의 공간을 통해 모든 작업이 이루어지고 있다. 번역회사와 번역가는 사이버 공간을 통해 업무관계를 맺고 계약을 하고 번역물을 주고받는다. 이는 경제적이고 효율적이라는 장점이 있긴 하지만 월드와이드 검색매체를 통해 익명의 고객과의 접촉 지점이 광범위하며 다층화됨으로써 여러 가지 예측 불가능한 어려운 문제들도 발생하게 되었다.

마지막 번역시장의 특성은 번역가에 대한 고객들의 과도한 요구이다. 앞서 언급한 바와 같이 정보화시대는 사회의 변화와 진행 속도를 가속화시켰으며, 다양한 첨단 도구가 개발됨에 따라 일상의 모든 작업 속도들이 빨라지고 있다. 이러한 변화에 대처하기 위한 번역가들에 대한 요구 또한 가중되고 있다. 촉박한 시일 내에 많은 양의 번역물을 소화해주길 원하는 반면 번역의 품질에 대한 요구는 더 높아지고 있다. 또한 번역결과물의 양식이나 디자인까지 요구하는 회사도 많아졌다.

그렇다면 이러한 번역시장의 변화 속에서 번역가가 경쟁력을 갖추기 위하여 어떤 능력을 갖추어야 할 것인가.

첫째, 대상 문화에 대한 다원화된 이해와 지식을 갖추는 일이 필요하다. 대상 문화에 대한 이해의 중요성은 사실, 특히 문학번역 분야에서 자주 다루어지던 문제이다. 그러나 번역물의 수용자 층이 다국화되었다는 사실은 하나의 대상문화가 아닌 여러 문화에 대한 다원화된 지식을 요구하고 있다는 것을 의미한다. 더구나 번역이 기업들의 다국화 마케팅전략에 사용되는 경우 이러한 이해가 없을 시에는 회사의 손익에 치명적인 결과를 가져올 수 있으므로 무엇보다도 중요하다 하겠다. 타문화에 대한 이해나 지식이 없이 마케팅이 이루어질 경우 어떠한 일들이 벌어질 수 있는지에 대해 여러 가지의 경우를 예로 들어보자. 다음은 다양한 문화권의 문화적 차이에 관한 교육 프로그램을 운영하고 있는 영국 내의 퀸트이센셜(Kwintessential) 사가 그 사이트2)에서 소개하고 있는 사례들이다.

스웨덴에 로컴(Locum)이라는 회사가 있는데, 대부분 회사들이 그

---

2) 주소는 http://www.kwintessential.co.uk/index.php.

렇듯이 이 회사도 해마다 고객들에게 크리스마스 카드를 보내곤
했다. 그러다가 1991년에 축제 분위기를 한껏 돋우기 위해 회사
로고인 Locum의 'o'의 자리에 하트모양을 넣었다. 결과는 보지 않
아도 자명하다.

이는 타문화권에 대한 이해나 지식의 문제이기도 하지만 그보다
먼저 언어지식에 대한 문제로 볼 수 있다. 하트모양은 거의 전 세계
적으로 '사랑'이란 의미로 통용되므로 'o'를 하트모양으로 바꾸는 시
도까지는 좋았지만 그다음에 이어 나오는 단어와 연결될 때 수용자
문화권에서 어떤 의미로 받아들여질지에 대한 이해가 없어 발생한
실수이다. 'cum'('오르가즘'이란 뜻)의 의미에 대한 이해가 없었기 때
문에 이루어진 실수라 할 것이다.

전달하고자 하는 의도가 분명하고 표현상 의미가 선명하다 하더라
도 사운드의 효과 때문에 부정적 이미지를 주어 마케팅에 불이익을
초래하는 경우도 있다.

> 1970년대 후반, 왕(Wang)이라는 미국 컴퓨터 회사는 'Wang Cares'
> ('소비자들의 의견에 귀를 기울인다'란 뜻)라는 새로운 슬로건을
> 제작하여 지사들에게 배포했는데, 영국지사들은 이 슬로건을 사용
> 하기 꺼려했다. 그것은 'Wang Cares'라는 사운드가 'Wankers'('자위
> 행위자'란 뜻으로 흔히 '얼간이, 바보'란 의미로 사용)라는 사운드
> 를 연상시켜 회사의 이미지에 좋은 효과를 줄 수 없었기 때문이다.

> 영국의 식품제조업체 샤우드(Sharwoods)사는 새로 출시된 '번드
> (Bundh)'라는 소스를 600만 달러를 들여 홍보했다. 그러나 수많은
> 펀자브어 사용자들로부터 항의를 들어야 했다. 'bundh'은 펀자브
> 어로 'arse(항문)'란 사운드와 유사했기 때문이다.

첫 번째 예는 같은 언어권이라 해도 똑같은 표현이 문화권에 따라

다르게 받아들여질 수 있음을 보여주고 있다. 요즘은 영화나 TV를 통해 미국인들도 일상적으로 영국 문화를 접할 기회가 많아졌기 때문에 그들의 문화나 언어습관에 대해 익숙할 수 있지만 70년대만 해도 그렇지 못했던 모양이다. 미국에서는 'Wankers'라는 표현을 좀처럼 듣기 어렵지만 영국에서는 '바보', '얼간이(jerk)'의 의미로 자주 사용되는 표현이다. 두 번째 경우 역시 단어 선택에 있어서 마케팅 대상의 문화에 대한 고려가 있어야 함을 보여주는 예이다.

또 문화권이 달라짐으로 인해 같은 단어라도 전혀 다른 의미로 해석되어 마케팅에 불이익을 초래하는 경우도 있다.

> 혼다는 2001년에 북유럽 국가들의 시장에 '피타(Fitta)'라는 새 자동차를 출시했다. 그런데 '피타(fitta)'는 스웨덴어, 노르웨이어, 덴마크어로 여성의 생식기를 칭할 때 예전에 사용되던 비어(卑語)였다. 나중에 혼다는 제품명을 '혼다 재즈(Honda Jazz)'로 바꾸었다.

영어에서는 흔히 '안개'를 뜻하는 'mist'란 단어 역시 독일어권에서 그대로 사용될 경우에는 부정적 이미지를 떠올릴 수 있다. 독일어로 'mist'는 '배설물(dung/manure)'을 의미하기 때문이다.

> 영미에서는 'Irish Mist'(아일랜드의 술 이름), 'Mist Stick'(미국 미용용품 업체 클레어롤 사의 파마기), 'Silver Mist'(롤스로이즈 차 이름)라는 이름이 아무런 문제없이 통용되지만 독일권으로 이러한 제품을 수출할 경우 번역상의 문제가 발생한다. '아일랜드 배설물한 잔'을 마신다고 상상해보라.

또 같은 단어라도 역사적인 배경이 다른 민족들에게는 다른 연상작용을 불러일으킬 수도 있다.

2002년 영국의 움브로(Umbro)란 스포츠용품 제작회사에서는 신제품으로 출시된 지클론(Zyklon)이라는 운동화를 모두 회수해야 했다. 이 제품이 출시되자 각 단체와 시민들로부터 항의가 빗발쳤는데, 지클론은 나치 수용소에서 수백만 명의 유태인을 학살하는 데 사용된 가스의 이름이었기 때문이다.

지클론 B(Cyclone-B라고도 함)가 유태인들을 학살하는 데 사용된 신경가스라는 점은 널리 알려진 사실임에도 불구하고 고객의 다양성을 미처 생각지 못한 실수로 인해 제품판매가 채 시작되기도 전에 유태계 고객을 모두 잃어버린 셈이다. 다음에 든 일화는 국제적으로 통용되는 도상기호나 상징이라 하더라도 전 세계적으로 똑같은 의미로 해석되지 않을 수 있음을 보여준다.

아프리카의 스테바도레스(Stevadores)라는 항구에서 일하던 직원들이 짐 상자에 쓰인 'fragile(파손 주의!)'이란 글자를 보고 깨진 유리 조각을 모아놓은 상자로 생각하고 짐 상자들을 모두 바다로 내던져버렸다.

이처럼 문화적 다양성에 대한 이해가 부족한 상태에서 번역이 이루어질 경우 국제무역에 있어서 치명적인 손실을 가져올 수 있다. 혹자는 이는 번역의 문제가 아니라 마케팅전략 부서에서 할 일이라고 말할 수도 있을 것이다. 그러나 앞에서 언급했듯이, 번역물은 더 이상 '원천텍스트의 재생산'이 아니며 이를 넘어서서 '새로운 텍스트의 생산'이라고 하는 시각이 대세이다. 번역가의 역할은 이제 원작의 재생산의 임무를 넘어서고 있다. 번역을 의뢰하는 고객은 목표언어권의 문화에 대한 이해와 지식이 부족할 수 있다. 고객이 의뢰한 번역물을 그대로 직역하는 경우 목표문화권에서 어떻게 받아들여질지 등의 타문화에 대한 조언자의 역할까지도 번역가가 담당해야 할 몫이다.

두 번째로 번역가가 경쟁력을 갖추기 위해 필요한 자질은 다국어 지식이다. 번역시장이 글로벌화되고 있다는 것은 이제 한 가지 언어만 구사해서는 경쟁력을 가질 수 없다는 것을 의미하기도 한다. 다양한 언어권의 번역물 소비자들을 상대하기 위해서는 한 가지 언어능력만 가지고서는 다양한 시장의 요구를 따라갈 수 없기 때문이다. 참고로 필자가 번역학을 공부할 때 교실에서 만난 유럽권 학생들은 기본적으로 두세 가지 언어는 능숙하게 구사할 줄 알았다. 이들을 상대로 한 수업 역시 영어뿐만 아니라 다른 여러 유럽어로 된 텍스트를 사용하였다. 앞으로는 번역시장의 탈중심화가 더욱 심화될 것이므로 이러한 다국어능력을 보유하고 있는 다수의 번역가들과 경쟁해야 하는 것이다.

세 번째 필요한 능력은 탈중심화 대응 홍보능력이다. 이제 번역가들은 과거와는 달리 국내의 번역가들은 물론이고 다른 여러 나라의 번역가들과도 경쟁해야 하는 입장에 놓이게 되었다. 언어지식, 문화지식 등의 실력을 갖추는 것 못지않게 경쟁력을 갖추기 위해서는 적극적인 홍보전략 또한 필수적이므로 이에 대한 능력도 갖추어야 할 것이다.

번역가들이 번역계약을 맺는 경로는 다양하다. 전통적인 오프라인 방식은 물론이고 요즘에는 인터넷이 발달되어 온라인 방식 또한 빈번히 이용되고 있다. 번역가는 온라인상으로 회사와의 직접적인 접촉을 통해, 또는 번역 에이전시를 통해 번역계약을 맺을 수 있다. 지역적인 한계를 넘어서서 세계의 번역가들과 경쟁할 수 있는 또 다른 방법은 인터넷 사이트 등을 통해 자신을 직접 홍보하는 방식이다. 홍보하는 방식과 경로는 여러 가지가 있을 수 있을 것이다. 한 인터넷 사이트에 올라 있는 카탈로니아어 번역가의 홍보 사이트를 예로 들어 어떤 내용을 어떻게 홍보하고 있는지 살펴보자.3)

The CATALAN Translator

My name is Macià Sola and I am a professional translator. My native language is Catalan, which is my target language in translation, and my source languages are English, French, Spanish, Portuguese, Italian and Romanian.

■ My Experience

I have a Postgraduate Degree in Translation by the New University of Lisbon. I have the Diploma D in Catalan (the highest level of language skills in this language). I have been working as a translator for more than 3 years, and my experience includes many translation works into Catalan.

■ My Services

I can offer a wide range of services including translation, proofreading, edition, localization, transcription and subtitling.

■ My Source Languages

I can translate all kind of texts from English, Portuguese and Spanish. For any translations from French, Italian and Romanian, I would need to confirm my availability depending on text to be translated.

■ My Rates

My range of rates goes from 0.04USD to 0.11USD per word (depending on the technical level of the texts, number of words, deadline, and source language). For example, a text with 4000 words from English into Catalan with a deadline of 5 days would be 0.06USD/word.

---

3) 출처는 http://www.catalan-translator.com/.

■ Payment Methods

I can accept payments through Paypal, Moneybookers or bank transfer. For translations of more than 5000 for new clients, a payment of a 20% of the total price is required at start through Paypal or Moneybookers.

■ Software

I use Trados as my regular translation program. However, I am also very familiar with Wordfast, which I can use through its demo version. I can also translate documents in QuarkXPress, Dreamweaver, FlashMX, Freehand, InDesign, XML and HTML.

■ Valencian

I can also do translations into Valencian Catalan, the variety of Catalan spoken around the city of Valencia.

■ Contact

You can get in touch with me anytime through the following contact information:

- ■ E-mail: msola@gmail.com
- ■ Phone: (+00351) 96 355 85 97
- ■ Other phone: (+00351) 215 15 13 70

자신의 학력과 경력, 그리고 다룰 수 있는 언어를 원천언어와 목표 언어로 세분해서 소개하고, 가능한 업무 내용, 번역료, 번역료 지불 방법, 다룰 수 있는 소프트웨어 등 비교적 상세하게 자신을 소개하고 있어서 번역을 의뢰하고자 하는 고객이 번역자에 대한 정보를 쉽게 얻을 수 있도록 되어 있다. 다만, 경력을 설명할 때 어떤 회사에서 어떤 분야의 번역을 했는지에 대해 좀 더 상세하게 소개한다면 의뢰자가 번역가의 수준이나 전문분야에 대해 더 정확한 판단을 할 수 있을 것이다.

위에 소개한 홍보 내용과 양식은 하나의 예에 불과하고 이 밖에도 다른 다양한 방식과 형태가 있을 수 있을 것이다. 인터넷을 검색하면 이러한 방법으로 자신을 홍보하고 있는 번역가들이 이미 많다. 이들 번역가들과의 경쟁에서 보다 우위를 점하려면 이들보다 좀 더 경쟁력 있는 홍보를 할 수 있도록 홍보전략을 세워야 할 것이다.

번역시장의 탈중심화를 보여주는 또 다른 예는 번역가들 간의 국제적인 공개경쟁입찰이다. 번역회사가 번역할 텍스트와 번역마감일을 인터넷 사이트에 게시하고 관심 있는 번역가들이 입찰을 하는 방식이다. 물론 입찰에서 유리한 번역가는 경력이 많고 저렴한 번역료를 제시하는 번역가일 것이다.

네 번째는 첨단 분야에 대한 전문지식을 업데이트하는 일이 필요하다. 가변적인 시장의 변화를 따라잡기 위해서는 늘 첨단 분야에 대해 관심을 가지고 그러한 분야에 대한 지식을 넓혀 나가야 한다. 통신위성, 생명공학, 나노기술, 우주개발 등 첨단 분야에서 새로운 개념, 용어들이 계속해서 쏟아져 나오고 있다. 이러한 분야에 대한 지식은 물론이고, 최신 정보와 지식을 업데이트할 수 있는 능력을 기르는 것이 중요하다.

다섯 번째는 현지화(Localization) 능력이다. 많은 회사들이 다국화 전략을 사용함에 따라 그들의 회사를 소개하는 웹 사이트에 대한 번역 수요 또한 증가하였다. 웹 사이트는 경기 불황의 시기에도 기업들이 자신들의 회사와 제품과 서비스를 광고할 수 있는 경제적이고 효율적인 수단이다. 이러한 웹 사이트는 문자, 도상적 기호, 색상 등 일반적 텍스트와는 달리 여러 형태의 텍스트들이 혼재되어 있기 때문에 번역에 있어서 많은 어려움을 수반한다. 대부분의 웹 사이트 번역에서는 이러한 여러 형태의 텍스트들을 마케팅 대상 문화권에 맞게 조정하여 번역하는 현지화 번역이 채택되고 있다. 기업의 웹 사이트는 타문화권의 고객들에게 광고효과를 극대화할 수 있도록 전달하고자 하는 메시지와 이미지, 색상 등을 타문화권의 언어, 문화에 맞도록 번역하는 것은 물론이고, 그 문화권의 환경이나 시장에 필요한 법적, 기술적인 문제까지 고려한 현지화전략이 필요하다. 앞서 핌이 언급한 전혀 다른 '새로운 텍스트의 생산'을 필요로 하는 경우이다. 동일한 회사의 다른 언어로 번역된 웹 사이트들을 비교해보면 일반적인 번역과 현지화가 된 번역의 경우가 어떻게 다른지를 파악할 수 있다. 예를 들어, 삼성의 웹 사이트의 경우 각 나라별로 색상, 언어, 이미지 등이 각 나라 시장 특성에 맞도록 현지화되어 있다.[4] 이처럼 현지화는 새로운 번역기술이 요구되므로 이 분야에 몸을 담고자 한다면 이러한 능력 또한 필요하다. 각 번역 에이전시들의 사이트를 보면 웹 사이트의 현지화에 대한 항목을 따로 구분해서 홍보하고 있는데, 이는 웹 사이트에 대한 번역수요가 많아지고 있으며, 웹 사이트 번역에는 새로운 번역방법이 요구됨을 보여주는 것이라 하겠다.

여섯째로 가상매체 개념에 대한 이해와 적극적 활용능력이다. 인터넷과 같은 통신기술의 발달로 번역작업 환경이 가상화되어 가고 있는 추세이다. 이에 따라 정보통신 기술에 의존하는 '가상의 번역가(virtual translator)'들 역시 늘어나는 추세이다. 번역계약서나 번역텍스트를 이메일을 통해 주고받는 일은 이미 일상화되어 있다. 가상매체를 이용하면 번역가의 입장에서도 많은 이점을 취할 수 있다. 앞서 언급한 바와 같이 인터넷을 활용하면 다수의 많은 고객을 상대로 효율적으로 자신을 홍보할 수 있다. 홈페이지나 블로그, 페이스북 또한

---

4) http://www.samsung.com/in/index.html 참고.

자신에 대해 더 자세한 홍보를 할 수 있는 수단이 될 수 있다.

　또 여기에서 더 나아가 프리랜서로 활동할 경우 각 행정처리를 독자적으로 할 수 있는 능력 또한 필요하다. 번역가 자신의 홈페이지나 홍보 사이트를 제작하고, 고객과 번역계약을 체결하고 번역물을 번역하여 최종적으로 전달하는 체계까지, 그리고 전자지불에 이르기까지 이러한 모든 과정에 필요한 소프트웨어 관련 기술을 습득하는 것이 필요하다. 또 고객들에 따라서 요구하는 소프트웨어 형식이 다양할 수 있고 최종 번역물에 대해 요구하는 소프트웨어 형식 또한 다를 수 있으므로 각종 소프트웨어를 자유자재로 다룰 수 있는 능력 또한 필요할 것이다.

　일곱째로 다양한 번역 툴 및 번역지원 툴 사용능력이다. 요즘에는 기술의 발달로 인해 기계번역(Machine Translation, MT)에서 컴퓨터지원 번역(Computer Assisted aided Translation, CAT)에 이르기까지 번역자들이 손쉽게 이용할 수 있는 다양한 번역 소프트웨어들이 시중에 나와 있다. 많은 포털들이 자사의 번역기를 개발하여 각 사이트에 선보이고 있으며 번역메모리 툴 또한 2~3개월 간격을 두고 새로운 제품이 출시될 정도로 다양화되고 있다.

　한국어를 지원하는 인터넷상의 기계번역기로서 구글 번역기, 윈도우 라이브 번역기, 야후 바벨 피쉬 등을 들 수 있는데, 이들 기계번역기의 단점은 아직까지는 완성도가 많이 떨어진다는 점이다. 외국어에 대한 지식이 없는 사용자의 경우에는 텍스트의 내용을 어렴풋이 짐작하는 데 도움이 될 수 있지만 일반 전문번역가들에게는 별 도움이 되지 못한다. 이러한 기계번역의 단점을 보완할 수 있는 툴이 컴퓨터지원 번역(CAT) 툴이다. CAT 툴은 사람의 번역활동을 지원하기 위해 번역메모리 시스템(Translation Memory system)을 사용하는데,

번역메모리 시스템의 목적은 기존의 번역자원을 새 번역 프로젝트에 이용함으로써 비용과 시간을 절약하고 번역의 일관성, 정확도를 증가시키는 데 있다. 즉, 사용자가 지정하는 구나 문장이나 단락 등에 대한 출발어 텍스트와 도착어 텍스트가 한 쌍으로서 번역단위를 이루어 데이터베이스로 저장된다. 이러한 데이터베이스는 사용자가 필요할 때마다 다시 꺼내어 재활용할 수 있기 때문에 반복해서 나오는 표현을 다시 번역하거나 다시 찾아야 하는 수고를 덜 수 있다. 이러한 CAT 툴로서는 트라도스(Trados), 멀티트랜스(MultiTrans), 로지트랜스(LogiTrans), 스타트랜짓(STAR Transit) 등 아주 다양한데 이들 시스템 간의 주요 차이점은 인터널 프로세스와 검색기법 등에 있다. 툴마다 텍스트의 분할(segmentation), 정렬(alignment), 인덱싱(indexing), 서치(search) 및 일치 정보검색(match retrieval)을 어떤 순서로 하는지가 다르고 검색기법 또한 다르다.5)

특히 검색기법은 툴의 효율성과 밀접한 관련이 있는데, 현재 상업적으로 통용되고 있는 기법에는 크게 두 가지가 있다(Lagoudaki). 하나는 문자열에 의한 매칭(character-string-based matching)이고, 다른 하나는 언어학적으로 보강된 매칭(linguistically enhanced matching) 기법이다. 첫 번째 기법은 각 세그먼트의 문자열에서 일치되는 정보를 찾는 방법으로 세그먼트와 그 하위 단위에서 일치하는 정보를 검색하는 방법이다. 두 번째 기법은 언어학적 분석 엔진(linguistic analysis engine)이 포함된 경우이다. 시밀리스(SIMLIS)를 예로 들면, 출발어 텍스트와 도착어 텍스트를 문장단위로 분할한 다음 언어학적 분석을 하여 각 문장을 통사단위로 분리하는데, 그 통사단위가 번역

---

5) 인터널 프로세스 및 검색기법에 대한 더 자세한 내용은 Lagoudaki 참조.

단위가 되는 것이다. 문장뿐만 아니라 통사단위까지 검색하여 일치된 정보를 찾아내기 때문에 정확도가 더 높다고 할 수 있다. 이 두 번째 기법은 최근에 개발된 것으로서 이 검색기법이 사용된 번역메모리 시스템은 차세대 번역메모리 시스템으로 지칭되고 있다.

요즘에는 번역가를 구할 때 이력서에 어떤 번역 툴을 사용하는지 어떤 버전을 사용하는지를 명시하기를 원하거나 응모 자격조건에 특정 번역 툴이 사용 가능한 경우만 응모하도록 지정하는 경우도 있다. 이러한 다양한 번역 툴에 대한 지식을 가지고 있으면 좀 더 경쟁력을 가질 수 있다.

마지막으로 공동작업 또는 팀 작업능력이다. 대규모 번역 프로젝트를 수행해야 하거나 한꺼번에 많은 양의 번역을 소화해 내야 할 경우에는 공동작업이나 팀을 구성하여 작업을 할 수도 있다. 이러한 경우 팀 구성을 어떻게 할 것이며 팀 운영을 어떻게 할 것인가, 그리고 역할 분담은 어떻게 하고 또 실제 번역에 있어서 다양한 다수가 번역에 참여함에도 불구하고 어떻게 번역의 품질을 최고로 유지할 수 있을 것인가, 번역결과물의 정확성 및 완성도에 대한 최종 판단은 어떻게 할 것인가 등, 텍스트 내용의 번역에 대한 것은 물론이고 기술적인 문제에 이르기까지 공동작업이나 팀을 구성하여 일할 경우에 대비한 지식과 기술이 필요하다.

앞으로의 번역시장은 세계시장의 변화에 따라 끊임없이 변화할 것이다. 이러한 변화를 정확히 예측한다는 것은 불가능한 일이지만 지금까지의 세계적인 추세로 볼 때 당분간은 현재의 번역시장의 특성이 지속되고 심화될 것이며 특히 가상환경시장이 급속히 팽창하고 심화될 것이다. 이에 따라 번역가들에게 요구되는 능력 또한 더욱 늘어날 것이다.

PART 2

번역의 기법들

Translation Techniques

언어를 익히고 구사할 줄 알면 누구나 번역을 할 수는 있지만 누구나 제대로 된 번역을 할 수 있는 것은 아니다. 기본적인 재료에 대해 알면 누구나 요리를 할 수는 있지만 누구나가 제대로 된 맛을 내는 맛있는 요리를 할 수 없는 것과 마찬가지이다. 제대로 된 맛있는 요리를 잘 하려면 요리법을 배워야 하듯이, 번역을 잘 하려면 번역기술에 대해 체계적으로 익혀야 한다.

포셋(Fawcett)은 번역에 있어서의 문제를 언급하면서, 부적절한 직역으로 인해 번역이 문제시되는 경우가 종종 있는데, 이는 번역가가 다양한 번역기법을 체계적으로 배우지 않아서 혼자만 이해할 수 있는 독백으로 끝나는 번역을 하기 때문이라고 지적한다. 물론 수년간의 실전 경험을 통해 축적된 기술이 많은 번역가들은 번역기법을 익히지 않고서도 좋은 번역을 해낼 수 있다. 하지만 이론적인 체계 없이 직관적으로 번역할 경우에는 적절치 못한 번역전략의 사용이나 일관성 없는 번역전략의 사용으로 인해 함량이 떨어지는 번역결과를 초래할 수밖에 없다. 시중에 판매되고 있는 흔히 잘된 번역이라고 하는 번역들에서 이러한 오점들이 발견되는 것은 이론적인 체계 없이 직관적인 번역을 했기 때문이다. 그래서 코미사로프(Komissarov)는 자신의 사고과정을 분명하게 표현할 줄 아는 능력이 곧 번역능력이라고 할 수는 없지만 직관적으로 번역하는 것은 잘못이라고 말한다.

번역기법을 익히고 연마하는 것은 번역 시 발생할 수 있는 결함이나 잘못된 직관을 고칠 수 있는 길이다. 또한 번역기법과 같은 이론을 익히는 것이 중요한 것은 베누티가 지적하듯이, 다양한 텍스트적 실천들, 보상 형태들, 번역기획들 중에서 어떤 특정한 실행, 보상형태, 기획을 선택했을 때 왜 그러한 선택을 했는지에 대한 이론적 설명을 제공할 수 있어야 하기 때문이다. 예를 들어, 번역가가 자신이 선택한 번역전략에 대해 공격을 받을 경우, 그러한 전략에 대해 타당한 근거를 제시하면서 설명할 수 있는 이론적 무장이 되어 있지 않으면 무능한 번역가로 낙인찍힐 수 있는 것이다.

1. 직역과 의역, 이국화와 자국화
(Literal Translation vs Free Translation, Foreignization vs Domestication)

그동안 번역학에서 논의되어온 전통적인 번역에 대한 문제는 대부분 텍스트와 언어시스템이 그 중심에 있는 넓은 의미에서의 직역과 의역의 문제로 귀착될 수 있다. 즉, 텍스트의 형태에 중점을 두어야 하는가, 또는 의미에 중점을 두어야 하는가에 대한 논의로 귀착될 수 있다.

로마제국의 권력확장과 문화발전에 필수적인 요소였던 번역의 문제, 즉 그리스어를 라틴어로 옮김에 있어 단어 대 단어(word-for-word)로 번역할 것인가, 또는 기원전 1세기의 키케로와 4세기 세인트 제롬의 성경번역의 전략으로서 대표되는 의미 대 의미(sense for sense)로 번역할 것인가에 관한 논쟁, 이러한 논쟁과 맥을 같이하는 17세기의 번역의 충실성(불충실한 미녀 Les belles infidèles)에 관한 논쟁, 그리고 17세기 슐라이어마허의 원작을 독자에게 데려갈 것인가 또는 독자를 원작으로 데려갈 것인가에 관한 논의, 또한 번역학 성립 초기에 전개된 나이다의 형식적 등가와 역동적 등가 등의 등가성 이론, 번역의 목적에 초점을 둔 스코포스(skopos) 이론, 보다 최근의 자국화와 이국화 논의 등 다양한 용어로 표현되고 있지만, 거칠게 표현하면 전통적인 번역에 대한 논의는 모두 원작에 중점을 둘 것인가 또는 도착어 문화권의 독자에게 중점을 둘 것인가의 직역과 의역의 문제로 분류할 수 있다.

그렇다면 직역과 의역이란 무엇인가?

번역가는 번역을 할 때 작가가 쓴 표현을 그대로 옮길 것인지, 아니면 작가가 전달하고자 하는 의미를 옮길 것인지를 고민하게 된다. 작가가 사용한 단어나 문장의 형태에 충실하여 번역어로 그에 대응하는 단어와 문장으로 옮길 경우에는 원어 텍스트에 충실한 번역이 될 것이고, 작가가 사용한 개별적인 단어보다는 그러한 단어들이 모여 만들어내는 총체적인 의미를 전달하는 데 역점을 두면 작가보다는 독자에게 더 충실한 번역이 될 것이다.

이처럼 두 언어 간에 이루어지는 번역의 기본적인 기법은 출발어(SL) 지향적인지, 도착어(TL) 지향적인지에 따라 크게 직역(literal translation)과 의역(free translation)으로 나뉜다.

직역이란 맥락과 상관없이 출발어 텍스트의 어휘 단위에 초점을 맞추어 어휘의 사전적 의미를 그대로의 옮기되 도착어의 문법을 따르는 번역으로서 단어 대 단어 번역(word-for-word translation)이라고도 한다. 즉, 의미나 구문 측면에서 표층으로 드러난 형태를 옮기는 것으로서, 텍스트상의 각각의 단어를 가능한 한 유지하도록 번역하는 방법이다. 직역은 스페인어와 카탈란(Catalan)과 같이 두 언어가 서로 매우 유사한 경우를 제외하고는 바람직하지 않은 번역방법이다. 두 언어가 매우 상이한 경우 직역을 하면 이해가 불가능하거나 가독성이 떨어지는 번역투(translationese)의 텍스트가 되기 쉽기 때문이다. 여기서 번역투란 번역텍스트에 나타나는 특이한 언어사용 현상으로서, 출발어의 어휘와 구문을 그대로 모사함으로써 도착어의 규범적 언어사용에서 벗어난 번역상의 언어형태를 말한다.

직역은 단어에 역점을 두기 때문에 종종 그러한 단어의 형태 아래 숨어 있는 의미를 놓치는 경우도 있다. 의미란 각 단어의 형식에만 있는 것이 아니라 맥락에 따라 다른 의미를 갖기도 하고, 단어들의 관용적 사용과 단어들 간의 관계에서도 발생하며, 문화적, 역사적 맥락의 영향을 받기도 하지만 직역은 이러한 차이점을 고려하지 않기 때문이다.

의역(free translation)은 직역과는 달리 자구에 얽매이기보다는 출발어 텍스트와 도착어 텍스트 간의 총체적인 대응(global correspondence)에 역점을 둔다. 즉, 표층으로 드러난 형태보다는 그 형태 아래에 숨어 있는 심층적 의미를 전달하는 데 역점을 둔다.

예를 들어, "He is like a dog in the manger"라는 문장을 번역할 경우, 직역하면 "여물통 속의 개 같다"라고 표현할 수 있겠지만 이 번역은 아무런 의미도 전달되지 않으므로 의역을 하여 '그는 심술궂다' 또는 '놀부 심보다'라고 번역할 수 있을 것이다. 이처럼 단어 대 단어가 아닌 구 대 구, 문장 대 문장 또는 그보다 더 큰 단위로 의미를 옮기는 방법이 의역이다.

이러한 직역과 의역은 이국화(foreignization)와 자국화(domestication) 번역전략과도 관계된다. 직역은 출발어 텍스트가 가지고 있는 언어적, 문화적 특성을 변경하지 않고 도착어 텍스트로 그대로 옮김으로써 텍스트의 이국적 특성과 요소를 그대로 유지하기 때문에 이국화 번역방법에 속하고, 의역은 출발어 텍스트의 특성을 살리기보다는 도착어 문화권에서 수용되고 이해될 수 있는 텍스트를 생산하는 데 역점을 두기 때문에 자국화(domestication) 번역전략에 속한다.

그런데 어떠한 번역도 직역이나 의역 중, 어느 한 가지 방법만을 사용해서는 적절한 텍스트를 생산해낼 수 없다는 점을 기억해야 한다. 번역은 직역과 의역, 이국화와 자국화가 끊임없이 교차되는 과정이기 때문이다.

또한 번역을 함에 있어서 번역의 손실을 최소화하기 위해서는 단어가 번역단위가 될 수 없다는 점을 기억해야 한다. 한 단어를 번역할 때조차도 전체적인 텍스트에 대한 이해를 바탕으로 그 단어가 전체적인 텍스트와 균형과 조화를 이루도록 해야 한다.

철학자 리쾨르(Riccoeur)가 말한 것처럼 번역은 단어에서 문장, 맥락, 문화, 세계로 가는 것이 아니라 세계에서 문화, 맥락, 문장으로 좁혀가는 작업인 것이다. 그는 『번역론(Sur la traduction)』(2004)에서 "번역가의 과제란 단어에서 시작해서 문장으로, 텍스트로, 문화 전체로 나아가는 것이 아니라, 오히려 그 반대로 나아가야 한다"고 말한다. 즉, "번역가는 폭넓은 읽기를 통해 한 문화의 정신에 깊이 침잠하면서 텍스트에서 문장으로 그리고 끝으로 단어 차원으로 내려가야 한다"는 것이다.

실제로 텍스트가 특정한 문화, 특정한 시대에서 배태된 것임을 감안할 때 텍스트에서 사용된 한 단어가 담고 있는 의미는 번역가가 살고 있는 시대나 문화와는 아주 다를 수 있다. 이러한 점에서 한 단어를 번역한다 하더라도 번역의 단위는 텍스트 전체, 문화 전체가 되어야 하는 것이다.

그러면 직역과 의역, 그리고 이국화와 자국화를 넘나드는 번역의 방법에는 어떠한 것들이 있는지 번역기법에 대해 살펴보자.

2. 번역의 기법들(Translation Techniques)

2.1. 음차역(Transliteration)

음차역은 출발어로 된 어휘나 표현을 도착어로 음역(音譯)하는 번역방법으로서 문화차용(cultural borrowing)의 한 형태이다. 차용이 가장 빈번히 사용되는 경우는 어떤 문화집단에 새로운 문화개념이나 사물을 지시하는 단어가 함께 유입될 때 두 언어 간의 어휘에 있어서 틈이 생기는 경우이다. 'avant-garde→아방가르드', 'Dadaism→다다이즘', 'Modernism→모더니즘', 'nomad→노마드', 'rhizome→리좀'의 경우에서처럼 새로운 사조나 새로운 철학적 개념이 유입될 때 그 어휘가 그대로 차용되는 경우가 많으며, 'prosumer→프로슈머', 'digital art→디지털 아트'처럼 새로 생성된 개념이 도입될 때, 그리고 'genome→게놈', 'hormone→호르몬', 'internet→인터넷', 'digital camera→디지털 카메라' 등 새로운 과학기술 용어가 도입될 때에도 도착어 문화권에 그에 상응하는 표현이 없을 때에는 음역차용을 통해 번역된다. 물론 'computer'란 어휘를 음차역하지 않고 'ordinateur'라고 신어를 만들어 쓰는 프랑스의 경우처럼 자기 나라 말을 새로 만들어 신기술이나 새로운 개념을 표현하는 경우도 있다.

또한 차용은 한 민족 공동체에 고유한 문화, 사물, 현상(process)을 지칭하는 문화용어를 번역할 때도 자주 사용되는 번역기법 중의 하나이다. 'Halloween→할로윈', 'Samhain→삼하인', 'bank holiday→뱅크

할러데이', 'Ramadān→라마단의 경우를 들 수 있다.

번역이 이루어지는 두 문화가 공통된 특징을 갖는 같은 문화권이 거나 두 문화 간에 많은 교류가 있어 서로 공유하는 문화가 많을 경우에는 서로 상응하는 문화적 개념으로 대체하여 번역할 수 있지만 그렇지 않을 경우에는 차용을 하는 경우가 많다.

또한 차용은 도착어 문화권에 해당하는 등가어가 있다 하더라도 문학적, 미학적 특성이 많은 비중을 차지하는 텍스트에서 문체, 사운드 효과, 또는 소외효과(distancing effect)를 위해 사용되는 경우도 있다.

비디오 아티스트인 백남준의 작품 중에 <Cage in Cage>라는 작품이 있는데 앞의 Cage는 미국의 전위작곡가인 존 케이지를 일컫는 것이고 뒤의 Cage는 '새장'의 의미로 사용된 것이다. 번역하면 <새장 속의 케이지>가 되겠지만 이렇게 한국어로 번역하면 원래 제목이 가지고 있는 언어유희적 요소가 사라져버려 작가의 의도를 살리지 못한 번역이 되어버린다. 그러므로 <케이지 속의 케이지>라고 번역하면 소통적 효과는 사라지겠지만 작가가 의도하는 효과를 살리는 번역이 될 것이다.

또 고르바초프의 정책을 일컫는 'glasnost'나 'perestroika'를 번역할 때 '개방'이나 '재건'이라는 번역 등가어가 있는데도, '글라스노스트'나 '페레스트로이카'로 음차역을 하는 경우 또는 'Ancien Regime'을 '구체제'라고 하지 않고 '앙시앙레짐'으로 음차역하는 경우 등이 있는데, 특정 텍스트에서 이러한 음차역을 선택하는 경우는 그 단어들이 불러일으키는 연상효과를 위한 것일 수 있다. 즉, 이러한 단어들을 통해 다른 나라의 과거 역사에서 어느 특정 시기에 발생했던 사건의 배경이 되는 역사적, 사회적, 문화적 맥락까지를 끌어들이는 효과를 위한 것이라 할 수 있다.

음차역이 가장 흔히 사용되는 대표적인 경우는 고유명사를 번역할 때이다. 고유명사란 한 민족 공동체에 고유한 사람, 사물, 현상을 지칭하는 것으로서, 문화용어와는 다른 지시관계를 갖는다. 즉, 문화용어가 범주나 부류를 지칭하는 것과는 달리, 고유명사는 단일한 지시관계를 갖는 경우를 말한다. 우리가 흔히 접하는 인명이나 지명, 또는 신문명, 잡지명, 상표명, 약품명, 사물명 등이 그것이다. 이러한 고유명사는 특수한 맥락에서가 아니고서는 의미를 지니지 않는 것으로 간주하기 때문에 대부분 음차역을 하는 것이 통례이다. 예를 들면, Shakespeare는 '셰익스피어'로, Adam Smith는 '아담 스미스'로, London은 '런던'으로, Washington은 '워싱턴'으로, 또한 aspirin은 '아스피린'으로, Benz는 '벤츠'로 음역 차용한다.

영국 일간지인 The Guardian에는 '감시인'이나 '후견인'이란 사전적인 뜻이 있고, 템즈강변에 우뚝 솟아, 런던시내를 한눈에 바라볼 수 있는 원형 전망대인 'London Eye'는 '런던의 눈'이란 뜻이지만 고유명사이기 때문에 이러한 사전적인 의미를 배제하고 음차역을 하여 '가디언', '런던 아이'로 번역하는 것이 일반적이다.

또한 '세게 때리다, 치다'라는 뜻의 앵글로색슨어 smitan에서 파생된 Smith는 원래 금속을 가지고 일을 하는 사람의 직업, 즉 대장장이를 가리키는 말이었으나 일반적인 성(性)으로 사용될 경우에는 이러한 유래가 아무런 의미가 없기 때문에 그 의미를 전달할 필요가 없으므로 '스미스'로 음차역해야 하고, Johnson이란 성에는 '존의 아들(son of John)'이란 뜻이 담겨 있고, Stevenson에는 '스티븐의 아들(son of Stephen)'이란 뜻이 담겨 있지만 특수한 맥락에서가 아닌, 일반적인 성으로 사용될 경우에는 이러한 유래가 아무런 의미를 갖지 못하기 때문에 각각 '존슨'과 '스티븐슨'으로 음차역을 하는 것이 일반적이다.

하지만 다음 대화에서처럼 성이 특수한 의미전달을 위해서 사용된 경우에는 음차역을 하는 것 외에 성이 갖는 의미를 전달하기 위한 별도의 보충전략이 필요하다.

A: What did you cook for dinner last night?
B: I cooked some Mexican dishes. My daughter liked them.
A: You must be a good cook.
B: My surname is Baker, as you know.

위 대화에서는 B가 '빵 굽는 사람'이란 직업에서 유래된 Baker의 성의 의미를 사용하여 재치 있게 대화를 이끌어가고 있다. 이 대화에서 Baker를 번역할 때 음차역에 그친다면 Baker란 성의 유래에 대해 모르는 독자들에게는 아무런 의미가 전달되지 않을 수 있다. 그러므로 텍스트 내에서나 밖에서 Baker가 갖는 의미를 추가로 설명해줄 필요가 있다. 아니면 음차역을 하지 않고 '내 성이 빵 굽는 사람이란 뜻이잖아'라고 번역할 수도 있다.

음차역을 할 경우 주의할 점은 인명이나 지명을 번역할 때는 원 지역의 발음에 따르는 것이 원칙이라는 점이다. 체코의 수도는 영어로는 Prague, 즉 음역을 하면 '프라그'가 되겠지만, 체코어 발음에 따라서 '프라하'로 음역하고, Homer 역시 '호머'가 아니라 '호메로스'로 번역하는 것이 일반적이다.

다만 고유명사라 하더라도 The United States→미국, Britain→영국,

Germany→독일의 경우처럼 도착어 문화권에서 널리 통용되고 있는 표준 등가어가 있다면 그 관례에 따라야 한다.

　이 밖에 고유명사라 할지라도 예외적으로 음역차용을 하지 말아야 할 경우가 있다.

> Relations between Beijing and Washington had been difficult in the wake of the accidental bombing of the Chinese Embassy in Belgrade two years ago and the emergency landing of a U.S. spy plane on a southern Chinese island this year.

　위의 문장에서는 Beijing과 Washington이란 고유명사가 환유적으로 사용된 경우이다. 이 경우 Beijing과 Washington은 단지 중국과 미국의 수도를 지칭하는 것이 아니라, China와 The United States의 의미로 사용되고 있는 경우이다. 이처럼 영어에서는 수도 명칭이 나라를 대신하여 사용되는 경우가 많지만 한국어에서는 이러한 예가 드물다. 그러므로 이와 같이 어느 나라의 수도가 그 나라 정부를 대신하여 사용되는 경우에는 음차역을 하지 않고 나라명으로 번역해야 한다. 따라서 Beijing은 '중국' 또는 '중국 정부'로, Washington은 '미국' 또는 '미국 정부'로 번역해야 의미가 명확해지고 혼돈을 줄일 수 있다. 그러므로 위 문장은 다음과 같이 번역한다.

> 2년 전에 발생한 베오그라드 주재 중국대사관 폭격 사고와 1년 전에 미군 스파이기(機)가 중국 남부 섬에 비상 착륙한 사건으로 인해 중미 관계는 순조롭지 않았다.

　뉴스나 시사적인 기사문에서 이 같은 예가 자주 사용되므로 번역을 하기 전에 먼저 텍스트의 유형을 파악하여 수도명이 나오면 음차역을 해야 할지 나라명으로 번역해야 할지를 미리 파악하고 번역에 임하는 것이 실수를 줄일 수 있다.

그러나 구체적이고 생생한 이미지를 전달하기 위해 문학적, 미학적 장치로서 어떤 단어를 환유적으로 사용한 경우에는 그 단어가 표현하고자 하는 개념이나 의미로 번역하기보다는 환유적 표현을 살려 직역하는 것이 적절하다. 예를 들어, 'from the cradle to the grave'는 '태어나서 죽을 때까지'란 뜻이지만 '요람에서 무덤까지'로 번역하면 생생한 이미지를 전달함과 동시에 원래 표현의 문체를 유지할 수 있다.

또 상표명은 고유명사이므로 음차역을 하는 것이 원칙이지만 문맥상 바로 그 상표를 지칭하는 것이 아니라 어떤 상품의 시조로 사용된 경우에는 음차역을 하지 않고 일반명사로 번역한다. 예를 들어, Kleenex나 Hoover는 원래는 상표명이었지만 상표명이 일반명사화 되어 사용되는 경우이다. 문맥상 그 상표를 지칭하는 경우에는 '클리넥스', '후버'로 음차역을 해야 하지만, 그렇지 않고 일반명사의 의미로 사용될 경우에는 '화장지', '진공청소기'로 번역한다.

다른 나라로 차용되었던 용어가 그 나라에서 오랜 시간 사용되다가 현대적인 형태로 원래 나라로 다시 차용되는 경우가 있는데, 이를 '재차용(reborrowing)'이라 한다. 일본어 'Poketto Monsutā'는 원래 영어의 '포켓 몬스터(pocket monsters)'에서 차용된 것인데, 흔히 사용되는 '포켓몬(pokemon)'이란 표현은 영어에서 차용된 일본어 'Poketto Monsutā'가 합성되어 만들어진 새로운 용어이다. 이렇게 일본에서 만들어진 새 용어가 다시 영어권에 차용되어 pokemon이란 표현이 사용되고 있는데, 이러한 경우가 재차용된 예이다.

또한 차용된 표현이 도착어 문화권에서 안착된 경우들도 있다. 한국어 문화권에서 사용되는 '마지노선(Maginot Line)'이란 표현 역시 음차역을 통해 도착어 문화권에서 안착된 경우에 속한다. Maginot Line은 세계 2차대전 중 프랑스가 히틀러의 침공을 제지하기 위해서 국경지역에 견고하게 쌓은 요새로서, 그곳이 무너지면 프랑스 전체가 위기에 처하는 최후의 보루지역이었다. 마지노선을 제안한 프랑스 육군성(French Minister of War)의 앙드레 마지노(André Maginot)의 이름을 따서 붙인 표현이다. 한국어에서 외래어로 안착된 이 단어는 '최후의 방어선'이란 뜻으로 흔히 사용되고 있다.

차용되는 표현이 도착어 문화권에 안착하면서 그 의미가 달라지는 경우도 있다. 예를 들어, 한국어 문화권에서 '자동차의 운전대'를 의미하는 용어로 사용하는 '핸들'이란 표현은 영어의 'handle'에서 차용된 것이지만 차용되면서 원래의 의미와 달라진 경우이다. 영어의 'handle'은 문, 서랍 등의 '손잡이'를 뜻하기 때문이다. 그러므로 '운전대'란 의미를 전달하기 위해 '핸들'을 다시 영어로 번역할 경우에는 'handle'이라고 하면 틀린 표현이 되고 'steering wheel'이라고 번역해야 맞는 표현이 된다. 일상생활에서 자주 사용하는 '커플룩'이란 표현 역시 음차역을 가장한 가짜 영어이다. 올바른 영어표현은 'matching T-shirts' 등 'matching'이란 표현을 사용한 번역이 올바른 번역이다.

위와 같이 음차역은 텍스트를 번역할 매우 빈번히 사용되는 번역 전략인데, 음차역을 할 경우 주의할 점들이 있다.

첫째, 음차역을 할 경우에는 외래어를 한국어로 옮기는 표준관례가 있으므로 이에 따라야 하며, 선례가 있을 경우에는 선례를 따라야 한다.

둘째, 음차역을 할 경우에는 독자가 번역문을 읽을 때 그 의미를 잘 파악할 수 있도록 번역문(target text) 안에서 그 의미가 잘 드러나도록 번역해야 한다. 특히 정보전달이 필수적인 텍스트에서는 그 의미가 명확하게 전달되도록 해야 한다.

명확한 의미전달을 위한 번역방법으로는 여러 가지가 있을 수 있지만 먼저, 널리 알려지지 않은 고유명사의 경우 인명인지, 지명인지, 사물명인지 불분명할 수 있으므로 속명(generic name)을 싣는 방법이 있다. 예를 들면, the Lethe를 그냥 '레테'라고 번역하지 않고 '강'이란 속명을 나란히 표기하여 '레테 강'이라고 번역하거나, 'the Avon'을 '에이번 강'으로, 'the Pharos'를 '파로스 등대'로 번역하는 경우를 들 수 있다.

그러나 문맥상 고유명사가 무엇을 지칭하는지 분명하지 않을 경우라 하더라도, 특히 문학작품을 번역할 경우, 속명을 덧붙임으로써 군더더기 표현이 되는 것을 피하고 싶을 때는 별도로 설명을 덧붙일 수 있다.

> At last she spoke to me. When she addressed the first words to me I was so confused that I did not know what to answer. She asked me was I going to Araby. I forgot whether I answered yes or no. It would be a splendid bazaar; she said she would love to go. (*Araby* by James Joyce)

> 마침내 그녀가 내게 말을 건넸다. 첫마디를 내게 건넸을 때 나는 어찌나 당황했는지 뭐라고 대답해야 할지 몰랐다. 그녀는 내게 애러비[1]에 갈 생각이냐고 물었다. 내가 뭐라고 대답했는지 생각이 나지 않는다. 그녀는 근사한 바자회인 것 같아서 자기도 가고 싶다고 말했다.

---

1) 1895년 5월 더블린에서 열렸던 바자회.

위 예문에서는 속명을 함께 병기하여 '애러비 바자회'라고 번역하는 것이 뜻을 분명하게 하는 번역방법이 되겠지만 군더더기 표현을 줄이고 애러비가 특정 시기에 있었던 바자임을 전달하기 위해 별도의 설명을 덧붙이고 있음을 볼 수 있다.

반면에 번역문에서 문맥상 고유명사가 무엇을 지칭하는지 명확할 경우라도 분명한 의미전달을 위해 설명이 필요한 경우도 있다.

> Araby is a hot, dry place, where water is scarce and few areas are really fertile. Much of the land is desert or scrubland, requiring careful irrigation to provide crops.

> 애러비는 덥고 건조한 곳으로 물이 귀하며 비옥한 곳이 아주 드물다. 대부분의 땅은 사막이거나 관목지여서 작물을 재배하려면 정성들여 물을 대야 한다.

이 경우에는 문맥상 Araby가 지명임을 알 수 있지만 Araby가 Arabia를 지칭하는 고어(古語)이며 시어(詩語)라는 사실을 모르는 독자들이 많다. Araby＝Arabia라는 사실을 모르는 독자들을 위해 '아라비아'라는 사실을 본문 내에서나 밖에서 주석으로 설명해줄 필요가 있다.

명확한 의미전달을 위한 또 다른 번역방법은 용어의 원어와 함께 그 정의를 싣는 방법이다. 일반적으로 통용되는 개념이 아닌 새로운 개념이거나 낯선 개념일 경우에 특히 유용하다.

> Breaking from the conventional belief that a camera is hardware to take pictures, digital cameras are utilized in a large scale to manufacture digital contents directly by the hand of the consumers.

The prosumer, consumers who may have professional needs as well, is well served by digital cameras.

카메라가 단순히 사진을 찍는 하드웨어라는 고정관념에서 벗어나 디지털카메라는 소비자가 직접 콘텐츠를 생산하는 데 널리 이용되고 있다. 전문적인 용도도 필요할 수 있는 소비자인 프로슈머에게 디지털카메라는 아주 유용하다.

위 예문에서 '프로슈머'는 일반적인 독자들에게 널리 알려진 용어는 아니므로 특히 일반 독자를 위한 텍스트라면 원어와 함께, producer와 consumer가 합성된 말로 '생산자인 동시에 소비자'라는 뜻을 설명해 주는 것이 좋을 것이다.

특히 역사 텍스트나 문학 텍스트에서, 아우슈비츠(Auschwitz)나 트레블린카(Treblinka)처럼, 지명이 내포적 의미를 가질 경우에는 주석을 통해 독자에게 명확하게 그 뜻을 전달하는 것이 필요하다.

또한 인명이라 하더라도 내포적 의미가 있는 경우에는 음차역을 하되 별도의 설명을 해준다.

Orwell's great book, in my opinion, his greatest book, *Homage to Catalonia,* was first published in 1937, but it was suppressed - a couple hundred copies published, both in England and the United States; it was essentially suppressed. The reason was it was very anticommunist, and in those days that didn't sell. During the Second World War, it was totally suppressed because you couldn't criticize "Uncle Joe." (*Activism, Anarchism and Power* - Interview with Noam Chomsky)

오웰의 훌륭한 저작인, 그러니까 내가 가장 훌륭한 저작이라고 생각하는 『카탈로니아 찬가』는 1937년 처음 출판되었지요. 하지만 금서가 되었어요. 영국과 미국에서 200부가 출판되었는데 철저히 금지가 되었어요. 그 이유는 내용이 매우 반공적인데다가 당시에 그런 책은 팔리지도 않았어요. 2차 세계대전 당시에 '엉클 조'를 비판했다는 이유로 철저히 금지되었지요.

미국은 세계 2차대전 당시인 1941년에 나치에 대항한 전쟁에서 소련과 동맹관계가 되자 악명 높은 소련의 독재자를 '엉클 조'라고 불렀다. 이는 미국인들을 가리키는 애칭인 '엉클 샘(*전형적인 미국 사람이나 미국 정부를 가리킴)'처럼 친근하게 부름으로써 새 우방의 이미지를 미국의 도덕적 이상과 일치하도록 개선하기 위해서였다.

따라서 위 예문에서 '엉클 조(Uncle Joe)'는 소련지도자 조지프 스탈린(Joseph Stalin)을 지칭하는 표현이므로 그에 대한 설명을 곁들이는 것이 필요하다.

이 밖에도 음차역을 하여 표기할 경우 원문이 전달하고자 하는 의미와는 다른 뜻으로 혼동할 우려가 있을 때는 반드시 원어를 함께 표기한다.

From the Hutton inquiry to ID cards the government has been arrogant and unswerving in its ambition to remain closed.

허튼 조사위원회에서 신분증에 이르기까지 정부는 오만하고 확고부동하게 입을 굳게 다물어왔다.

허튼 조사위원회는 영국 정부의 자문과학자이자 UN의 화학무기 감사원을 지낸 데이빗 켈리 박사의 죽음에 관한 진상조사를 위해 항소법원 원로판사 허튼 경이 담당한 조사위원회를 말한다. 위 예문의 번역문만 읽으면 당시 사건을 모르는 독자들은 '허튼 조사위원회'를 '말도 안 되는 조사위원회'로 오해할 수 있으므로 원어를 함께 표기해주는 것이 바람직하다.

셋째, 차용을 할 경우에 주의할 점은 텍스트 내에서 일관성을 유지해야 한다는 점이다. 음차역을 할 경우 대부분 그 외국 명칭이 우리말에 없기 때문에, 또는 우리나라 명칭 역시 외국어에 없기 때문에 적당히 옮기면 된다는 생각을 가지고 주의를 기울이지 않는 경우가 있다. 이러한 부주의로 인해 한국어로 번역된 외국 소설을 읽다보면 전반부에서는 주인공이 존이었는데 나중에는 잔으로 바뀌어 원작과는 달리 두 명의 주인공이 소설에 등장하게 되는 엉뚱한 경우가 발생한다든지, Henry를 영어식과 프랑스식을 섞어 씀으로써 작품 속의 한 인물이 '헨리'와 '앙리' 두 사람으로 바뀌는 경우가 발생할 수 있다. 외래어표기법에 따라 반드시 한 가지 표기법을 정해서 사용해야 한다.

넷째, 새로운 용어라고 생각하여 무조건 음차역을 할 것이 아니라 해당 어휘에 대한 기존의 번역관례가 있는지 반드시 확인하고 번역에 임해야 한다.

다섯째, 음차역을 도착어에 마땅한 표현이나 어휘가 없다는 이유로, 그리고 간결, 적절, 적합, 듣기 좋은 음조 등의 이유로 당연시하는 경우가 있는데, 이러한 태도는 포셋(Peter Fawcett)이 지적하듯이 국가 정체성, 권력, 식민화의 문제를 야기시킬 수 있다.

한국은 해방 전에는 일본어, 50년대 미군정 이후에는 영어를 탐욕적으로 차용해왔다. 사람들과 대화를 할 때 예전에는 일본어를, 요즘에는 영어를 섞어 쓰는 것을 마치 유식하고 세련되고 교양 있는 것인 양 착각하는 경우가 있다. 그리하여 닭도리탕(* '도리'란 일본어로 '조류'란 뜻이므로 닭이 두 번 반복되어 사용된 경우)이란 이상한 용어를 만들어냈다. 프랑스 당국이 그들의 언어를 미국화되지 않도록 정규적 노력을 꾀하는 데에는 그럴 만한 이유가 있다.

국제적 교류가 빈번해짐에 따라 새로운 외래어가 늘어나는 것은 피할 수 없는 현실이지만 정확한 말, 주체성을 살린 말을 찾아 보급하는 일은 이문화 사이에서 중개자의 역할을 하는 번역가들이 늘 염두에 두어야 할 문제이다.

연습문제

1. Read the text given and access the type and purpose of it.
2. Discuss the strategic problems confronting the translator and outline your own strategy for translating it.
3. Translate the text into Korean.
4. Explain the main decisions of detail you made in producing your TT, paying special attention to the question of Transliteration.

Text 1. 다음은 Dave Hiles가 쓴 Savant Syndrome에 관한 내용이다.
Savants are people who despite serious mental or physical disability have quite remarkable, and sometimes spectacular, talents. This is an exceedingly rare phenomena, although there are several well documented cases, and recently the Academy Award winning movie *Rain Man* has led to the term 'savant' being much more

widely known. 'Savant syndrome' is perhaps one of the most fascinating phenomena in the study of human differences and cognitive psychology. It is often claimed that, because of the extraordinary abilities involved, we will never truly understand human memory and cognition until we understand the savant. Savant syndrome was first properly recognised by Dr. J. Langdon Down, (n.b. he also originated the term Down's syndrome). In 1887, he coined the term "idiot savant" - meaning low intelligence, and from the French, savoir, 'knowing' or 'wise', to describe someone who had "extraordinary memory but with a great defect in reasoning power." This term is now little used because of its inappropriate connotations, and the term savant syndrome has now been more or less adopted.

Text 2. 다음은 연극 <Justifying War> 에 관한 내용이다.

Shakespeare once said, "All the worlds are stage." Now a group of players in Britain are offering further proof of that. They've turned so-called Hutton Inquiry now into a theatrical presentation. This was politics, now it's theater. London's theatres are turning into the news for inspiration. Actors in *Justifying War: Scenes from the Hutton inquiry* portray the stars of the real-life drama that grabbed headlines over the summer. There's no script: just transcripts from the inquiry into Britain's case for war, put on a stage.

"It just seems to be a very effective format. In two hours you can encompass the main arguments of an inquiry, usually. And the audiences get a chance to debate, to listen, and to really understand more clearly the issues that the inquiry has raised" said Nicholas Kent, director of *Justifying War*.

Political plays might get attention, but they don't always make money. Producers of *The Madness of George Dubya* enjoyed a five-month run, which ended in August, but they didn't see a profit. Still, the anti-war satire got plenty of press.

2.2. 모사(Loan Translation, Calque)

모사는 새로운 개념이나 제도 또는 사물을 지시하는 단어가 함께 유입될 때, 또는 관용어나 속담을 번역할 때 출발어의 어휘나 표현을 그대로 직역하여 빌려오는 번역방법이다. 즉, 의미를 차용하는 번역 방법이다. 음차역과 마찬가지로 이 또한 문화차용(cultural borrowing)의 한 형태이다. 여기서 '모사'의 의미로 사용되는 영어 'calque' 역시 프랑스어로 '모방하다(copy)'란 뜻을 지닌 '깔꺼(calquer)'에서 차용된 표현이다.

새로운 개념이 모사된 예를 보면, 제2차 세계대전 후 소련 진영 국가들의 폐쇄성을 비유한 'Iron Curtain 철의 장막'이나 1949년 이래 중국의 대비공산권(對非共産圈) 여러 나라에 대한 배타적 정책을 가리키는 'Bamboo Curtain 죽의 장막' 또는 정치적 · 사회적으로 중요한 일이지만 현실적으로 다루기 어려운 미묘한 문제를 일컬을 때 사용하는 'hot potato 뜨거운 감자'와 같은 경우를 들 수 있다.

모사된 용어가 다른 문화권으로 다시 모사되는 경우도 있다. '본디 가지고 있던 생각을 다른 생각으로 개조하거나, 새로운 사상·주의를 주입시키는 것'을 가리키는 'brainwashing'이란 용어는 1950년 이전에는 원래 영어에 존재하지 않았던 표현이었다. 원래 이 용어는 중화인민공화국이 성립된 후 수년에 걸쳐 중국인들의 봉건적인 사고방식을 개조하기 위해 사용된 '강압적인 설득' 방법을 지칭하는 중국어 표현 'xǐ nǎo(洗脑)'에서 번역 차용된 용어로서, 1950년대 한국전쟁 당시에 한국 주둔 미국 군인들이 처음 사용하기 시작함으로써 영어 어휘에 등재된 경우이다. 이 단어를 한국어에서는 '세뇌'라는 용어로 번역 차용하여 사용하고 있다.

또 다른 예로서 '벼룩시장'이란 단어를 들 수 있다. 원래 프랑스에서 시작된 것으로 알려져 있는, 중고품이나 싼 물건을 파는 노점시장을 일컫는 '벼룩시장'을 불어로는 '마르쉐 오 퓌스(Marche Aux Puces)'라고 하는데, 이에 해당하는 영어 표현인 'flea market'은 이 불어를 직역하여 차용한 것이며, 한국어 '벼룩시장'이란 용어는 영어에서 다시 번역 차용한 경우이다.

번역되는 과정에서 고유명사가 잘못 모사되는 경우도 있다. 일반적으로 책 제목은 단어의 의미를 번역하여 번역된 제목을 번역서에 붙이는 것이 통례이지만 고유명사가 사용된 경우에는 음차역을 해야 한다. 하지만 우리나라에서 널리 읽혀온 에밀리 브론테의『폭풍의 언덕』은 원래 '워더링하이츠'란 지명이므로 음역을 해야 하지만 단어의 의미를 번역하여 모사함으로써 특정 지명을 가리키는 고유명사로서의 의미가 없어져버린 경우이다. 물론 작품 제목의 경우 번역에 있어서 융통성이 작동하므로 소설 제목으로서의 적합성 여부는 다른 시각에서 논의해야 하지만 말이다.

또 많은 경우 잉글랜드 서북부에 있는 국립공원인 Lake District를 '호수지역'으로 모사하고 있는데, '호수지역'이라고 하면 그곳 말고도 다른 곳을 지칭할 수도 있으므로 고유명사의 속성이 사라지고 일반명사의 속성을 띄게 된다. 지명은 음차역을 하는 것이 일반적이므로 이 또한 '레이크 디스트릭트'로 음역해야 한다.

이처럼 고유명사는 음역차용을 하는 것이 원칙이지만 모사된 용어가 도착어 문화권에서 오랫동안 사용되어 해당 원어에 대한 표준 등가어로 정착되기도 하는데 이러한 경우에는 문체상 필요하다거나 하는 등의 특별한 경우가 아니고서는 표준 등가어를 따른다. 예를 들어,

> Seven years after Henry VII became king, Columbus discovered America, and a few years later Vasco da Gama reached India sailing around the Cape of Good Hope.

위의 문장에서 America, India 그리고 Cape of Good Hope은 모두 지명이므로 'America→아메리카', 'India→인도', 'Cape of Good Hope→케이프 오브 굿 호웁'으로 음역하는 것이 원칙이다. 하지만 Cape of Good Hope의 경우에는 '희망봉', India의 경우는 '인도'라는 한국어 번역명이 통용되고 있으므로 그 관례에 따라 번역해야 한다. 이 밖에도 Golden Gate Bridge(금문교), Pacific Ocean(태평양) 또는 Black Sea(흑해)의 경우에도 지명이 번역 차용되어 관용적으로 쓰이는 경우에 해당한다. 또 South America(남아메리카)나 North America(북아메

리카)처럼 지명의 일부는 음역되고, 일부는 번역 차용되어 관례적으로 쓰이는 경우가 있는데, 이러한 경우에도 관례를 따른다.

이처럼 고유명사라 하더라도 보통명사가 합성되어 이루어진 경우에는 고유명사 부분은 음차역, 보통명사 부분은 번역차용을 하는 경향이 있다.

> Tory Party → 토리당
> Whig Party → 휘그당
> Harvard University → 하버드 대학
> Wall Street → 월가
> Washington Square → 워싱턴 광장

다음과 같이 고유명사가 보통명사로 이루어진 경우에는 번역차용을 하는 것이 보통이다.

> Labour Party → 노동당
> Liberal Party → 자유당
> Republican Party → 공화당
> 한나라당 → Grand National Party
> 민주당 → Democratic Party

책, 영화, 그림 제목 등은 고유명사가 제목으로 사용되지 않은 한 번역을 하는 것이 원칙이지만, 기존에 널리 통용되는 번역 제목이 있을 경우에는 그 관례에 따르고 그렇지 않을 경우에는 독자가 원제목을 찾아볼 수 있도록 번역과 함께 원래 제목을 명기해준다. 예를 들어, 마르셀 뒤샹의 작품 중에 미술작품과 일상용품의 경계를 허문 <Fountain>이란 유명한 작품이 있는데, Fountain에는 '분수'라는 뜻도 있지만 한국에서는 '샘'이란 제목으로 번역되어 널리 통용되고 있으므로 이 관례를 따른다. 다만, 다음과 같이 음(sound)에 특별한 언외의미(connotation)가 담긴 제목의 경우에는 번역 차용해서는 안 되며 음역을 한다.

> *Rain Man* is a 1988 film which tells the story of a selfish yuppie named Charlie Babbitt who discovers that his father has left all of his estate to an autistic half brother Charlie Babbitt never knew he had. It stars Tom Cruise as Charlie Babbitt, Dustin Hoffman as his brother Raymond, and Valeria Golino as Charlie's girlfriend Susanna.

영화 <Rain Man>을 소개하는 내용이다. 일반적으로 영화제목은 고유명사가 아닌 경우에는 번역을 한다. 하지만 <Rain Man>은 두 단어 모두 일반명사처럼 보이지만 사실은 고유명사로 사용된 경우이다. 그러므로 <비의 사나이>로 번역하면 작가가 의도하고자 하는 의미가 사라져버린다. 영화는 비와는 전혀 상관없는 내용이기 때문이다. 여기서 'Rain Man'은 자폐증을 가진 레이먼이 동생 찰리가 부르는 자신의 이름을 '레인맨'으로 듣고 인식한 데서 붙여진 이름이다. 즉, 여기서는 제목의 사전적 의미보다는 소리(sound)에 의미가 담겨 있는 경우이다.

우리나라에서 2005년 개봉된 <말아톤>도 이와 비슷한 경우라 하겠다. 20살 자폐증 청년이 마라톤을 완주해내기까지의 과정을 그린 이 영화는 지능 수준이 5살밖에 되지 않는 주인공이 자신의 그림일기에 "내일의 할 일 '말아톤'"이라고 적어 넣은 것을 그대로 제목으로 가져다 붙인 경우이다. 그러므로 이러한 제목들은 제목을 통해 주인공을 드러내기 위한 의도이므로 이러한 의도를 살릴 수 있는 번역방법을 선택해야 한다.

　대부분 이름은 고유명사이므로 음차역을 하는 것이 일반적이지만 특정한 의미를 지닌 별명이나 애칭의 경우에는 번역차용이 필요할 때도 있다. 예를 들어, '영어에서는 입이 싼 사람' 또는 '수다쟁이'를 가리킬 때 'big mouth'란 표현을 사용하는데, 소설에서 이러한 특징을 가진 등장인물에 대한 별명으로 Mr. Big Mouth라는 표현을 사용했다면 이러한 의미를 살려 번역하는 것이 필요하다. 즉, 이 경우 Big Mouth는 고유명사처럼 대문자로 표기하고 있지만 사실은 고유명사가 아닌 big mouth가 뜻하는 의미를 전달하고자 하는 표현이므로 음차역을 하지 않고 '수다남' 정도로 번역하는 것이 필요하다. 한국어로 '미스터 빅 마우스'라고 번역하면 아무런 의미도 전달되지 않기 때문이다.

　관용어나 속담의 경우에도 번역차용 기법이 사용되는 경우가 있다. 특히 특정 문화권에 고유한 관용어나 속담이라 하더라도 보편적 특성을 지시하는 표현은 모사를 통해 쉽게 번역할 수 있다. 소속 지역이 불분명한 경계지역을 일컫는 'grey area'를 회색지대로, 거짓 눈물을 뜻하는 'crocodile tears'를 '악어의 눈물'로 번역한다거나, 몹시 위험한 행위를 묘사할 때 사용하는 'play with fire'를 '불장난하다'로 번역하는 경우, 또는 천성이나 집안내력을 일컫는 'run in one's blood'를 '핏속에 흐른다'로 번역 차용해도 쉽게 이해할 수 있는 것은 우리 문화권과 영어권이 보유하고 있는 보편적 특성 때문이다.

　그러나 관용어나 속담은 특정 문화권에서 역사적으로 형성된 것이기 때문에 특정 문화적 지시체(cultural reference)에 대한 경험을 공유하고 있거나 그러한 지시체에 대한 지식이나 정보가 없이는 이해가 불가능한 경우가 있다. 예를 들어, 어떤 사람의 죽음을 둘러싸고 생전 모습에 관해 이러저러한 말이 오가는 중에 누군가 'He kicked the bucket yesterday'란 말을 했을 경우, 'kick the bucket'이란 관용어의 뜻을 모른다면 그 사람을 아주 엉뚱한 사람이라고 생각할 수 있다. 죽은 사람의 생전 모습에 대해 얘기하다가 갑자기 왜 어제 '양동이'를 찼다는 얘기를 하는 걸까? 죽기 전에 몹시 화가 난 일이 있었나? 죽기 전에 누구와 심하게 다툰 걸까? 등등 별별 상상을 하게 된다. 여기서 '양동이를 걷어차다'란 표현은 교수형을 당할 때의 모습에서 유래된 것으로 '죽다'란 의미를 지닌 관용어이다. 번역을 할 때 이러한 뜻을 모르고서 그대로 직역하여 번역차용을 해놓으면 텍스트의 문맥과는 전혀 상관없는 엉뚱한 내용이 되고 만다. 'chicken feed salary'란 표현 역시 '닭모이 월급'이라고 직역하면 아무런 의미를 전달하지 못한다. 영어권에서 'chicken feed'는 '아주 보잘것없는 것'을 의미한다. 그러므로 '얼마 안 되는 월급'이라고 번역을 하든지, 아니면 원 텍스트의 문체를 살리려면 한국어 문화권에서 통용되는 관용구를 사용하여 번역할 수 있다. 우리 문화권에서는 '보잘것없는 월급'을 '쥐꼬리'에 비유하므로 '쥐꼬리만 한 월급'으로 번역하면 독자에게 충분한 의미전달을 할 수 있을 뿐만 아니라 관용어를 사용한 원 텍스트의 문체를 살릴 수 있을 것이다. 다만, 이 두 가지 번역방법은 외국 문화권의 색다른 문화를 소개하는 측면에서는 손실을 초래하는 단점이 있음을 알아야 한다.

번역차용, 즉 모사를 할 경우 주의해야 할 점들이 있다.

첫째, 기존관례에 따르지 않고 새로운 번역을 시도할 때는 도착어 문화권의 문화적 색채가 가미된 언어로 번역하여 어색한 번역투가 되지 않도록 해야 하며, 출발어 텍스트의 구조를 모방하되 도착어 문법에 어긋나지 않도록 해야 한다. 예를 들어, 『해리포터』에 등장하는 배우가 "It's a piece of cake"이란 대사를 했다고 가정해보자. 한국 독자들의 이해를 돕고 원문에 사용된 관용적 문체를 살리기 위해 "누워서 떡먹기"라고 번역했다면 얼마나 우스꽝스러울지 상상할 수 있을 것이다. 이처럼 출발어 문화권과 도착어 문화권 사이에 공유되지 않은 문화적 색채가 강한 표현을 번역에 사용하면 독자의 이해를 돕기보다는 오히려 역효과를 불러일으킬 수 있다.

둘째, 번역차용은 문화차용의 형태이므로 문화적 생소함을 초래할 수 있으며 도착어 텍스트 내에서 의미가 불명확할 경우 독자에게 혼돈만 줄 수가 있다.

예를 들어 "Carrying coal to Newcastle"을 "뉴캐슬로 석탄 가져가기"라고 번역차용을 하면 문맥상 석탄과는 아무런 관련이 없는 텍스트일 경우, 엉뚱한 번역이 되어버릴 수 있다. 그러므로 '영국 속담에……'라는 식의 표현을 첨가하여 외국어의 표현을 그대로 빌어서 번역(직역)했음을 알리는 번역장치를 사용하고, '뉴캐슬은 석탄 수출로 유명한 잉글랜드 북부 항구도시이므로 그곳으로 석탄을 가져간다는 것은 헛수고란 의미'를 나타내는 것이라는 별도의 설명을 하여 번역 차용된 의미가 역어 텍스트 맥락에서 분명하게 드러나도록 해주어야 한다.

셋째, 무조건 사전상에 번역되어 실린 표현대로 따르지 말고 전체적인 문체나 뉘앙스를 고려하여 번역차용을 해야 한다. 예를 들어, ancien régime은 '구체제' 또는 '앙시앙레짐'으로 번역될 수 있는데, 텍스트 유형이나 저자의 의도에 따라 두 가지 번역 중 하나를 선택해야 한다. '구체제'라 할 경우에는 '옛 것'이란 의미가 중점적으로 전달되는 반면에 '앙시앙레짐'이라고 번역할 경우에는 구체제, 프랑스 혁명, 절대왕정체제, 루이왕정 등의 연상의미가 수반되게 된다. 특히 문학번역의 경우에는 의미나 정보전달뿐만 아니라 이러한 연상적 의미를 전달하는 것 또한 중요하기 때문에 음차역을 할 것인지 번역차용을 할 것인지를 고민하여 선택해야 한다.

넷째, 표준 등가어가 있을 경우에는 그에 따른다. 예를 들어, Fascism은 '파시즘'이라는 음차역으로 표준 등가어가 정착되어 있는 반면에 Communism은 '공산주의'로 번역 차용된 용어가 표준 등가어로 사용되고 있다. clean energy나 alternative energy에 대한 번역 역시 '청정에너지', '대체에너지'로 번역 차용된 표현이 표준 등가어로 통용되고 있다. 이처럼 새로운 개념을 번역할 경우에는 이에 대한 표준 등가어가 있는지를 조사하여 동일한 표현을 사용하도록 해야 한다. 그렇지 않을 경우에는 혼돈을 초래할 수 있기 때문이다. 다만, 기존에 번역 차용된 용어가 부적절하다고 판단될 경우에는 번역가가 새로운 번역용어를 제시할 수 있는데, 이 경우에도 해당 용어에 대해 기존에 어떤 번역차용이 사용되어 왔는지를 명시해주어야 한다.

다섯째, 표준 등가어로 정착이 된 경우라도 잘못된 번역차용이나 국어의 순수성을 훼손하는 경우는 창의적으로 다시 번역 차용하는 것이 번역가의 의무이다. 'road shoulder'는 예전에는 '路肩(노견)'이라고 번역 차용하여 사용하였으나 '노견'은 일본어에서 그대로 차용한 것이라는 지적 때문에 '갓길'이라는 우리말이 사용되고 있다.

서양에서 들어온 개념이 음차역되어 외래어로 굳어진 경우에도 얼마든지 창의적으로 새로 번역하여 사용할 수 있다. 예를 들어, 2010년 정부에서 공공언어 개선 및 순화 용어정립 운동의 일환으로 외래어를 우리말로 바꾸는 운동을 진행하면서 제시한 사례들을 보면, guard rail→가드레일→보호난간, name value→네임 밸류→지명도, dry cleanning→드라이 클리닝→건식세탁 등을 들 수 있다.

여섯째, 신조어의 경우 음차역 이전에 창의적으로 신조어를 만들어 번역하는 방법이 필요하다. 예를 들어, 'différance'는 프랑스 철학자 자크 데리다가 만들어낸 신조어이다. '차이(변별성)'라는 개념뿐만 아니라 '연기' 또는 '지연'이라는 의미를 가지고 있는 프랑스어 'differer(디페레)'에서 만들어낸 말로, 이 두 가지 의미를 모두 함축하고 있다. 이 두 가지 의미를 가진 단어가 한국어에는 없으므로 '디페랑스'로 음차역을 할 수도 있었겠지만, '차연'이라는 신조어로 창의적으로 번역하여 사용하고 있다. 이처럼 창의적인 차용은 도착어권의 어휘를 풍성하게 할 수 있다.

연습문제

1. Read the text given and access the type and purpose of it.
2. Discuss the strategic problems confronting the translator and outline your own strategy for translating it.
3. Translate the text into Korean.
4. Explain the main decisions of detail you made in producing your TT, paying special attention to the question of calque.

Text 1. 다음은 *The Guardian* 지에 실린 이주 노동자에 대한 내용이다.

The government's decision, announced yesterday, to protect the right to work in Britain for people from the EU's new accession countries means that ministers have avoided creating a two-tier German-style "guest worker" workforce. Despite opposition within the Cabinet, David Blunkett's argument that if Britain does not allow the new migrant workers to come legally they will come anyway and work clandestinely appears to have won the day. A system of work permits would have given the new EU citizens the same temporary status that the Germans used to give their Turkish gastarbeiter, despite the fact that many had lived in that country for more than 20 years. Mr Blunkett said yesterday that new EU migrants, from countries including Poland, the Czech Republic, Slovakia and the Baltic countries, would be able to live and work legally in Britain as long as they registered with the authorities. The controversial "habitual residence test" - which decides who is eligible for means tested benefits - will remain unchanged as a result of yesterday's announcement. But the Department of Work and Pensions made clear that those who come from the new accession states seeking work will not be able to claim benefits for up to two years. This period could be extended to up to seven years if the government believes it is being abused, in line with current practice. The workers from the accession states will have to be in continuous employment for at least 12 months before they are able to claim benefits.

Text 2. 다음은 *Différance*에 관한 설명이다.

Différance is a pun in French, used in the context of deconstruction. The pun arises out of two meanings of the French word *différer*: "to defer" (in the sense of *to postpone*) and "to differ." In the thought of Jacques Derrida, *différance* refers roughly to the fact that words and signs can never summon forth what they mean but can only be defined or explained in other words. Therefore, words and signs are always *different* from what they mean, and the actual things they refer to are always *postponed* by human language. Derrida introduced this neologism in the course of an argument against the phenomenology of Edmund Husserl, who sought a rigorous analysis of the role of memory and perception in our understanding of sequential data such as music or language. Derrida's *différance* argued that because the perceiver's mental state was constantly in a state of flux, and differed from one re-reading to the next, a general theory describing this phenomenon was unachievable.

2.3. 행간번역(Interlinear Translation)

행간번역은 극단적인 직역의 형태로서, 도착어의 문법과 상관없이 출발어 문법에 따라 출발어 텍스트의 각 행 아래에 도착어로 단어 대 단어 번역을 하는 번역방법이다. 이는 출발어 체계의 재현을 목적으로 하며, 출발어 체계의 어형, 어휘, 통사적 특성에 초점을 둔 번역으로서, 언어교육, 기술적 언어학(descriptive linguistics), 비교 언어학, 언어 백과사전 등에 활용되는 번역방법이다.

행간번역은 다음과 같이 출발어 문법을 따르기 때문에 번역된 도착어 텍스트는 뜻이 통하지 않는 경우가 보통이다.

An interlinear translation is useful for technical study of the forms
하나의 행간 번역 이다 유용한 위한 기술적 연구 의 그 형태

of the source text.
의 그 원천 텍스트

행간번역은 의역과 비교하면 읽기도 힘들 뿐만 아니라 이해하기도 어렵다는 것을 알 수 있다. 특히 다음처럼 관용적 표현일 경우에는 의미가 전혀 통하지 않는다.

How do you do?
어떻게 하다 너 하다

위의 표현은 "안녕하세요?" 또는 "처음 뵙겠습니다"라는 뜻의 관용적 표현이지만 행간번역을 할 경우에는 이러한 의미가 전혀 전달되지 않는다.

그러나 행간번역은 의미전달은 되지 않지만 앞서 언급한 것처럼 출발어 텍스트의 특정형태를 파악할 수 있다는 장점이 있다. 다음은 첫 번째 줄은 원문, 두 번째 줄은 행간번역, 세 번째 줄은 의역이다.

(1)

"Why, Gretta?" he asked.
왜 그레타? 그 물었다
"왜 그래요, 그레타?" 그가 물었다.

(2)

"I am thinking about a person long ago who used to sing that song."
나 이다 생각하는 관해 한 사람 오래 전 누구 사용했다 -하는 노
래 부르다 그 노래
"오래전에 그 노래를 불러주곤 하던 사람을 생각하고 있어요."

문장 (1)의 행간번역과 의역을 비교해보면 영어와 한국어 어순이
같다는 것을 알 수 있다. 다만 영어문장에서는 존칭어가 없지만 한국
어 번역문에서는 '그래요'라는 표현을 삽입하여 존칭을 나타내고 있
다. 즉, 영어는 한국어와 달리 존칭을 나타내는 별도의 표현이 없음
을 알 수 있다.

문장 (2)의 행간번역과 의역을 비교해보면 영어의 경우에는 어순이
주어와 동사가 먼저 나오고 목적어, 그다음이 목적어를 수식하는 수
식어절이 나오는 순서임에 비해 한국어는 목적어 수식어구, 목적어,
동사의 어순임을 알 수 있고 영어문장에는 주어가 있는 반면에 한국
어 번역문에서는 주어가 빠져 있음을 알 수 있다. long ago의 위치
또한 행간번역과 의역과 차이가 있음을 알 수 있으며, 전치사 '관해',
관형사 '한', 대명사 '누구'와 같은 표현이 자연스런 의역에서는 빠져
있음을 알 수 있다.

이처럼 행간번역을 해보면 출발어 구조와 도착어 구조의 차이를 알
수 있으며 행간번역과 의역과의 비교를 통해 자연스런 도착어 표현이
되기 위해 어떠한 요소가 추가되거나 생략되는가를 파악할 수 있다.

연습문제

1. Make interlinear and free translations of the text given below into Korean.

2. Compare the two translations and analyze the difference between the source language and target language.

Text. 다음은 이솝우화 「The Lion in Love」의 내용이다.

A Lion once fell in love with a beautiful maiden and proposed marriage to her parents. The old people did not know what to say. They did not like to give their daughter to the Lion, yet they did not wish to enrage the King of Beasts. At last the father said: "We feel highly honoured by your Majesty's proposal, but you see our daughter is a tender young thing, and we fear that in the vehemence of your affection you might possibly do her some injury. Might I venture to suggest that your Majesty should have your claws removed, and your teeth extracted, then we would gladly consider your proposal again." The Lion was so much in love that he had his claws trimmed and his big teeth taken out. But when he came again to the parents of the young girl they simply laughed in his face, and bade him do his worst.

2.4. 문헌학적 번역(Philological Translation)

번역의 어려움 중의 하나는, 외국어 실력과 모국어 구사능력이 아주 뛰어나서 출발어 텍스트에 있는 내용을 도착어 텍스트로 완벽하게 번역한다 하더라도, 여전히 누락되는 정보가 남는다는 점이다. 또 같은 언어적 표현이라 하더라도 텍스트가 생산되고 수용되는 문화환경에 따라 다른 의미로 이해되고 해석될 수 있다는 점이다. 의미의 이해와 해석에 있어서의 간극은 텍스트가 생산된 문화권과 그 텍스트가 번역되어 수용되는 문화권 간의 차이가 크면 클수록 더욱 깊을 수 있으며, 특히 문화적 특성이 풍부하게 채색된 작품을 번역하는 경우에 채워나가야 할 이러한 간극은 매우 크다.

서로 다른 역사와 문화를 넘나드는 번역에 있어서 출발어 텍스트에 충실하여 글자 그대로의 의미만을 전달하면 출발어 텍스트에는 충실한 번역이 되지만 수용문화권의 독자들에게는 원뜻과는 다른 의미로 이해되거나 불가해한 텍스트가 되어버릴 수 있고, 수용문화권의 독자가 이해할 수 있는 언어로 의역을 하면 출발어 텍스트의 형태나 출발어 문화권의 특성을 그대로 전달할 수 없는 문제가 발생할 수 있다. 물론 내용전달만을 목적으로 하는 텍스트라면 후자의 번역방법을 취할 수도 있지만, 텍스트의 문체 등 텍스트의 형태가 중요한 기능을 하는 문학작품을 번역할 경우에는 출발어 텍스트에도 충실하고 수용문화권의 독자들에게도 충실해야 하는 어려운 문제에 봉착하게 된다. 즉, 출발어 텍스트의 형태와 내용을 전달함과 동시에 수용독자가 이해할 수 있는 언어로 말해야 하기 때문에 전자나 후자 중 어느 한 가지 방법을 선택할 수 없는 문제가 발생한다. 이처럼 출발어 텍스트에도 충실하고 수용문화권의 독자들에게도 충실해야 할 경우, 출발어 텍스트의 형태를 전달함과 동시에 수용문화권의 독자의 이해를 돕기 위한 번역기법 중의 하나가 바로 문헌학적 번역방법이다.

문헌학적 번역이란 출발어 텍스트에 나타난 내용을 맥락과 상관없이 사전적 의미를 옮기듯이 글자 그대로의 의미를 옮기고, 그 텍스트에 나타난 새로운 개념, 관용어, 문화적 용어, 역사적 용어 등에 관해 독자의 이해를 돕기 위해 주석을 다는 번역방법이다. 즉, 직역만으로는 모두 전달되지 않는 누락된 정보를 주석이나 또는 특별한 경우에는 부록을 첨가하여 보충함으로써 수용문화권의 독자가 텍스트의 내용을 이해할 수 있도록 번역하는 방법이다.

예를 들어, 다음 텍스트를 보자.

While the English army went through these evolutions, the Highlanders showed equal promptitude and zeal for battle. As fast as the clans came upon the ridge which fronted their enemy, they were formed into line, so that both armies got into complete order of battle at the same moment. When this was accomplished, the Highlanders set up a tremendous yell, which was re-echoed by the heights behind them. The regulars, who were in high spirits, returned a loud shout of defiance, and fired one or two of their cannon upon an advanced post of the Highlanders. The latter displayed great earnestness to proceed instantly to the attack, Evan Dhu urging to Fergus, by way of argument, that "the Sidier Roy was tottering like an egg upon a staff, and that they had the vantage of the onset, for even a haggis could charge down hill." (*Waverley* by Walter Scott)

영국군이 이렇게 전투태세를 갖추는 동안 고지대인들 또한 전투준비를 위해 신속하고 분주하게 움직였다. 씨족들은 적들이 정면으로 바라다 보이는 산마루에 도착하자 영국군과 동시에 전투태

세를 끝낼 수 있도록 즉시 정렬을 하기 시작했다. 정렬이 끝나자 고지대인들은 무시무시한 함성을 질러댔으며, 그 함성은 그들 뒤쪽에 있는 산에 부딪혀 메아리쳐 울려 퍼졌다. 의기양양한 정규병들이 도전의 함성을 질러대며 고지대인들의 전초부대에 한두 발의 대포를 쏘았다. 고지대인들은 금방이라도 공격을 가할 기세였다. 에번 듀는 "영국 군인들은 막대 위의 계란처럼 비틀거리고 있고, 산마루를 타고 내려가 돌격하는 것은 해기스라도 할 수 있는 일이므로 공격을 하기에 유리한 위치에 있다"고 퍼거스에게 논쟁조로 채근을 했다.

'보니 프린스 찰리'라는 이름으로 잘 알려져 있는 스코틀랜드인들의 영웅 찰스 에드워드를 왕위에 복위시키기 위한 재커바이트 (Jacobites)의 항쟁을 배경으로 하고 있는 월터 스콧의 역사소설 『웨이벌리』 중의 일부이다. 위 내용은 영국군과 고지대인들의 전투장면을 다룬 내용이다.

위 번역에서 수용문화권의 일반 독자들이 이해하는 데 문제가 되는 부분은 '해기스'라는 표현일 것이다. 바로 그 앞에 나온 '막대 위의 계란처럼 비틀거리다'라는 표현은 한국어에 없는 표현이지만 가느다란 막대 위에 깨지기 쉬운 계란을 올려놓았을 때의 아슬아슬한 모양을 상상해보면 무슨 뜻인지 충분히 이해할 수 있는 표현이다. 영국군은 불안정하고 전열이 흐트러져 금방이라도 전멸될 수 있다는 뜻이 될 것이다. 그러나 그 뒤에 나오는 표현은 문맥상 돌격하기가 쉽다는 뜻인지는 짐작할 수는 있지만 해기스가 무엇을 말하는지를 모르는 상태에서는 작가가 전달하고자 하는 정확한 이미지를 떠올리기가 힘들다.

해기스는 스코틀랜드 전통요리로서 양이나 송아지의 심장, 간, 허파를 다져 양파, 오트밀 등과 섞은 다음 그러한 동물의 내장에 넣어서 삶은 일종의 소시지이다. 우리나라 식으로 말하면 순대에 해당된다. 그러므로 '산마루를 타고 내려가 돌격하는 것은 해기스라도 할 수 있는 일'이란 '아주 쉬운 일' 또는 '누워서 떡먹기'라는 뜻이 된다.

따라서 '영국 군인들은 막대기 위의 계란처럼 비틀거리고 있고, 산마루를 타고 내려가 돌격하는 것은 해기스라도 할 수 있는 일'이란 표현을 수용문화권의 독자들이 이해하기 쉬운 언어로 번역하자면 '영국 군인들은 전열이 흐트러져 있어 금방이라도 함락될 수 있고, 산마루를 타고 내려가 돌격하는 것은 아주 쉬운 일'이라고 표현하거나 또는 '해기스'를 이해하기 쉽도록 '스코틀랜드 소시지'라고 번역하여 '산마루를 타고 내려가 돌격하는 것은 스코틀랜드 소시지라도 할 수 있는 일'이라고 표현할 수도 있을 것이다.

그러나 이러한 번역은 수용문화권의 독자의 이해 측면에서는 훌륭한 번역일 수 있지만 작가의 문체는 사라져버리고 만다. 특히 이 작품이 문체가 중요한 문학작품임을 감안한다면 출발어 텍스트의 형태를 전달하고 이국적 분위기를 전달하는 일은 번역자가 해야 할 중요한 역할이다. '해기스'를 '스코틀랜드 소시지'라고 쉽게 풀이해서 번역해버리면 '해기스'란 문화적 용어가 풍기는 이국적 분위기가 사라져버린다.

그러므로 직역을 한 다음 해기스에 대해 "스코틀랜드 전통요리로서 양이나 송아지의 심장, 간, 허파를 다져 양파, 오트밀 등과 섞은 다음 그러한 동물의 내장에 넣어서 삶은 일종의 소시지이다. 우리나라 식으로 말하면 순대에 해당됨"이란 내용의 각주나 미주를 첨가하는 것이 번역에 있어서의 손실(loss)을 최소화할 수 있는 방법이다.

위의 텍스트는 해기스에 대한 정보가 없더라도 텍스트를 이해하는

데 있어서는 큰 무리가 없지만 별도의 설명 없이는 수용문화권에서
전혀 다른 뜻으로 이해될 수 있는 텍스트도 있다.

> They were now in full march, every caution being taken to prevent
> surprise. Fergus's people, and a fine clan regiment from Badenoch,
> commanded by Cluny Mac-Pherson, had the rear. They had passed
> a large open moor, and were entering into the enclosures which
> surround a small village called Clifton. The winter sun had set, and
> Edward began to rally Fergus upon the false predictions of the Grey
> Spirit. 'The Ides of March are not past', said Mac-Ivor, with a smile;
> when, suddenly casting his eyes back on the moor, a large body of
> cavalry was indistinctly seen to hover upon its brown and dark
> surface. (*Waverley*)

> 그들은 이제 기습공격을 막기 위해 신중을 기하며 전속력으로 행
> 군을 시작했다. 퍼거스의 부하들과 클루니 맥퍼슨이 지휘하는 바
> 데노히의 씨족들로 구성된 훌륭한 연대가 후위에서 행군했다. 그
> 들은 확 트인 널따란 황무지를 지나 클리프턴이라 불리는 작은 마
> 을을 둘러싸고 있는 사유지로 들어서고 있었다. 겨울 해가 저물자
> 웨이벌리는 백발 유령의 거짓 예언을 들먹이기 시작했다. "3월 15
> 일이 아직 지나지 않았소." 매키보르가 미소를 지으며 말했다. 바
> 로 그때 황무지로 눈을 돌리자 갑자기 커다란 기병의 몸이 갈색의
> 어두운 표면 위로 떠오르듯 희미하게 드러났다.

위 텍스트에 나온 The Ides of March, 즉 3월 15일이란 어느 특정
한 날을 지칭하는 것이 아니라 관용적인 표현으로부터 나온 말이다.
3월 15일은 카이사르의 암살의 날로 예언되어 있던 날로서, 영어권
에서는 궂은일을 경고할 때 "Beware the Ides of March", 즉 "3월 15
일을 경계하라"라는 표현을 사용한다. 아직 경계를 늦춰서는 안 된다
는 말을 하고 있는 것이다. 이와 같은 경우 문화 특유의 표현에 대해
별도의 설명을 해주지 않으면 관용구에 대한 배경지식이 없는 도착

어 문화권의 독자들은 전혀 다른 뜻으로 이해할 수 있다. 그러므로 "아직 경계를 늦출 때가 아니오"라고 의역을 할 수도 있지만, 도착어 텍스트의 생생한 문체를 살리고 도착어 문화권에서 사용되는 표현에 대해 독자들에게 알리고자 할 경우에는 직역을 하되 그 밖에 텍스트를 이해하는 데 필요한 정보는 별도로 주석을 통해 설명해주는 것이 필요하다.

문헌학적 번역이 필요한 또 다른 예를 보자.

A difference in political opinions had early separated the Baronet from his younger brother, Richard Waverley, the father of our hero. Sir Everard had inherited from his sires the whole train of Tory or High-Church predilections and prejudices, which had distinguished the house of Waverley since the Great Civil War. (*Waverley*)

정치적 견해 차이로 인해 준(准) 남작인 에버라드 경은 동생이자 우리의 주인공의 아버지인 리처드 웨이벌리와는 일찍이 결별한 상태였다. 에버라드 경은 영국 대내란 이후 웨이벌리 저택을 특징 지어온 토리당이나 고교회파에 대한 편애와 편견을 조상으로부터 온전히 물려받고 있었다.

위 텍스트에는 영국 대내란, 토리당, 고교회파와 같은 영국의 정치와 역사를 드러내는 표현들이 사용되고 있다. 이러한 표현들을 통해 저자는 작품의 시대적 배경과 에버라드 경이란 사람의 성향을 암시하고 있다. 그러므로 영국 대내란이 어느 때의 어떤 사건인지, 토리당과 고교회파가 어떤 성향인지를 정확히 파악해야 텍스트 내용과 인물을 이해할 수 있다.

영국 대내란이란 1642~1651년에 찰스 1세의 전제정치에 대항하여 일어난 시민혁명으로, 찰스 1세가 처형된 청교도혁명을 말한다.

토리당은 왕권과 지주중심의 정치를 옹호한 영국의 정당이다. 1679년 왕제(王弟) 요크공(후의 제임스 2세)을 가톨릭교도란 이유로 왕위 계승권에서 제외하려고 하는 왕위배제법안을 놓고 의회 내에서 찬성파와 반대파가 대립하였는데, 반대파 의원들을 '토리', 찬성파 의원들을 '휘그'라고 불렀다. 고교회파는 가톨릭의 역사적 전승을 강조하는 영국의 교회파로서 청교도혁명 때 수난을 겪고 왕정복고 후에 주도권을 장악한 교회파이다.

위의 정보를 종합해보면 이 텍스트에서 시대적 배경은 1642~1651년 이후 어느 때이고, 에버라드 경의 성향은 왕권과 지주중심을 옹호하고 가톨릭의 전통을 중시하는 사람이 된다. 이러한 시대적 배경과 인물의 성향은 주변 인물들과의 갈등관계나 선택의 문제에 있어 인과관계를 설명해주는 바탕이 될 수 있다. 독자들이 이러한 역사적, 문화적 배경에 대한 지식을 가지고 있는지 그렇지 않은지에 따라 텍스트에 대한 이해도가 달라질 수 있음을 의미한다. 그러므로 텍스트 밖의 정보를 수용문화권의 독자에게 전달하는 일은 번역자가 할 일이다. 특히 시대적으로나 문화적으로 간극이 큰 텍스트를 번역할 경우에는 번역자의 많은 개입이 필요할 수 있다.

지금까지 본 바와 같이 문헌학적 번역이란 텍스트를 직역하고 텍스트 내용의 이해에 필요한 출발어 문화권의 어휘, 관용구, 문화, 정치, 역사 등에 관한 정보를 주석을 통해 별도로 독자에게 전달하는 번역방법이다. 주석을 다는 방법에는 본문에 통합시키는 방법과 본문 밖에 각주와 미주로 다는 방법이 있는데, 정보량이 짧을 경우에는 본문에 통합시켜도 되지만 정보량이 많을 경우에는 독서의 흐름에 방해가 될 수 있으므로 주의해야 한다.

앞에 나온 텍스트를 다음과 같이 번역했다고 가정해보자.

정치적 견해 차이로 인해 준(准) 남작인 에버라드 경은 동생이자 우리의 주인공의 아버지인 리처드 웨이벌리와는 일찍이 결별한 상태였다. 에버라드 경은 영국 대내란 이후 웨이벌리 저택을 특징지어온 토리당(역주: 왕권과 지주중심의 정치를 옹호한 영국의 정당. 1679년 왕제(王弟) 요크공을 가톨릭교도란 이유로 왕위계승권에서 제외하려고 하는 왕위배제법안을 놓고 의회 내에서 찬성파와 반대파가 대립하였는데, 반대파 의원들을 '토리', 찬성파 의원들을 '휘그'라고 부름)이나 고교회파에 대한 편애와 편견을 조상으로부터 온전히 물려받고 있었다.

토리당에 대한 지식이 있는 독자라면 위 텍스트에 사용된 역주는 불필요한 정보이기 때문에 군더더기에 불과할 것이고, 또 이러한 정보를 필요로 하는 독자라 하더라도 주석이 네 줄이나 차지하고 있기 때문에 독서의 흐름에 방해가 된다.

주석은 출발어 텍스트의 내용을 온전하게 수용문화권의 독자에게 전달해야 하는 의무를 가진 번역가에게는 필수일 수 있지만, 그러한 주석이 실린 텍스트를 받아든 독자 모두가 주석을 필요로 하는 것은 아니다. 각 독자가 지닌 지식, 독서량, 상식의 양에 따라 주석은 불필요한 군더더기가 될 수 있다. 또 지식, 독서량, 상식의 양이 충분치 않아 주석 없이는 주어진 텍스트를 이해할 수 없을 경우라도 딱딱하게 느껴지는 주석을 읽는 일을 골치 아프게 생각하는 독자가 있을 수 있다. 독자에게 있어서 주석은 어디까지나 선택의 문제인 것이다.

그러므로 긴 주석을 달 때에는 독서의 흐름에 방해가 되지 않도록 배려하는 것이 필요하며 독자의 수준을 예상하고 판단하여 적절한 양의 정보를 제공하는 것이 필요하다.

연습문제

1. Read the text given and access the type and purpose of it.
2. Discuss the strategic problems confronting the translator and outline your own strategy for translating it.
3. Translate the text into Korean.
4. Explain the main decisions of detail you made in producing your TT, paying special attention to the question of philological translation.

Text 1. 다음은 Patrick Hickey의 『Famine in West Cork: The Mizen Peninsula Land and People 1800~1852』를 소개한 글이다.

The early years of the nineteenth century saw a struggle throughout Ireland against ignorance, poverty and hunger – a struggle that was reflected in microcosm in the Mizen Peninsula, the southernmost tip of the country. The failure of the potato crop caused a minor famine in 1821, and this presaged the dark catastrophe which began when potato blight struck in 1845. In the years that followed Schull and Skibbereen earned lasting notoriety as the 'famine-slain sisters of the south.'

Famine in West Cork presents a detailed study of the Famine, its antecedents and its aftermath in the chosen area of West Cork. It details mortality, emigration, relief measures, religious controversy and 'souperism.' The scope of the narrative is wide, encompassing Prime Minister and beggar, parliament and parish, labourer and landlord. The personalities and circumstances of many of those caught up in the disaster come vividly to light.

The Mizen Peninsula was scarred and permanently changed by the trauma of famine. These changes - social, political and religious - are also examined in this book. After the Famine the people of Mizen evinced a tougher determination to improve their lot, some of them in their native place but many others in their adopted countries, England and America.

Text 2. 다음은 생명정치학(biopolitics)에 관한 논문을 소개한 글이다.

The central theme of Gros's essay is to address the question of biopolitics through the lens of what he calls the four ages of security. The spiritual age is the first age of security. Etymologically speaking, security is a derivate from the Latin securitas and could be understood as living trouble free. Thus, from the Skeptics and Epicureans to Seneca's Letters to Lucius, security entails a series of highly codified exercises that are meant to help the wise man attain "a perfect mastery of oneself and of one's emotions." The second age is an imperial period that functioned under the Christian logic of "pax et securitas." The third age corresponds to the development of political accounts of the state of nature and the promotion of the social contract as a political solution to the "war of all against all" (Hobbes). Gros rightly points out that for thinkers like Hobbes, Locke, or Rousseau, security is not simply public order. Security is meant to achieve more than the possibility of a political space. As such, it is not supposed to just codify the simple existence of political subjects, but also to consistently organize their interactions through ascriptions of rights. Biopolitics is the fourth, and last, age of security. Security as biopolitics takes on a new political object: human security, understood both at the levels of the individual and the population. Security is no longer merely a question of defending the state's territorial integrity or the citizens' rights. Biopolitics produces a series of political transformations meant to control mechanisms of circulation (e.g., human migration), to protect political subjects from the risk of death, to incorporate traceability in order to be able to recognize unauthorized movements, and to alter the nature of the threat.

2.5. 생략(Omission)

베이커(Mona Baker)가 말하듯이 각 언어마다 텍스트 유형에 따라 특별히 선호하는 양식이 있을 뿐만 아니라 일정한 지시유형에 대해 일반적으로 선호하는 형식이 있다. 그러므로 특정 언어에서는 반드시 필요한 형식들이 다른 언어에서는 불필요한 요소가 될 경우가 있다.

생략은 문맥상 의미를 추출해낼 수 있을 때 출발어 텍스트에 있는 언어적 요소를 의도적으로 생략하고 번역하는 경우를 말한다. 언어마다 생략의 정도가 다르므로 번역을 할 때는 때로는 출발어 텍스트의 생략된 부분을 되살려 가시화시켜야 할 경우도 있지만 출발어 텍스트에 있는 요소를 없애야 자연스런 도착어 표현이 될 경우도 있는데, 이런 경우 사용할 수 있는 번역기법이 생략이다.

생략은 도착어 텍스트의 전체 맥락에서 생략된 의미가 복구될 수 있을 때 사용한다. 즉, 언어 구조상 불필요할 경우, 생략된 내용이 출발어 텍스트에 별 중요성이 없을 때, 또는 불필요한 내용이 반복될 때 허용된다. 다만 생략 번역을 함으로써, 의미가 모호해지거나 전혀 다른 내용으로 바뀔 때, 또는 생략된 내용이 텍스트의 다른 부분에서 보완될 수 없거나 전체적 맥락에서 복구될 수 없을 때는 사용해서는 안 된다.

이런 점에서 생략은 삭제(deletion)와는 구별된다. 생략의 경우에는 문맥이나 맥락상 생략된 의미를 복구하는 것이 가능한 반면, 삭제의 경우에는 불가능하다. 출발어 텍스트 내용에 대한 삭제가 빈번하게 이루어지는 경우는 도착어 문화권에서 이데올로기적으로 받아들여질 수 없을 경우를 예로 들 수 있다. 예를 들면, 아동의 눈높이에 대한 기준이 문화마다 시대마다 다르므로 아동문학이 번역될 때 텍스트의 일부가 삭제되는 경우를 들 수 있다. 또한 반공 이데올로기, 성적 이데올로기, 가부장적 이데올로기 등 다양한 층위에서 삭제가 이루어지는 경우가 많다. 이러한 삭제는 출발어 텍스트에 있는 내용을 도착어 문화권의 독자에게 감추기 위한 것이므로 번역과정에서 삭제가 이루어지는 경우에는 도착어 텍스트에서 복구가 불가능하다.

번역상 생략이 이루어지는 경우를 보자. 한국어는 구어체에서 발달한 언어이기 때문에 맥락상 추출 가능한 경우 출발어 텍스트에서 사용된 주어, 목적어, 소유형용사를 생략하는 것이 일반적이다. 주어와 목적어의 생략은 특히 대화체에서 빈번하게 발생한다. 다음 텍스트의 예를 보자.

CHRIS: When are we going to get a decent mirror to see ourselves in?
MAGGIE: You can see enough to do you.
CHRIS: I'm going to throw this aul cracked thing out.
MAGGIE: Indeed you're not, Chrissie. I'm the one that broke it and the only way to avoid seven years bad luck is to keep on using it.
CHRIS: You can see nothing in it.
MAGGIE: Except more and more wrinkles.

크리스: 우리는 언제쯤 우리를 볼 수 있는 제대로 된 거울을 갖게 될까?
매기: 네가 필요한 만큼은 널 충분히 볼 수 있어.
크리스: 나는 이 금이 간 오래된 거울을 던져버릴 거야.
매기: 진짜로 넌 그렇게 못 해, 크리스. 내가 그것을 깨뜨렸는데 7년간의 불운을 막는 길은 그걸 계속해서 사용하는 거야.
크리스: 아무것도 안 보여.
매기: 더 많아지는 주름살 외에는.

위의 한국어 번역은 출발어와 도착어 간의 차이점을 고려하지 않고 출발어 텍스트에 있는 단어를 생략 없이 그대로 번역함으로써 어색한 번역투가 되어버렸으며 구어체로서도 어색한 문장이 되고 말았다. 자연스런 도착어의 특성에 맞도록 생략을 한 다음 번역문과 비교해보자.

크리스: 언제쯤이나 제대로 된 거울을 볼 수 있는 거야?
매기: 보일 건 다 보여.
크리스: 금이 가고 오래된 이놈의 것 던져버릴 거야.
매기: 그러지 마, 애. 그 거울 깨뜨렸다가 계속 안 쓰면 7년이나
재수 없대서 여태 쓰고 있는 사람이 바로 나 아니니.
크리스: 아무것도 안 보이잖아.
매기: 늘어가는 주름 빼고는.

첫 번째 번역문은 '우리는', '네가', '널', '나는', '내가', '그것을' 등
출발어 텍스트에 나와 있는 주어와 목적어를 그대로 번역함으로써
잘 읽히지 않는 부자연스런 문장이 된 반면, 두 번째 번역에서는 이
러한 요소들이 생략되어 자연스런 문장이 되었다.

주어가 생략되는 가장 일반적인 텍스트 유형으로는 서간문과 일기
문을 예로 들 수 있다.

Dear Kind-Trustee-Who-Sends-Orphans-to-College,
Here I am! I traveled yesterday for four hours in a train. It's a
funny sensation, isn't it? I never rode in one before. College is the
biggest, most bewildering place - I get lost whenever I leave my
room. I will write you a description later when I'm feeling less
muddled; also I will tell you about my lessons. Classes don't begin
until Monday morning, and this is Saturday night. But I wanted to
write a letter first just to get acquainted. It seems queer to be
writing letters to somebody you don't know. It seems queer for me
to be writing letters at all - I've never written more than three or
four in my life, so please overlook it if these are not a model kind.

고아를 대학에 보내주시는 친절한 이사님께
드디어 도착했습니다. 어제는 4시간 동안이나 기차 여행을 했는데
기분이 묘했어요. 한 번도 기차를 타본 적이 없거든요. 대학이 너
무 커서 정말 어리둥절해요. 방을 나서기만 하면 길을 잃어버린답
니다. 나중에 적응이 좀 되면 학교 모양을 자세히 적어 보내드릴

게요. 그리고 학과에 대해서도 말씀드릴게요. 수업은 월요일 아침부터 시작되고 지금은 토요일 밤이에요. 하지만 서로 안면도 익힐 겸 우선 편지를 쓰고 싶었어요. 알지도 못하는 분에게 편지를 드린다는 것은 참 묘한 기분이에요. 도대체 저에게는 편지 쓴다는 것 자체가 이상해요. 평생에 편지란 많아야 서너 번밖에 써본 적이 없으니까요. 그러니 다소 잘못된 점이 있더라도 이해해주세요.

영어로 된 출발어 텍스트를 보면 문장에서 I가 계속 반복해서 사용되고 있다. 그러나 이에 비해 번역문에서는 주어가 모두 생략되어 있음을 알 수 있다. 영어에서는 감탄문을 제외하고는 어떤 경우에도 주어가 생략되는 경우가 없기 때문에 영어문장의 모든 요소를 그대로 번역하면 어색한 번역투의 문장이 되어버린다. 번역서가 번역투라는 지적을 당하는 경우는 대부분 이러한 한국어의 특성을 간과한 결과이다. 또한 영어에서는 소유형용사가 필수적이지만 한국어에서는 맥락상 도출 가능한 소유형용사는 생략하는 것이 자연스럽다. 다음 예를 보자.

> Now Kino got up and wrapped his blanket about his head and nose and shoulders. He slipped his feet into his sandals and went outside to watch the dawn. Outside the door he squatted down and gathered the blanket ends about his knees.

> 이제 키노는 일어나 머리와 코와 어깨를 담요로 감쌌다. 그는 샌들을 신고 날이 밝는 광경을 보려고 밖으로 나왔다. 키노는 문밖에 웅크리고 앉아 담요 자락을 모아 무릎을 덮었다.

출발어 텍스트에서는 his blanket, his head, his feet, his sandals, his knees처럼 매번 소유형용사를 사용하여 소유자를 분명히 밝히고 있지만 이를 그대로 번역하면 번역투의 문장이 되고 말기 때문에 자연스런 한국어 표현을 위해 이러한 요소들을 생략하고 있다.

또한 불필요하거나 중요하지 않을 경우 또는 도착어권 독자에게 아무런 의미가 없다고 생각되는 정보를 생략하는 경우도 있다.

> Kim Man-Choong wrote *The Cloud Dream of the Nine, Guunmong* in Korean, while he was an exile, and his aim in writing it was to cheer and comfort his mother.

> 김만중은 유배 당시에 『구운몽』을 썼는데, 이는 어머니를 위로하 기 위해서였다.

위의 영어 예문에서는 The Cloud Dream of the Nine을 한국어로 표현하면 '구운몽'이라는 정보를 전달하기 위해 Guunmong in Korean 을 덧붙인 것이지만 이를 다시 한국어로 번역할 경우에는 의미가 중 복되기 때문에 불필요한 내용이 된다. 그러므로 번역에서 이를 생략 하였다.

이 밖에도 시대적으로 그 시대의 이념과 맞지 않거나 문화적으로 외설적이거나 정치적으로 문제가 있어 텍스트에서 일부 내용을 의도 적으로 삭제하는 경우도 있는데, 앞에서 설명한 바와 같이 이런 경우 는 생략이라기보다는 삭제(deletion)로 보아야 한다. 생략은 맥락상 복원 가능할 때 텍스트의 일부를 제거하는 것이지만 삭제는 이데올 로기적, 정치·경제적 목적 등에 부합되지 않기 때문에 의도적으로 텍스트의 일부를 제거하는 것으로 이 경우에는 맥락상 제거된 텍스 트의 복원이 불가능하다. 예를 들어, 사회과학서적이 80년대 한국어 로 번역될 당시 공산권과 관련된 내용이 삭제된 경우나 『안네의 일 기』에 나오는 외설적 장면의 삭제가 이러한 경우에 해당한다.

연습문제

1. Read the text given and access the type and purpose of it.

2. Discuss the strategic problems confronting the translator and outline your own strategy for translating it.

3. Translate the text into Korean.

4. Explain the main decisions of detail you made in producing your TT, paying special attention to the question of omission.

Text 1. 다음은 H. C. Andersen의 「The Tinder-Box」의 일부이다.

A soldier came marching along the high road: "Left, right-left, right." He had his knapsack on his back, and a sword at his side; he had been to the wars, and was now returning home.

As he walked on, he met a very frightful-looking old witch in the road. Her under-lip hung quite down on her breast, and she stopped and said, "Good evening, soldier; you have a very fine sword, and a large knapsack, and you are a real soldier; so you shall have as much money as ever you like."

"Thank you, old witch", said the soldier.

"Do you see that large tree", said the witch, pointing to a tree which stood beside them. "Well, it is quite hollow inside, and you must climb to the top, when you will see a hole, through which you can let yourself down into the tree to a great depth. I will tie a rope round your body, so that I can pull you up again when you call out to me."

"But what am I to do, down there in the tree?" asked the soldier.

"Get money", she replied; "for you must know that when you reach the ground under the tree, you will find yourself in a large hall, lighted up by three hundred lamps; you will then see three doors, which can be easily opened, for the keys are in all the locks."

Text 2. 다음은 Brian Friel의 희곡 『Molly Sweeny』의 일부이다.

Molly: By the time I was five years of age, my father had taught me the names of dozens of flowers and herbs and shrubs and trees. He was a judge and his work took him all over the county. And every evening, when he got home, after he'd had a few quick drinks, he'd pick me up in his arms and carry me out to the walled garden.

"Tell me now", he'd ask. "Where precisely are we?"

"We're in your garden."

"Oh, you're such a clever little missy!" And he'd pretend to smack me.

"Exactly what part of my garden?"

"We're beside the stream."

"Stream? Do you hear a stream? I don't. Try again."

"We're under the lime tree."

"I smell no lime tree. Sorry. Try again."

"We're beside the sundial."

"You're guessing. But you're right. And at the bottom of the pedestal there is a circle of petunias. There are about twenty of them all huddled together in one bed......"

2.6. 상의어적 번역, 하의어적 번역
(Hyperonymic Translation, Hyponymic Translation)

어떤 단어 E_1에서 다른 단어 E_2를 언어의 의미만으로 추론 가능할 때 E_1은 E_2의 하의어(hyponym)라고 하고 E_2는 E_1의 상의어(hyperonym)라고 한다. 그리고 E_1과 E_2의 관계를 하의관계(hyponymy) 또는 상의관계(hyperonymy)라 한다. 예를 들어, '장미'는 '꽃'의 하의어이고 '꽃'은 '장미'의 상의어이다. 그리고 꽃에 대한 장미의 관계는 하의관계이고, 장미에 대한 꽃의 관계는 상의관계를 갖는다. 반면에 '장미'와 '수선화'는 꽃의 하의어로서 똑같은 위치를 가지므로 이를 동위어(co-hyponym 또는 coordinate)라 하고 이 둘의 관계를 동위관계라 한다(이정민 외, 2000).

단어와 단어 사이의 하의관계는 일반적으로 $E1x{\rightarrow}E2x$과 같이 항상 일방 통행식으로 규정되어 하의어는 항상 상의어에 포함되지만 상의어가 항상 하의어를 포함하지는 않는다. 즉, 장미는 항상 꽃을 함의하지만 꽃은 반드시 장미를 함의하지 않는다.

언어마다 세상의 사물과 개념을 분절하는 방식이 다르기 때문에 각 언어에 따라 의미장(semantic field)이 다르고 문화마다 언어 사용 관습이 다르기 때문에 이로 인해 번역의 문제가 발생할 수 있다. 여기서 의미장이란 색의 명칭이나 친족용어 명칭처럼 서로 관련되기는 하지만 동일한 의미라고 생각되지 않는 낱말의 집합으로 구성되는 의미영역을 뜻한다. 이러한 의미영역은 문화권마다 다를 수 있다. 예를 들어, 토마토는 어떤 문화권에서는 과일로 분류하는가 하면 또 어떤 문화권에서는 야채로 분류하기도 한다.

또 언어에 따라 상의어가 발달되어 있는 언어가 있는가 하면 하의어가 더 발달된 언어가 있을 수 있고, 또 언어사용 습관에 따라 상의어를 선호하는 문화가 있는가 하면 하의어를 선호하는 경향이 있는 문화가 있을 수 있다. 예를 들어, 한국어에서는 이모, 백모, 숙모, 고모와 같이 부모의 여자 형제나 형제의 배우자들에 대해 다르게 명칭을 사용하지만 영어에서는 모두 aunt로 통하고, 한국어에서는 부모의 남자 형제들이나 그 배우자에 대해 백부, 숙부, 외삼촌, 고모부, 이모부라는 각기 다른 명칭이 사용되지만 영어에서는 모두 uncle로 통한다. 이러한 예에서 볼 수 있듯이 친족과 관련된 언어에 있어서는 영어에 비해 한국어가 하의어가 더 발달되어 있다고 볼 수 있다. 그러므로 aunt를 한국어로 번역할 때는 문맥상 적절한 하의어 중 하나를 선택해서 번역해야 하는데, 이와 같이 aunt를 '숙모'라고 번역하는 것과 같이 상의어를 하의어로 번역하는 번역방법을 하의어적 번역이라고 하고, '숙모'를 aunt로 번역하는 것처럼 하의어를 상의어로 번역하는 번역방법을 상의어적 번역이라고 한다.

상의어적 번역은 첫째, 도착어에 적절한 다른 대안이 없을 때, 즉 두 언어 간에 유의어(synonym)나 대응되는 어휘가 없는 경우에 사용하며, 둘째, 생략된 하의어적 의미가 분명하고 도착어 텍스트의 전체 맥락에서 복구될 수 있을 때 사용하거나, 또는 생략된 하의어적 의미가 출발어 텍스트에 별 중요성이 없을 때 허용된다. 다만 생략된 의미가 출발어 텍스트에 있어서 중요하거나 그러한 상세의미를 누락 없이 번역할 수 있는 다른 대안이 도착어에 있을 때는 사용해서는 안 되며, 또한 생략된 의미가 다른 부분에서 보완될 수 없거나 전체 맥락에서 복구될 수 없을 때에도 사용해서는 안 된다.

도착어에 없는 용어가 출발어 텍스트에서 사용된 경우 음차역이나 모사를 통해 번역할 수는 있지만, 특히 무대용 드라마 번역이나 영화나 TV 등의 스크린 번역의 경우와 같이 관객과 소통이 즉각적으로 이루어져야 하는 경우에는 다음과 같이 상의어로 대체 번역할 수 있다.

Marina: [*Shaking her head*] The house is topsy-turvy! The Professor gets up at noon, the samovar is kept boiling all the morning, and everything has to wait for him. Before they came we used to have dinner at one o'clock, like everybody else, but now we have it at seven. The Professor sits up all night writing and reading, and suddenly, at two o'clock, there goes the bell! Heavens, what's that? The Professor wants some tea! Wake the servants, light the samovar! Lord, how topsy-turvy! (*Uncle Vanya* / *Dyadya Vanya* by Anton Checkhov)

마리나: [고개를 내저으며] 집안이 엉망진창이에요. 교수님은 정오에 일어나시고 찻주전자는 아침 내내 끓지요. 모두가 교수님을 기다려야 해요. 그들이 오기 전까지는 다른 사람들처럼 1시에 정찬을 했지만 이제는 7시에 한다니까요. 교수님은 밤새 내내 글을 읽고 쓰신답니다. 그러다가 갑자기 새벽 2시에 벨 소리가 나지요! 맙소사, 뭐겠어요? 교수님이 차를 마시고 싶어 하시는 거지요! 하

인들을 깨우고 물주전자에 불을 지피고! 정말이지, 얼마나 엉망진 창인지!

　사모바르(samovar)는 밑부분에 주둥이가 달린 금속으로 된 단지 모양의 찻주전자로 특히 러시아에서 찻물을 끓일 때 사용하는 큰 주전자를 일컫는다. 한국어에는 이와 같은 모양의 주전자가 없으므로 이에 대응되는 한국어 어휘 또한 없다. 번역문에서는 상위개념인 찻주전자나 물주전자로 대체하여 관객의 빠른 이해를 돕고 있다. 그러나 이러한 번역에는 손실이 뒤따름을 인식해야 한다. 특히 이국적 정취가 중요한 요소를 차지하는 텍스트를 번역할 경우 독자의 이해를 돕기 위해 무조건 상의어나 하의어로 번역하면 충실한 텍스트 번역이 될 수 없다. 즉각적인 이해를 필요로 하거나 정보전달을 목적으로 하는 텍스트가 아니라면, 설명을 곁들인 차용번역을 고려하는 것도 좋을 것이다.

　상의어로 번역된 또 다른 예를 보자.

For several years he had painted nothing except now and then a daub in the line of commerce or advertising. He earned a little by serving as a model to those young artists in the colony who could not pay the price of a professional. He drank gin to excess, and still talked of his coming masterpiece. ······ Sue found Behrman smelling strongly of juniper berries in his dimly lighted den below. In one corner was a blank canvas on an easel that had been waiting there for twenty-five years to receive the first line of the masterpiece.

지난 수년 동안 버만 노인은 상업이나 광고 분야의 서투른 그림을 이따금 그렸을 뿐이었다. 노인은 직업적인 모델을 쓸 여유가 없는 이곳의 젊은 화가들을 위해 모델이 되어주며 조금씩 벌이를 했다. 그는 진을 마구 마셔댔으며, 여전히 앞으로 그릴 걸작품에 대한 이야기를 늘어놓았다. …… 수우가 가보니 버만은 아래층의 어두컴 컴한 작업실에서 술에 찌들어 있었다. 방 한구석에는 25년간이나 걸작품의 최초의 첫 획이 그어지기를 기다려온 텅 빈 화포가 화가 (畵架)에 놓여 있었다.

위의 예문에서는 juniper berries를 술로 번역하고 있다. juniper berries는 진의 향료로 쓰이는 노간주나무의 열매이다. 원문에 나와 있는 대로 직역하여 '버만에게서 강한 주니퍼 베리 냄새가 풍긴'다고 번역하면 한국 독자들로서는 무슨 뜻인지 이해할 수 없다. 이 텍스트 에서 필자가 전달하고자 하는 의미는 버만 노인이 진에 찌들어 지낸 다는 사실이다. 그렇다면 '버만이 진에 찌들어 있었다'고 번역해도 될 것이지만 번역문에서는 '술'이라는 상의어로 번역하였다. 일상적 으로 진을 마시지 않는 한국 독자들에게는 진에 찌들었다는 표현보 다는 술에 찌들었다는 표현이 더 생생하게 와 닿기 때문이다. 또한 앞 문장에서 버만 노인이 진을 마구 마셔댄다는 표현이 이미 나왔기 때문에 번역문에서 말하는 술이 진을 의미한다는 것을 문맥상 알 수 있다. 이처럼 문맥상 하의어의 의미를 복구할 수 있을 뿐 아니라 도 착어권 독자들에게 더욱 생생한 느낌을 줄 수 있을 경우에는 상의어 로 번역하는 것이 좋은 번역이 될 수 있다. 이는 번역에 있어 손실보 다는 이득이 발생하는 경우다.

그러나 무역 계약서나 외교서류 등에서 상징적 의미로 사용된 경 우가 아니라면 상의어로 번역해서는 절대로 안 되는 경우도 있다. 예 를 들어, 국가 간의 무역 협정서에 '진'에 대한 관세 규정을 명시한 경우 '진'을 상의어로 번역하여 '술'로 바꾸어버리면 엄청난 결과를 초래할 수 있다. 진의 관세만 낮게 책정하고 다른 종류의 술의 경우에는 높은 관세를 책정한 경우라면 '진'을 '술'로 번역함으로써 모든 종류의 술의 관세를 낮추어버리는 결과를 초래하여 국가 간 무역에서 큰 손실을 초래할 수 있기 때문이다. 그러므로 어떤 종류의 텍스트인지, 그리고 어떤 목적의 텍스트인지에 대한 정확한 이해를 바탕으로 하여 이러한 번역전략의 선택유무를 판단해야 한다.

하의어적 번역 역시 두 가지 조건을 충족시킬 때 허용이 되는데 첫째, 도착어에 적절한 다른 대안이 없을 때, 즉 두 언어 간에 유의어(synonym)나 대응되는 어휘가 없는 경우에 사용하며, 둘째, 추가된 하의어가 출발어 텍스트에 암묵적으로 내재되어 전체적인 맥락과 들어맞을 때 사용한다. 다른 대안이 있거나 전체적인 맥락과 불일치할 때는 사용해서는 안 된다.

다음은 한 단어에 다의적 의미가 포함되어 있는 경우 문맥상 적절한 하의어를 선택하여 번역한 경우이다.

I lived at West Egg, the - well, the less fashionable of the two, though this is a most superficial tag to express the bizarre and not a little sinister contrast between them. My house was at the very tip of the egg, only fifty yards from the Sound, and squeezed between two huge places that rented for twelve or fifteen thousand a season.

나는 웨스트 에그에서 살았다. 그러니까 이 말은 둘 사이의 기괴하고 적지 아니 불길한 대조적인 측면을 표현하기에는 극히 피상적인 꼬리표밖에 되지 않지만, 나는 그 둘 중에서 덜 화려한 곳에 살았다. 나의 집은 해협에서 50야드밖에 떨어져 있지 않은, 달걀 형국의 맨 끝에 있었고 한 철에 12,000내지 15,000달러씩이나 세를 받는 커다란 두 저택 사이에 끼어 있었다.

위 예문에서 나오는 place는 장소, (책 따위의) 한 구절, 건물, 저택, 시골 별장, 처지, 환경, 지위, 신분 등 여러 가지 의미를 지닌 단어지만 한국어에는 이러한 의미들을 모두 포괄할 수 있는 단어가 없으므로 이러한 하위어 중 문맥에 맞는 하나를 선택해서 번역하는 방법밖에 없다. 즉, 두 가지 이상의 의미를 포함하고 있는 경우 그에 대응하는 어휘나 유사어가 없을 때 하의어적 번역을 한 경우이다.

또한 아동 독자들을 위한 동화와 같이 구체적인 사물을 제시하여 생생한 묘사를 할 필요가 있을 경우에도 하의어를 선택하여 번역할 수 있다. 다음은 베아트릭스 포터(Beatrix Potter)의 「The Tale of Squirrel Nutkin」에 나오는 대목이다.

One autumn when the
nuts were ripe, and the
leaves on the hazel bushes
were golden and green -
Nutkin and Twinkleberry
and all the other little
squirrels came out of the
wood, and down to the
edge of the lake.

도토리가 여물고 개암나무 잎들이
황금빛과 녹색으로 물든
어느 가을 날,
넛킨과 트윙클베리와
모든 아기 다람쥐들은
숲에서 나와 호숫가에 모였어요.

여기서 nuts는 도토리, 땅콩, 아몬드, 밤 등 여러 종류의 견과류 열매를 포함하는 상의어적 단어지만 위 텍스트는 다람쥐들에 관한 이야기이므로 한국 문화권에서 다람쥐하면 쉽게 연상되는 '도토리'라는 하의어를 사용하여 번역함으로써 '견과'라고 번역했을 때보다 한층 더 생생한 느낌을 살려주고 있다.

또 다른 예를 살펴보자. 다음은 베아트릭스 포터의 「The Tale of Mr. Jeremy Fisher」에 나오는 대목이다.

> He punted back again amongst the water-plants, and took some lunch out of his basket.
> "I will eat a butterfly sandwich, and wait till the shower is over", said Mr. Jeremy Fisher.
> A great big water-beetle came up underneath the lily leaf and tweaked the toe of one of his goloshes.

> 아저씨는 다시 수초들 사이로 보트를 저어가 바구니에서 점심을 꺼냈어요.
> "나비로 만든 샌드위치를 먹고 소나기가 그치길 기다려야겠어" 하고 제레미 피셔 아저씨가 말했어요.
> 수련 잎 아래서 아주 커다란 물방개 한 마리가 튀어나와 장화를 신은 아저씨의 발가락을 잡아당겼어요.

위의 예에서도 water-beetle은 다양한 수서 곤충을 지칭하지만 여러 수서 곤충들 중 '물방개'라는 하나의 하의어를 선택하여 번역함으로써 독자들이 책을 읽으면서 구체적으로 곤충의 모양을 머릿속에 그려볼 수 있게 해주고 있다. 또한 위 텍스트에서는 상의어적 번역 또한 사용되고 있는데 punt에 대한 번역어가 그 예이다. 여기에서 punt는 '펀트배를 젓다'라는 의미로 사용되고 있는데, 펀트배는 보트의 일종으로서 바닥이 평평한 길다란 보트를 지칭한다. 하지만 본 텍스트에서는 보트의 종류나 모양새가 전체적인 텍스트에서 중요한 의미를 차지하지 않으며 '펀트배'라고 하면 도착어 문화권 독자들이 어떤 배인지 구체적으로 떠올릴 수 없으므로 '보트'라는 상의어로 번역하여 생생함을 더해 주고 있음을 알 수 있다.

연습문제

1. Read the text given and access the type and purpose of it.
2. Discuss the strategic problems confronting the translator and outline your own strategy for translating it.
3. Translate the text into Korean.
4. Explain the main decisions of detail you made in producing your TT, paying special attention to the question of hyperonymic or hyponymic translation.

Text 1. 다음은 O. Henry의 단편 「A Blackjack Bargainer」의 일부이다.

A cloud of dust was rolling, slowly up the parched street, with something travelling in the midst of it. A little breeze wafted the cloud to one side, and a new, brightly painted carryall, drawn by a slothful gray horse, became visible. The vehicle deflected from the middle of the street as it neared Goree's office, and stopped in the gutter directly in front of his door. On the front seat sat a gaunt, tall man, dressed in black broadcloth, his rigid hands incarcerated in yellow kid gloves. On the back seat was a lady who triumphed over the June heat. Her stout form was armoured in a skintight silk dress of the description known as "changeable", being a gorgeous combination of shifting hues. She sat erect, waving a much-ornamented fan, with her eyes fixed stonily far down the street. However Martella Garvey's heart might be rejoicing at the pleasures of her new life, Blackjack had done his work with her exterior. He had carved her countenance to the image of emptiness and inanity; had imbued her with the stolidity of his crags, and the reserve of his hushed interiors. She always seemed to hear, whatever her surroundings were, the scaly-barks falling and pattering down the mountainside. She could always hear the awful silence of Blackjack sounding through the stillest of nights.

Text 2. 다음은 Rudyard Kipling의 「The Elephant's Child」의 일부이다.

In the High and Far-Off Times the Elephant, O Best Beloved, had no trunk. He had only a blackish, bulgy nose, as big as a boot, that he could wriggle about from side to side; but he couldn't pick up things with it. But there was one Elephant - a new Elephant - an Elephant's Child - who was full of satiable curtiosity, and that means he asked ever so many questions. And he lived in Africa, and he filled all Africa with his 'satiable curtiosities.' He asked his tall aunt, the Ostrich, why her tail-feathers grew just so, and his tall aunt the Ostrich spanked him with her hard, hard, claw. He asked his tall uncle, the Giraffe, what made his skin spotty, and his tall uncle, the Giraffe, spanked him with his hard, hard hoof. And still he was full of 'satiable curtiosity!' He asked his broad aunt, the Hippopotamus, why her eyes were red, and his broad aunt, the Hippopotamus, spanked him with her broad, broad hoof; and he asked his hairy uncle, the Baboon, why melons tasted just so, and his hairy uncle, the Baboon, spanked him with his hairy, hairy paw. And still he was full of 'satiable curtiosity!' He asked questions about everything that he saw, or heard, or felt, or smelt, or touched, and all his uncles and his aunts spanked him. And still he was full of 'satiable curtiosity!' One fine morning in the middle of the Precession of the Equinoxes this satiable Elephant's Child asked a new fine question that he had never asked before. He asked, "What does the crocodile have for dinner?" Then everybody said, "Hush!" in a loud and dretful tone, and they spanked him immediately and directly, without stopping, for a long time.

2.7. 반의어적 번역(Antonymic Translation)

반의어적 번역이란 원어 텍스트에 쓰인 표현과는 반대되는 의미를 지닌 표현을 사용하여 원어 텍스트에 담긴 내용과 함축의미를 전달하는 번역기법을 말한다. 이러한 기법은 언어사용 관습상 필요할 때, 직역으로는 분명하게 전달되지 않는 뉘앙스 전달을 위해 필요할 때, 작품의 의도를 분명하게 드러내고자 할 때, 또는 명확한 의미전달과 보다 자연스런 도착어 표현을 위해 필요할 때 사용한다.

먼저, 언어사용관습의 측면에서 살펴보면, 번역에서 사용되는 원어와 역어, 두 언어는 그 사용관습이나 어법이 상이하기 때문에 출발어에서는 자연스런 표현이라 하더라도 도착어로 번역하면 부자연스럽고 매끄럽지 못한 표현이 되거나 출발어 표현이 담고 있는 함축적인 의미를 충분히 전달하지 못하는 경우가 있다.

예를 들어, 'They never meet without quarreling'처럼 영어에서는 이중부정이 자연스런 표현이지만 한국어에서는 그렇지 못하다. 이를 글자 그대로 직역하여 '그 애들은 싸우지 않고서는 절대로 만나지 않아'라고 번역하면 한국어 언어관습에서는 볼 수 없는 아주 어색한 번역투가 되어버리며 의미전달에 있어서도 매우 비효율적인 표현이 되어버린다. 그보다는 출발어 텍스트에 사용된 표현과는 반대되는 의미를 가진 표현을 사용하여 '걔들은 만나기만 하면 싸워'라고 표현하는 것이 더 자연스런 한국어 표현이 될 것이다.

또 다른 예로서, 'She felt she could only be away from home for short periods, because her mother needed constant reassurance'를 직역하면 '늘 옆에 있어야 어머니가 안심했기 때문에 그녀는 잠시만 집을 비울 수 있는 기분이었다'가 되겠지만, 한국어로 이렇게 말하는 사람은 없을 것이다. 더 적절한 한국어 표현이 되려면 '늘 옆에 있어야 어머니가 안심했기 때문에 그녀는 한순간도 집에서 놓여날 수 없는 기분이었다'라고 해야 할 것이다.

또 반의어적으로 번역해야 원문이 가지고 있는 글의 힘을 전달할 수 있는 경우도 있다.

> The grandest of these ideals is an unfolding American promise that everyone belongs, that everyone deserves a chance, that no insignificant person was ever born.
>
> 이 중 가장 숭고한 이상은 어느 누구도 소외되지 않고, 모두가 기회를 가지며 누구나 존엄하게 태어난다는 분명한 미국의 약속입니다.

위 예문에서 출발어 텍스트와 도착어 텍스트를 비교해보면 도착어로 번역할 때 반의어적 표현이 사용되어 자연스런 한국어 문장이 되었음을 알 수 있다. 하지만 반의어적 번역을 하지 않고 직역을 하여 '이 중 가장 숭고한 이상은 누구나가 소속되고 모두가 기회를 가지며 누구나 하찮지 않게 태어난다는 분명한 미국의 약속입니다'라고 번역을 한다면 번역투가 되는 것은 물론이고 연설문으로서 전달되는 말의 힘이 약화되게 된다.

아래 예문에 나오는 'short-lived' 역시 '격렬한 분노는 잠시였다'라는 표현보다는 '격렬한 분노는 오래가지 않았다'라고 표현하는 것이 의미를 더 분명하게 전달할 수 있다.

> The vehemence of Sir Everard's resentment against his brother was but short-lived; yet his dislike to the Whig and the placeman, though unable to stimulate him to resume any active measures prejudicial to Richard's interest in the succession to the family estate, continued to maintain the coldness between them.
>
> 동생에 대한 에버라드 경의 격렬한 분노는 오래가지 않았다. 그러

나 휘그당이자 하급관리인 동생에 대한 혐오는, 가문의 재산을 상속받을 리처드의 권리에 해가 될 만한 적극적인 조처를 취하게 하지는 못했지만, 두 사람 간의 관계를 계속 냉랭하게 만들었다.

문장이 담고 있는 뉘앙스를 보다 더 잘 살리기 위해 문맥에 따라 반의어적 번역이 필요할 경우도 있다.

He was a hard smoker and his heart fluttered. The idea had got into his mind that he would sometime die unexpectedly, and always when he got into bed he thought of that.

담배를 너무 많이 피워서인지 심장이 두근거렸다. 작가는 자신이 언젠가 갑자기 죽을지도 모른다는 생각이 들었으며, 잠자리에 들 때마다 그 생각을 떨쳐버릴 수가 없었다.

위 문장에서 'always when he got into bed he thought of that'을 직역하면 '잠자리에 들 때마다 그런 생각을 했다'가 된다. 그러나 반의어적으로 번역하면 주인공의 심리상태, 즉 주인공이 가지고 있는 죽음에 대한 강박관념을 더 강하게 드러낼 수 있다. 단순히 '그런 생각을 했다'라는 표현보다는 '그런 생각을 떨쳐버릴 수가 없었다'라고 표현하면 어떤 걱정거리나 불안이 자기의지와 상관없이 마음속에 자리 잡고 있음을 암시해주기 때문에 이 문맥에서는 반의어적 번역이 더 적절한 것이다.

반의어적 번역을 통해 원문이 가지고 있는 역동적인 흐름을 더 잘 드러내줄 수 있는 경우도 있다. 다음 경우처럼 직역을 해도 부자연스럽지는 않지만 반의어적 표현을 사용하여 번역하면 원래 문장이 전달하고 있는 역동적인 느낌을 더 효과적으로 전달해줄 수 있다.

The color of the flowers, the smell of the air, sounds of birds, all impressions to feed her little soul. Tia is thrilled with this amazing new adventure of walking. She travels light and needs nothing on the expedition but herself. The cities of the world will soon open up to her. These feet won't stop with walking. It won't be long before she'll teach herself to run, to jump, and to dance. Now there's no turning back.

꽃 색깔, 공기 내음, 새들이 지저귀는 소리, 이 모든 것들이 티아의 작은 영혼을 감동시킨다. 티아는 이 놀랍도록 새로운 걷기라는 모험에 전율을 느낀다. 티아는 명랑하게 여기저기 돌아다닌다. 이 여행에는 자신 말고는 아무것도 필요하지 않다. 이제 이 세상의 모든 도시들이 티아 앞에 펼쳐질 것이다. 티아의 두 발은 걸음을 멈추지 않을 것이다. 머지않아 달리고 뛰고 춤추는 법도 배우게 될 것이다. 이제는 앞으로 나아가는 일만 남아 있다.

위의 텍스트는 이제 막 걸음마를 시작한 주인공에 대한 묘사이다. 'Now there's no turning back'을 직역하여 '이제는 돌아갈 수 없다'라고 직역하기보다 반의어적으로 표현하는 것이 이제 막 걷기를 시작한 티아의 힘차고 밝은 출발을 더 잘 드러내주기 때문에 전체적으로 긍정적인 어조를 유지함과 동시에 더욱 역동적인 느낌을 전달해줄 수 있다.

또한 특히 대화체의 문장을 한국어로 번역할 때는 반의어적 수사 의문문으로 번역해야 의미가 더 분명하고 자연스러울 때가 많다.

[Scene: The delivery room at the hospital. Monica, Chandler and Erica are there. Erica is in labor, and she is breathing heavily.]
Monica: Breathe, breathe, breathe…… Good.
Chandler: Next time, can I say breathe?
Monica: No, last time you said it like Dracula, and it scared her! (to Erica) Can I get you anything? You want some more ice chips?
Erica: No, I'm okay.

Monica: Alright, I'll be right back.
Chandler: Where are you going?
Monica: To use the bathroom.
Chandler: You can't leave me alone with her.
Monica: What?
Chandler: This is exactly the kind of social situation that I am not comfortable with!

[장면: 병원의 분만실에서. 모니카, 챈들러, 에리카가 있다. 에리카는 분만 중이며 힘겹게 숨을 쉬고 있다.]
모니카: 숨 셔, 숨을 쉬라구, 쉬어…… 잘했어.
챈들러: 다음번엔 내가 숨을 쉬라고 말해줄까?
모니카: 아니, 지난번에 네가 드라큘라처럼 말하는 바람에 에리카가 겁먹었다구!
(에리카에게) 뭔가 가져다줄까? 얼음을 조금 더 줄까?
에리카: 아니, 괜찮아.
모니카: 알았어, 곧 돌아올게.
챈들러: 어디 가는데?
모니카: 화장실 좀 쓰려구.
챈들러: 날 에리카랑 두고 가면 어떻게 해?
모니카: 뭐라구?
챈들러: 난 이런 사회적 상황이 정말 불편하다구.

위 대화 중 나오는 "You can't leave me alone with her"는 직역하면 '에리카랑 단 둘이 내버려 두고가면 안 돼'가 된다. 하지만 반의어적 수사의문문을 사용하여 '날 에리카랑 두고가면 어떻게 해?'라고 표현하는 것이 더 자연스런 구어적 표현이다.

반의어로 번역할 경우 주의할 점은 사전에 유의어로 표기되어 있다고 해서 무조건 사전적 의미에 따라 반의어적으로 번역하면 안 된다는 점이다. 번역을 하기 전에 먼저 반의어로 번역했을 때 무엇을 얻고 잃는가에 대해 생각해봐야 한다. 예를 들어 'Not a little money is required to start a business'와 같은 문장을 번역할 경우 not a little 은 much라는 뜻으로 사전에 나와 있으므로 무조건 '많다'는 뜻으로 번역하는 경우가 많은데, 직역할 경우와 반의어적으로 번역할 경우 뉘앙스가 달라지는 점에 유의해야 한다. 이 문장은 다음과 같이 두 가지로 번역될 수 있을 것이다.

Not a little money is required to start a business.

사업을 하려면 많은 돈이 필요하다.
사업을 하려면 적잖은 돈이 필요하다.

앞의 번역은 반의어적으로 번역한 경우이고 뒤의 번역은 직역한 경우이다. 한국어에서 '많다'는 의미는 어떤 기준 이상을 넘어서서 수나 양이 많다는 뜻이지만, '적잖다'는 의미는 어떤 기준 이상을 넘어선다는 뜻 이외에도 '소홀히 다루거나 대수롭게 여길 만하지 않게'란 뜻이 추가된다. 그러므로 '적잖은 돈이 필요하다'라고 번역하면 사업을 하는 것이 만만치 않으며 네가 감당하기 힘들다는 내포적 의미를 전달하게 된다. 그러므로 무조건 반의어적으로 번역하기보다는 출발어 텍스트에서 전달하고자 하는 내포적 의미가 무엇인지에 따라 반의어적으로 번역할지 말아야 할지를 결정해야 한다.

연습문제

1. Read the text given and access the type and purpose of it.

2. Discuss the strategic problems confronting the translator and outline your own strategy for translating it.

3. Translate the text into Korean.

4. Explain the main decisions of detail you made in producing your TT, paying special attention to the question of antonymic translation.

Text 1. 다음은 Walter Scott의 『Waverley: Or Tis Sixty Years Since』의 서문의 일부이다.

The title of this work has not been chosen without the grave and solid deliberation, which matters of importance demand from the prudent. Even its first, or general denomination, was the result of no common research or selection, although, according to the example of my predecessors, I had only to seize upon the most sounding and euphonic surname that English history or topography affords, and elect it at once as the title of my work, and the name of my hero. But, alas! what could my readers have expected from the chivalrous epithets of Howard, Mordaunt, Mortimer, or Stanley, or from the softer and more sentimental sounds of Belmour, Belville, Belfield, and Belgrave, but pages of inanity, similar to those which have been so christened for half a century past? I must modestly admit I am too diffident of my own merit to place it in unnecessary opposition to preconceived associations; I have, therefore, like a maiden knight with his white shield, assumed for my hero, Waverley, an uncontaminated name, bearing with its sound little of good or evil, excepting what the reader shall hereafter be pleased to affix to it. But my second or supplemental title was a matter of much more difficult election, since that, short as it is, may be held as pledging the author to some special mode of laying his scene, drawing his characters, and managing his adventures.

Text 2. 다음은 John Updike의 단편 「A & P」의 일부이다.

In walks these three girls in nothing but bathing suits. I'm in the third check-out slot, with my back to the door, so I don't see them until they're over by the bread. The one that caught my eye first was the one in the plaid green two-piece. She was a chunky kid, with a good tan and a sweet broad soft-looking can with those two crescents of white just under it, where the sun never seems to hit, at the top of the backs of her legs. I stood there with my hand on a box of HiHo crackers trying to remember if I rang it up or not. I ring it up again and the customer starts giving me hell. She's one of these cash-register-watchers, a witch about fifty with rouge on her cheekbones and no eyebrows, and I know it made her day to trip me up. She'd been watching cash registers forty years and probably never seen a mistake before. By the time I got her feathers smoothed and her goodies into a bag - she gives me a little snort in passing, if she'd been born at the right time they would have burned her over in Salem - by the time I get her on her way the girls had circled around the bread and were coming back, without a pushcart, back my way along the counters, in the aisle between the check-outs and the Special bins. They didn't even have shoes on.

2.8. 통합(Merging)

문화마다 선호하는 언어 사용습관이나 특성이 다르기 때문에 이문화권으로 그대로 직역할 경우 어색한 표현이 되어버리거나 의미가 통하지 않을 때가 있으며 또는 군더더기 표현이 되는 경우가 있다. 통합 번역이란 긴 구나 여러 단어로 된 출발어 텍스트의 문장이나 어구를 짧은 구나 한 단어로 압축하여 번역하는 방법이다.

예를 들어, 영어 단어에는 gods and goddesses, heroes and heroines, 또는 lords and ladies처럼 남성과 여성을 구분하는 표현들이 있는데 이러한 표현들을 한 단어 한 단어 직역하여 남신과 여신들, 남자 영웅들과 여자 영웅들, 남자 귀족들과 여자 귀족들이라고 번역하면 도착어 문화권에서는 우스꽝스런 표현이 될 경우가 있다.

한국어에서는 유관순을 영웅이라고 말하지 여자 영웅이라고 표현하지 않는 것처럼, 성별을 구별하지 않고 쓰는 단어들이 많다. 이러한 단어들의 경우에는 특별한 예외를 제외하고는 신들, 영웅들, 귀족들이라고 통합하여 표현하는 것이 더 자연스럽다. 다음 예를 보자.

Greek myths are about extraordinary but mortal heroes and heroines from a past era. In their divine myths, the Greeks made their gods and goddesses immortal, endowed them with remarkable powers - and gave them very human personalities!

위의 문장을 직역하면 다음과 같이 한국어에서는 사용하지 않는 어색한 표현이 되어버린다.

그리스 신화는 비범하지만 죽을 운명을 타고난 과거의 남녀 영웅들에 관한 이야기이다. 신성한 신화 속에서 그리스인들은 그들의 남녀 신들을 불멸의 존재로 만들고 남다른 힘을 부여했으며 - 그리고 그들에게 매우 인간적인 특성을 부여하였다.

영어의 경우에는 영웅이나 신에 관한 표현이 남성과 여성이 따로 구분되어 있지만 한국어에서는 영웅이나 신이라고 하면 남성뿐 아니라 여성도 포함되므로 성별을 구별하여 번역할 필요가 없다. 따라서 다음과 같이 통합 번역하는 것이 한국어로서는 더 자연스럽다.

그리스 신화는 비범하지만 죽을 운명을 타고난 과거의 영웅들에 관한 이야기이다. 신성한 신화 속에서 그리스인들은 그들의 신들을 불멸의 존재로 만들고 남다른 힘을 부여했으며 - 그리고 그들에게 매우 인간적인 특성을 부여하였다.

도착어 문화권에 등가어가 있을 경우라도 문체가 큰 비중을 차지하지 않는 정보전달을 목적으로 하는 텍스트에서는 간결성과 의미전달의 효율성을 위해 통합 번역하는 경우도 있다.

However, the great cultural shake-up of the 1960s brought about the abolition of censorship in Britain in 1968. More importantly, it allowed for the great explosion of gay and lesbian drama from the 1970s on.

그러나 1960년대 거대한 문화적 변동은 1968년 영국에서의 검열제도의 폐지를 가져왔다. 더욱 중요한 것은 1970년대 이후부터 동성연애자를 다룬 드라마가 폭발적으로 증가했다는 점이다.

'gay'와 'lesbian'에 대한 한국어 차용 등가어가 있지만 간결한 표현을 통한 효율적인 내용전달을 위해 통합번역을 한 예이다. 또 다른 예를 살펴보자.

Poetry does not soothe or heal the lack and the torment that prompt it, but opens and probes them ever more deeply.

시란 시적 감정을 불러일으키는 결핍과 고통을 진정시키거나 치유하는 것이 아니라 그것들을 열어서 더욱더 면밀히 조사한다.

위의 번역은 'opens and probes'도 직역함으로써 범죄수사 상황에서나 쓰일 듯한 설명조의 어색한 표현이 되고 말았다. '속에 있는 것을 뒤져 헤치고 드러나지 않은 사실을 겉으로 드러내다'란 뜻의 '들춰내다'란 간결한 표현을 사용하여 다음과 같이 번역하는 것이 위의 문맥상 더 적절한 번역이 될 것이다.

시란 시적 감정을 불러일으키는 결핍과 고통을 진정시키거나 치유하는 것이 아니라 그것들을 더 철저히 들춰낸다.

또 원문의 긴 표현을 통합하지 않고 직역하면 번역문에서는 군더더기 표현이 되어버리는 경우도 있다.

That's what I get for marrying a brute of a man, a great, big, hulking physical specimen of a …….

'a great, big, hulking'를 직역하면 '거대하고 크고 몸집이 큰'이라는 동어반복적인 군더더기 표현이 되고 만다. 그보다는 다음과 같이 통합번역을 하는 것이 더 자연스런 한국어 표현이 된다.

이게 다 짐승 같은 남자와 결혼한 탓이라니까. 덩치 큰 표본 같은 남자와 말이야.

마찬가지로 'a fat little old man walked nervously up and down'이란 표현에서도 'a fat little old man'을 '뚱뚱하고 작은' 노인이 아니라 '땅딸막한 노인'이라고 옮기는 것이 더 자연스럽다. 또한 통합번역을 하지 않고 직역을 하면 도착어의 관용적 언어습관에서 벗어나 어색한 표현이 되는 경우도 있다.

One of the slippers she could not find, and a boy seized upon the other and ran away with it, saying that he could use it as a cradle, when he had children of his own. So the little girl went on with her little naked feet, which were quite red and blue with the cold.

슬리퍼 한 짝은 찾을 수가 없었고, 다른 한 짝은 사내애가 아기를 갖게 되면 요람으로 쓰겠다면서 가지고 달아나 버렸다. 그래서 작은 소녀는 추위에 붉고 퍼렇게 된 맨발로 거리를 걷게 된 것이다.

위 번역문에서는 추워서 벌게지다 못해 퍼렇게 멍든 것처럼 된 상태를 나타내는 'red and blue'를 직역하여 어색한 표현이 되고 말았다. 이보다는 이러한 상태를 일반적으로 표현하기 위해 사용되는 '푸

르죽죽해진'이란 단어를 사용하는 것이 더 적절할 것이다.

또 언어마다 텍스트 유형에 따라 선호하는 표현방식이 다를 수 있는데, 두 문화권에서 사용하는 텍스트 장르에 따른 언어사용관습이 다를 경우에도 이러한 통합번역 방식이 사용될 수 있다.

> Another summer of discontent for the nation, and for President Obama, is coming to an end. Angry town hall meetings his first year nearly took down health-care reform.
>
> 미국 국민과 오바마 대통령에게 불만스러웠던 또 다른 여름이 끝나가고 있다. 임기 첫해에는 난장판 타운홀 미팅으로 오바마의 건강보험 개혁이 난항을 겪었다.

'nearly took down'은 직역하면 '쓰러뜨리다시피 했다'가 된다. 그러나 이러한 직역은 한국 뉴스 텍스트에서 사용되는 언어역(register)과는 동떨어진 표현이다. 폭풍우 같은 나쁜 일기 조건으로 인해 배나 항공기가 항해나 항행이 어려운 경우에 빗대어 어떤 장애 때문에 일이 순조롭게 진행되지 못할 때 비유적으로 '난항'이라는 표현을 사용하는데, 이는 한국어 뉴스 텍스트에서 자주 등장하는 표현이다. 위의 예문의 경우 이러한 언어사용관습에 따라 'nearly took down'란 표현을 '난항'이란 한 단어로 통합하여 번역함으로써 자연스런 한국어 표현이 되었다.

연습문제

1. Read the text given and access the type and purpose of it.
2. Discuss the strategic problems confronting the translator and outline your own strategy for translating it.
3. Translate the text into Korean.
4. Explain the main decisions of detail you made in producing your TT, paying special attention to the question of merging translation.

Text 1. 다음은 Jack London의 『The Iron Heel』의 일부이다.

The capture of the world-market by the United States had disrupted the rest of the world. Institutions and governments were everywhere crashing or transforming. Germany, Italy, France, Australia, and New Zealand were busy forming cooperative commonwealths. The British Empire was falling apart. England's hands were full. In India revolt was in full swing. The cry in all Asia was, "Asia for the Asiatics!" And behind this cry was Japan, ever urging and aiding the yellow and brown races against the white. And while Japan dreamed of continental empire and strove to realize the dream, she suppressed her own proletarian revolution. It was a simple war of the castes, Coolie versus Samurai, and the coolie socialists were executed by tens of thousands. Forty thousand were killed in the street-fighting of Tokio and in the futile assault on the Mikado's palace. Kobe was a shambles; the slaughter of the cotton operatives by machine-guns became classic as the most terrific execution ever achieved by modern war machines. Most savage of all was the Japanese Oligarchy that arose. Japan dominated the East, and took to herself the whole Asiatic portion of the world-market, with the exception of India.

Text 2. 다음은 Henry Van Dyke의 단편 「The First Christmas Tree」의 일부이다.

In the cloister, too, there was silence at the sunset hour. All day long there had been a strange and joyful stir among the nuns. A breeze of curiosity and excitement had swept along the corridors and through every quiet cell. A famous visitor had come to the convent. It was Winfried of England, whose name in the Roman tongue was Boniface, and whom men called the Apostle of Germany. A great preacher; a wonderful scholar; but, more than all, a daring traveller, a venturesome pilgrim, a priest of romance. He had left his home and his fair estate in Wessex; he would not stay in the rich monastery of Nutescelle, even though they had chosen him as the abbot; he had refused a bishopric at the court of King Karl. Nothing would content him but to go out into the wild woods and preach to the heathen. Through the forests of Hesse and Thuringia, and along the borders of Saxony, he had wandered for years, with a handful of companions, sleeping under the trees, crossing mountains and marshes, now here, now there, never satisfied with ease and comfort, always in love with hardship and danger. What a man he was! Fair and slight, but straight as a spear and strong as an oaken staff. His face was still young; the smooth skin was bronzed by wind and sun. His gray eyes, clean and kind, flashed like fire when he spoke of his adventures, and of the evil deeds of the false priests with whom he contended.

2.9. 분리(Splitting)

분리번역은 한 단어나 하나의 구로 된 표현을 여러 개의 단어나 구로 의미를 나누어서 번역하는 방법이다. 분리번역은 출발어와 도착어 간의 기본적인 언어구조와 언어사용관습의 차이에서 발생하는 불가피한 손실을 벌충하기 위해 필요할 경우, 즉 주어진 출발어 단어의 의미에 대응하는 단어가 도착어에 없을 경우 그 의미를 여러 단어로 분리해서 번역하는 것을 말한다.

다음 예문에 나오는 cry와 man에 대한 번역을 살펴보자.

For a time the two men talked of the raising of the bed and then they talked of other things. The soldier got on the subject of the war. The writer, in fact, led him to that subject. The carpenter had once been a prisoner in Andersonvill Prison and had lost a brother. The brother had died of starvation, and whenever the carpenter got upon that subject he cried. He, like the old writer, had a white mustache, and when he cried he puckered up his lips and the mustache bobbed up and down. The weeping old man with the cigar in his mouth was ludicrous.

잠시 작가와 목수는 침대를 높이는 작업에 관해 이야기를 하다가 화제를 바꾸었다. 과거 군인이었던 목수는 전쟁 얘기를 꺼냈다. 사실은 작가가 그 얘기를 하도록 끌어들인 것이었다. 목수는 엔더슨빌 감옥에 포로로 잡혀 들어갔다가 동생을 잃었다. 동생은 굶어 죽었는데 그 얘기를 할 때마다 목수는 흐느끼며 울었다. 늙은 작가와 마찬가지로 흰 콧수염을 기른 목수가 입술을 오므리며 흐느낄 때면 콧수염이 위아래로 씰룩거렸다. 나이든 성인 남자가 입에 엽궐련을 문 채 흐느끼는 모습은 우스꽝스러웠다.

'cry'는 슬프거나 기쁠 때, 또는 아플 때 눈물을 흘리는 것을 뜻하는 일반적인 단어이다. 'cry'는 보통 한국어로 번역할 때 '울다'라고 번역하는데, cry가 나타내는 우는 모습은 소리를 내어 우는 것과 소리 없이 눈물을 흘리는 것 모두를 포함한다. 그러므로 'cry'를 단순히 '울다'로 번역하면 상황에 따라서는 어떤 모습으로 우는지 독자들에게 선명한 이미지를 전달할 수 없을 경우가 있다. 위의 예문의 경우를 보면, cry를 '흐느끼는 울음'으로 번역하고 있다. 죽은 동생을 떠올리며 우는 울음은 그냥 울음이 아니라 '흐느끼는 울음'으로 번역하는 것이 상황을 좀 더 생생하게 그려볼 수 있게 해주기 때문이다. 더구나 그다음에 이어지는 울 때면 "콧수염이 위아래로 씰룩거렸"다는 표현에서도 노인이 그냥 조용히 눈물을 흘린 것이 아니라 흐느끼며 눈물을 흘린 것임을 알 수 있기 때문에 단순히 '울다'로 번역하기보다는 '흐느끼며 우는' 모습으로 분리번역하는 것이 더 적절하다. 또한 old man이란 번역어 역시 뒤에 나오는 '엽궐련을 문 채 흐느끼는 우스꽝스런' 모습과 호응이 되는 표현을 찾자면 그냥 '노인'이 아니라, 엉엉 우는 아이의 모습과 대조가 되는 '성인' 어른이다. 그러므로 '흐느끼며 우는', '나이 든 성인 남자'로 분리 번역하는 것이 독자들에게 더욱 생생한 모습을 전달할 수 있다. 또 다른 예를 보자.

> Mr. Wopsle, united to a Roman nose and a large shining bald forehead, had a deep voice which he was uncommonly proud of.
>
> 매부리코에 머리가 벗겨진 번쩍거리는 널따란 이마를 가진 웁슬 씨는 스스로 굉장히 자랑으로 여기는 낮고 굵은 목소리를 가지고 있었다.

영어의 deep과 voice는 서로 연어관계를 형성하는, 흔히 사용되는 표현이지만 이를 직역한 '깊은 목소리'라는 표현은 한국어에서는 연어적 관계가 성립되지 않을 뿐만 아니라 의미가 모호한 어색한 표현이다. 여기에서의 deep의 의미는 '목소리가 낮고 굵다'는 의미이므로, 원문에서는 한 단어이지만 번역시에는 두 단어로 분리하여 번역해야 의미가 분명해진다.

텍스트 내에서 한 단어가 1대 다 등가의 의미로 사용된 경우에도 그에 대응하는 역어 표현이 없을 때는 분리번역을 함으로써 의미손실을 막을 수 있다.

> His speaking voice, a gruff husky tenor, added to the impression of fractiousness he conveyed. There was a touch of paternal contempt in it, even toward people he liked.
>
> 고음이면서 굵고 쉰 그의 목소리는 까다롭고 성마를 것 같은 그의 인상을 더욱 짙게 하여 주었다. 그 목소리에는 또한 그가 좋아하

는 사람들을 대할 때조차도 가부장적인 멸시하는 듯한 어조가 담겨 있었다.

'fractiousness'란 단어에는 '까다로움', '성마름' 등의 여러 가지 의미가 있다. 위 예문에서는 이러한 복수의 의미를 살려 '까다롭고 성마를 것 같은'이라고 의미를 분리 번역함으로써 출발어 텍스트를 읽었을 때 독자들이 느꼈을 작품 속의 인물에 대한 복합적인 인상을 의미의 손실 없이 전달해주고 있다. 원문의 의미를 좀 더 강하고 명확하게 전달하고자 할 때도 분리번역을 할 수 있다.

> Summers have proven cruel to this young president, but 2011 will require Obama to regroup, reboot, and grow bolder if he is to win reelection.
>
> 오바마 대통령은 매년 여름마다 곤혹을 치러왔다. 그러나 재선에서 승리하기 위해서는 전열을 가다듬고 다시 일어나 더욱 대담해질 필요가 있다.

여기서 복수로 사용된 summers는 주인공이 해마다 거쳐 온 여름들을 의미하므로 '여름마다'라는 뜻이 된다. 이러한 의미를 살려 번역에서는 summers란 표현을 '매년 여름'이란 표현으로 분리 번역함으로써 의미를 더욱 명확하게 전달하고 있다.

연습문제

1. Read the text given and access the type and purpose of it.

2. Discuss the strategic problems confronting the translator and outline your own strategy for translating it.

3. Translate the text into Korean.

4. Explain the main decisions of detail you made in producing your TT, paying special attention to the question of splitting.

Text 1. 다음은 W. Somerset Maugham의 장편소설 『Of Human Bondage』의 일부이다.

The day broke gray and dull. The clouds hung heavily, and there was a rawness in the air that suggested snow. A woman servant came into a room in which a child was sleeping and drew the curtains. She glanced mechanically at the house opposite, a stucco house with a portico, and went to the child's bed.

"Wake up, Philip", she said.

She pulled down the bed-clothes, took him in her arms, and carried him downstairs. He was only half awake.

"Your mother wants you", she said.

She opened the door of a room on the floor below and took the child over to a bed in which a woman was lying. It was his mother. She stretched out her arms, and the child nestled by her side. He did not ask why he had been awakened. The woman kissed his eyes, and with thin, small hands felt the warm body through his white flannel nightgown. She pressed him closer to herself.

"Are you sleepy, darling?" she said.

Her voice was so weak that it seemed to come already from a great distance. The child did not answer, but smiled comfortably. He was very happy in the large, warm bed, with those soft arms about him.

Text 2. 다음은 Jean Robertson의 『Themes of Contemporary Arts』 내용의 일부이다.

Sculpture as an art form widely expanded its sphere of influence, and the range of content and forms within the genre expanded as well. In the 1970s, during the reign of Minimalism, pared-down abstract sculpture predominated. Such Minimalist sculpture emphasized simplified abstract volumes (what some critics referred to as "primary structures"). In the 1980s, and extending into the present, sculptors dramatically broadened the forms, techniques, and materials they selected. In addition to creating sculptures from traditional materials, such as bronze, marble, and wood, artists made sculptures from a wide array of materials as well as found objects. For example, American sculptor Petah Coyne has incorporated a wide array of both traditional and nontraditional materials into her distinctive suspended sculptures, including ribbons, tree branches, shackles, hat pins, taxidermy animals, and chicken wire fencing. British sculptor Tony Cragg became known in the 1980s for his wall-mounted, multipart figurative sculptures created by arranging found plastic objects, often all of the same color, into pictographic patterns. Furthermore, while sculptors continued to carve, cast and construct discrete, unique objects, others expanded their practice so that sculpture overlapped with other art forms.

2.10. 첨가(Adding)

텍스트가 이문화권으로 이동함에 따라 출발어권 독자와 도착어권 독자 간에 세상지식이나 상식 등에 있어서의 정보의 간극이 발생할 수 있다. 이러한 간극을 보충하기 위해 정보를 덧붙여 번역하는 방법이 첨가번역이다. 즉, 첨가번역은 출발어 텍스트에 없는 정보를 도착어 텍스트에 추가하여 번역하는 방법이다.

문헌학적 번역이나 첨가번역 모두 새로운 정보를 첨가하는 점에서는 동일하지만, 문헌학적 번역은 텍스트 안이나 밖에서 추가정보를 제공할 경우 텍스트 본문과는 구별되는 별도의 표시를 함으로써 텍스트의 저자가 제공하는 정보와 번역가가 제공하는 정보를 구별하는 반면에, 첨가번역은 번역가가 제공하는 추가정보를 저자가 제공하는 정보와 융합함으로써 이러한 구별을 하지 않는다. 즉, 번역텍스트를 읽는 독자는 텍스트 내의 정보가 원저자가 쓴 내용인지 번역가가 추가한 내용인지를 구별할 수 없다.

그러므로 첨가번역을 할 경우에는 너무 많은 정보를 추가함으로써 번역자가 텍스트에 너무 많이 개입하는 일은 피해야 하며, 불가피하게 많은 정보를 추가해야 할 경우에는 다른 번역 방법을 강구해야 한다. 특히 정보전달보다는 미학적 목적이 중시되는 문학번역의 경우에는 원저자의 문체를 손상시키는 결과를 낳을 수 있으므로 주의해야 한다. 첨가번역은 즉각적 이해를 필요로 하거나 정보전달을 목적으로 하는 텍스트에서 특히 유익하게 사용할 수 있는 번역기법이다.

첨가번역이 필요한 경우는 첫째, 정보의 간극이 생길 경우이다. 원 텍스트가 생산된 문화권에서는 상식적인 지식이 도착어 텍스트의 문화권에서는 새로운 정보가 되는 경우가 있다. 이러한 정보의 간극은 텍스트가 생산된 문화권과 그 텍스트가 번역되어 수용되는 문화권의 차이가 크면 클수록, 또한 원 텍스트가 대상으로 한 독자층과 역어 텍스트가 대상으로 하는 독자층 간의 차이가 크면 클수록 더 크기 마련이다. 다음 예를 보자.

> An unidentified technician makes a sound check in front of the world's largest 259cm(102") TFT television display at the CeBIT fair in Hanover.
>
> 독일 하노버에서 개최된 '세빗(CeBIT)' 전시회에서 한 기술자가 102인치가 되는 세계 최대의 초박막액정화면인 TFT TV의 음향을 점검하고 있다.

원어 텍스트의 독자들에게는 익숙한 하노버나 TFT에 대한 정보가 이문화권으로 이동하면서 낯선 정보로 바뀌었기 때문에 하노버가 독일에 소재하고 있다는 것을 알리기 위해 '독일'이라는 정보를 추가하고 있으며 TFT에 대한 정보 역시 번역과 약어를 함께 실음으로써 도착어권 독자들이 이해하기 쉽도록 번역하고 있다. 다만 '세빗'에 대해서는 문맥상 정보통신 관련 전시회라는 점을 짐작할 수 있기 때문에 추가정보를 생략하고 있다.

생소한 개념이나 용어를 차용할 경우에도 추가번역이 사용되는 경우가 있다.

Hindu Trimurti, Brahma, Vishnu, and Shiva can appear as different forms and manifestations.

힌두교의 삼신일체를 일컫는 트리무르티인 브라마, 비쉬누, 그리고 쉬바는 다양한 형상과 화신으로 나타날 수 있다.

위 예문에서는 '트리무르티'를 차용함에 있어 '삼신일체'라는 해당의미를 추가함으로써 독자의 이해를 돕고 있다.

또한 첨가번역은 출발어 문화권에서는 익숙하지만 도착어 문화권에서는 생소한 문화적인 요소를 번역할 때도 사용되는 기법이다.

We live our lives in fast forward. We buy our food already cooked. We get our Christmas trees already cut. We too often make love before we have made friends. We are used to seeing an international crisis resolved in an hour on West Wing.

우리는 빠른 속도로 살아가고 있다. 우리는 이미 요리된 음식을 산다. 우리는 이미 베어놓은 크리스마스트리를 산다. 또한 친구가 되기 전에 사랑을 나누기도 한다. 우리는 웨스트 윙이란 정치 드라마에서 1시간 만에 국제적 위기가 해결되는 것을 보는 데 익숙하다.

'West Wing'은 출발어 문화권에서는 인기 있는 드라마이므로 별도의 정보 없이도 이해가 가능하지만 도착어 문화권에서 아무런 추가정보 없이 단지 '웨스트 윙'이라고 번역하면 백악관 내의 웨스트 윙을 말하는 것인지 또 다른 어떤 장소인지 의미가 모호해진다. 그러므로 '정치 드라마'란 정보를 추가하여 번역하고 있다.

문화권이 이동함으로써 상식적인 정보가 새로운 정보가 되는 또 다른 경우를 보자.

> We waited for her down the road and out of sight. It was a few days before the Fourth of July, and a grey, scrawny Italian child was setting torpedos in a row along the railroad track.

> 우리는 길 아래쪽에서 사람들 눈에 띄지 않게 그녀를 기다렸다. 마침 7월 4일의 미국 독립기념일을 며칠 앞두고 있던 때라 납빛의 깡마른 한 이탈리아계 아이가 철로에다 불꽃놀이 폭죽을 한 줄로 쭉 늘어놓고 있었다.

위의 예문의 경우 '7월 4일'이 미국 독립기념일이라는 추가정보를 제공하지 않고 '마침 7월 4일을 며칠 앞두고 있던 때라'라고 번역하면 도착어 문화권에서는 7월 4일이 아무런 의미가 없기 때문에 번역 텍스트를 읽는 독자들은 어리둥절할 수 있다. 도대체 무슨 날이기에 폭죽을 늘어놓는다는 것인지, 생일인가, 무슨 기념일인가, 하고 고개를 갸웃할 것이다. 6·25, 4·19 등 한국의 역사적 사건들을 외국어로 번역할 경우에도 이러한 추가설명이 필요할 수 있다.

마찬가지로 다음 텍스트에서도 No. 10 Downing Street가 텍스트 내에서 갖는 뜻을 추가 설명하여 번역할 필요가 있다.

Within minutes, the 43-year old Cameron was installed at No. 10
Downing Street, becoming the youngest prime minister in almost 200
years, since Lord Liverpool took office at age 42.

임명식이 끝나고 몇 분 후 올해 43세인 카메론 총리는 다우닝가 10번
지에 위치한 총리공관에 입성함으로써 약 200년 전 42세의 나이로 총
리에 취임한 리버풀 경 이후 최연소 총리임명이라는 기록을 세웠다.

위 텍스트에서는 다우닝가 10번지에 대해 낯선 독자들을 위해 '총
리공관'이라는 의미를 추가하였으며, Within minutes의 번역에서도
'임명식이 끝난 후 몇 분 후'로 추가번역과 반의어적 번역을 함께 사
용하고 있다.

또한 특정 문화권에서 발달한 언어는 그 문화에서 배태된 연상적
의미나 묵시적 정보를 지닐 수 있는데, 이러한 경우 직역으로서는 전
달되지 않는 연상의미를 명시화하기 위해 추가번역을 할 수 있다.

A coalition that talks a good deal about English liberties should
reflect on Lady Hale's reminder of an old saying. "In England,
justice is open to all – like the Ritz."

영국인의 자유에 대해 떠벌여대는 현 영국 연립정부는 브렌다 헤
일 전 영국 대법관이 본보기로 삼고 있다는 다음의 옛말을 곱씹어
봐야 한다. "영국에서, 정의는 누구에게나 열려 있다. 호화로운 리
츠호텔처럼."

여기에서 리츠호텔은 누구나 들어갈 수는 있지만 매우 비싸기 때
문에 누구나 이용할 수 있는 것은 아니다. 저자는 정의 역시 누구에
게나 동등하게 적용된다고 하지만 돈이 없는 자는 마땅히 받아야 할
공정한 대우를 받지 못함을 호텔에 빗대어 얘기하고 있다. 즉, 돈이

없으면 억울한 일을 당해도 소송을 할 비용을 마련할 수 없기 때문에 결코 정의로운 대우를 받을 수 없는 것이다. 번역문에서 리츠호텔 앞에 '호화로운'이란 표현을 추가함으로써 리츠호텔이 가지고 있는 연상의미와 묵시적 정보를 명시화하여 번역하고 있다.

언어사용 관례상 번역을 할 경우에는 도착어 번역문에서 접속사를 추가해야 하는 경우도 있다. 예를 들어, 영어는 논리를 중요시하는 언어로서 앞뒤 논리가 충분할 경우 접속사를 기피하는 경향이 있기 때문에 반복해서 so, therefore, but 등의 접속사를 사용하면 논리가 부족한 문장에 논리성을 억지로 부여하기 위해 접속사를 반복해 사용하는 듯한 인상을 줄 수 있다. 그러나 한국어에서는 영어에서보다 접속사가 더 빈번하게 사용된다. 이러한 두 언어 간의 관습 때문에 번역 시 접속사의 유무에 따라 논리 전개가 불분명해질 경우가 있다. 그러므로 영어문장을 한국어로 번역할 경우 때로는 접속사를 추가하여 논리관계를 분명하게 드러내야 할 때가 있다. 다음 예를 보자.

Since the Supreme Court's Citizens United decision nearly two years ago, the campaign finance system has become polluted with ideological groups collecting unlimited donations from corporations, unions and wealthy individuals. Up to now, most of those groups have run attack ads or supported groups of party candidates, a major factor in the 2010 midterms. A PAC created solely for a single candidate had been seen as violating the federal law requiring that the PAC be independent from the candidate's campaign. This year, thanks to inaction by the Federal Election Commission, even that legal nicety has been thrown out.

약 2년 전 대법원의 시민연맹(Citizens United) 승소 판결 이후, 선거자금제도는 기업과 노조, 부유한 개인들로부터 액수 제한 없이

기부금을 받아내는 이념단체들로 오염되어 왔다. 지금까지 대부분의 이념단체들은 비방광고를 내보내거나 당 후보들을 지지해왔으며, 2010년 중간선거에서는 큰 영향력을 행사했다. 한 후보만을 위해 구성된 정치활동위원회(PAC)는 특정 후보의 선거 캠프와는 별개로 운영되어야 한다는 연방선거법을 위반하는 것으로 여겨져왔다. 그러나 연방 선거관리위원회의 감시가 줄어들어 올해는 그러한 법적 엄격성조차 사라져버렸다.

앞 내용은 선거자금제도와 관련하여 이념단체들의 영향력에 대해 얘기하면서 PAC의 활동이 제한적으로 운영되어왔음을 얘기하고 있다. 그런데 이러한 제한적 성격이 연방 선거관리위원회의 감시 소홀로 올해에는 느슨해졌음을 얘기하고 있으므로 앞 내용과 대조되는 내용이 이어지고 있다. 그러므로 '그러나'라는 접속사를 첨가하여 논리적 전개를 더욱 명확히 하고 있다.

또한 직역을 할 경우 서브텍스트가 숨어 있어 앞 내용과 모순된 내용이 되어버릴 경우에도 첨가번역을 할 수 있다. 다음은 베아트릭스 포터 전집에 실린 저자에 대한 소개 내용이다.

Beatrix Potter was born in London in 1866 and grew up living the conventionally sheltered life of a Victorian girl in a well-to-do household. Her only brother, Bertram, was six years younger, and when he was away at school Beatrix's constant companions were the pet animals she kept in the school-room. She enjoyed studying their behaviour and sketching them.

베아트릭스 포터는 1866년 런던에서 태어났다. 그녀는 일반적으로 유복한 가정에서 태어난 빅토리아 시대 여성들의 삶이 그렇듯이, 외부와 접촉이 없는, 조용한 분위기 속에서 자랐다. 유일한 형제인 버트램은 그녀보다 6살 아래였는데, 버트램이 학교에 가고 없을 때면, 자신이 기르던 애완동물들을 친구삼아 교실에서 놀곤 했다. 베아트릭스는 동물들의 행동을 관찰하고 스케치하는 것을 즐겼다.

위 내용을 보면 문맥상 버트램이 학교에 가 있는 동안 베아트릭스는 집에 있는 것으로 되어 있어야 한다. 그런데 원문을 자세히 들여다보면 "when he was away at school Beatrix's constant companions were the pet animals she kept in the school-room"이라고 되어 있다. 번역하면 '버트램이 학교에 가고 없을 때면, 자신이 기르던 애완동물들을 친구삼아 교실에서 놀곤 했다'라는 뜻이 된다. '버트램이 학교에 가고 없을 때' 베아트릭스가 교실에 있다는 것도 모순되고 교실에서 애완동물과 논다는 것도 말이 되지 않는다. 이 문장은 서브텍스트에 대한 지식이 없으면 이처럼 모순된 문장으로 이해될 수 있다. 즉, 빅토리아시대의 여성교육에 대한 지식이 없으면 이해할 수 없는 내용이다.

빅토리아시대에 이상적인 여성상이란 가사 일에 충실하고 가정을 충실히 돌보는 내조자였으며 대부분의 여성들에게 있어서 결혼은 삶의 최종적인 목표였다. 그러므로 당시의 귀족들은 여자들은 학교교육을 받을 필요가 없다고 생각했으며 전문적인 지식보다는 가벼운 교양을 쌓는 데 주력하도록 가르쳤다. 이러한 전통에 따라 베아트릭스 역시 학교에 다니지 않고 자신의 놀이방에서 18세까지 유모나 가정교사에게 교육을 받으며 자랐다.

그러므로 위 문장에 나오는 school-room이란 학교교육 대신 교육을 받던 놀이방을 말한다. 이러한 문화적 배경을 독자에게 전달하기 위해 주석을 이용할 수도 있겠다. 그런데 짧은 저자의 소개내용에 대해 주석을 길게 다는 것이 부담스러울 수 있다. 그럴 경우, 본 텍스트는 저자에 대한 정보전달이 목적이므로 다소 긴 내용을 첨가해도 문체상에 문제가 되지 않을 수 있다. 이 경우 다음과 같이 첨가번역을 할 수 있다.

> 베아트릭스 포터는 1866년 런던의 유복한 가정에서 태어났다. 그녀는 전통적으로 빅토리아시대 여성들의 삶이 그렇듯이, 외부와 접촉이 없는, 조용한 분위기 속에서 자랐다. 유일한 형제인 버트램은 그녀보다 6살 아래였는데, 버트램이 학교에 가고 없을 때면, 자신이 기르던 애완동물들을 친구삼아 교실에서 놀곤 했다. 당시에 베아트릭스의 집안과 같은 사회계층의 여자 아이들은 학교에 다니지 않았기 때문에 베아트릭스에게 교실이란 바로 어릴 적부터 지냈던 놀이방이었다. 베아트릭스는 동물들의 행동을 관찰하고 스케치하는 것을 즐겼다.

위 번역에서는 한 문장이 첨가가 된 경우이다. 하지만 이처럼 긴 내용을 첨가하는 것은 매우 신중해야 한다. 이 같은 첨가번역은 관객이 그 자리에서 즉시 이해할 수 있도록 번역해야 하는 무대용 드라마나 스크린 번역에서 사용되는 경우가 빈번하다. 그러나 독자의 이해를 추구하다보면 자칫 정보에 치중하여 원 텍스트의 흐름을 방해할 수 있으므로 문체나 미학적 요소가 중시되는 텍스트에서는 신중히 고려하여 사용해야 한다.

첨가번역을 잘못 하면 작가의 의도를 왜곡하거나 텍스트가 전달하고자 하는 의미를 전도시켜버리는 경우도 발생할 수 있다. 그리하여 극단적인 경우에는 번역을 잘못하여 에티엔 돌레의 경우처럼 목숨을 잃는 일도 있으므로 첨가번역은 신중을 기해야 한다.

원문에 충실한 일대일 대응식의 직역보다는 전체적으로 조화롭고 이해하기 쉬운 자연스런 번역을 추구했던 에티엔 돌레는 소크라테스의 말을 번역하는 과정에서 부정확한 번역을 했다는 이유로 화형을 당하였다. 그는 소크라테스가 죽음 직전에 했던 "And if you died, [death] wouldn't be anything more to you, since you wouldn't exist" 란 의미의 구절을 프랑스어로 번역하면서 'as anything at all'이란 의미의 네 단어를 추가하였다. 이로 인해 소크라테스가 의도한 뜻이 왜곡되어버렸다. 독배를 마신 소크라테스는 독이 서서히 온몸에 퍼지는 가운데 그의 죽음의 침상을 에워싸고 있는 친구들과 삶과 죽음에 대해 얘기를 한다. 이 대화에서 소크라테스는 인간은 몸과는 별개로 삶 이전에도, 그리고 삶 이후에도 영혼이 존재하는 것으로 추정한다. 그는 인간은 육체가 있음으로 해서 육체의 욕망과 필요에 의해 욕정이나 욕심이나 분노와 같은 그릇된 행동을 하게 되는데 영혼이 몸으로부터 분리되면 육체로 인한 그러한 추한 행동에서 벗어날 수 있기 때문에 영혼이 평온한 상태로 돌아가게 된다는 뜻으로 "And if you died, [death] wouldn't be anything more to you, since you wouldn't exist"란 말을 한다. 하지만 번역하는 과정에서 'as anything at all'이란 표현을 첨가함으로써 인간은 죽으면 육체도 영혼도 없는, 그 아무것도 아닌 무(無)로 돌아간다는 내용이 되어버린 것이다. 그리하여 돌레는 종교재판에서 영혼의 불멸을 부정하는 불경한 행위로 간주되어 화형을 당하였다. 가톨릭 전통이 강했던 프랑스에서는 이러한 무신론적인 내용은 신성을 모독한 것으로 간주되었던 것이다.

연습문제

1. Read the text given below and access the type and purpose of it.

2. Discuss the strategic problems confronting the translator and

outline your own strategy for translating it.

3. Translate the text into Korean.

4. Explain the main decisions of detail you made in producing your TT, paying special attention to the question of the translation technique of adding.

Text 1. 다음은 「New York Times」 기사의 일부이다.

It is impossible to underestimate the privileged status accorded by the US media to the Zionist reading of the Palestine-Israel conflict. American Jews, and for that matter Americans at large, have seldom been directly exposed to the Palestinian point of view. Despite the tireless educative efforts of the great Anglophone champion of the Palestinian cause, the late Edward Said, ignorance about the historical basis of Palestinian grievances remains endemic among US Jews and Gentiles alike. The Nakba, the expulsion from their homeland in 1948 of 750,000 Palestinians by Zionist forces, was long a blank not just in American but also in general Western public discourse. Palestinian preoccupation with the issue — when acknowledged at all — continues to be seen as an outrageous attempt to claim moral parity with the immeasurably more terrible experience of Jews wiped out in the Nazi death camps. When it comes to the Israel-Palestine conflict, the US media has been systematically biased toward occluding the whole episode of the

Nakba. Albeit sluggishly, perceptions are shifting. Consider the ground-breaking article 'Lydda, 1948' in the Oct. 21 issue of the New Yorker magazine that addresses the monstrous cost to the Palestinians of Israel's creation. The author of the article chronicles the terrible circumstances in which some 70,000 Palestinians were driven out of the city of Lydda.

Text 2. 다음은 「The Economist」에 실린 기사의 일부이다.

From Seattle to Sydney, protesters have taken to the streets. Whether they are inspired by the Occupy Wall Street movement in New York or by the *indignados* in Madrid, they burn with dissatisfaction about the state of the economy, about the unfair way that the poor are paying for the sins of rich bankers, and in some cases about capitalism itself. In the past it was easy for Western politicians and economic liberals to dismiss such outpourings of fury as a misguided fringe. In Seattle, for instance, the last big protests (against the World Trade Organisation, in 1999) looked mindless. If they had a goal, it was selfish—an attempt to impoverish the emerging world through protectionism. This time too, some things are familiar: the odd bit of violence, a lot of incoherent ranting and plenty of inconsistency. The protesters have different aims in different countries. Yet even if the protests are small and muddled, it is dangerous to dismiss the broader rage that exists across the

West. There are legitimate deep-seated grievances. Young people —
and not just those on the streets — are likely to face higher taxes,
less generous benefits and longer working lives than their parents.
More immediately, houses are expensive, credit hard to get and jobs
scarce — not just in old manufacturing industries but in the ritzier
services that attract increasingly debt-laden graduates.

2.11. 전위(Transposition)

전위란 비네와 다르벨네(Vinay & Darbelnet)가 사용한 용어로서,
번역 시 문법적으로 성분이 변함으로써 문장 내에서 차지하는 위치
가 달라지는 것을 말한다. 즉, 의미는 원문과 동일하지만 번역과정에
서 품사가 바뀌면서 구문상의 위치도 옮겨가는 것을 전위라 한다. 언
어마다 선호하는 문법적 구조와 형태가 있는데, 이러한 구조와 형태
가 서로 상이한 언어 간에 직역을 하면 어색한 직역투가 되거나 의미
가 통하지 않는 경우가 발생할 수 있다. 가령, 영어와 한국어 사용관
습을 비교해보면, 영어는 명사화가 두드러진 반면 한국어는 그렇지
않으므로 품사에 얽매여 직역하면 어색한 번역투가 되기 쉽다. 다음
문장을 예로 보자.

Diaspora networks — of Huguenots, Scots, Jews and many others —
have always been a potent economic force, but the cheapness and
ease of modern travel has made them larger and more numerous
than ever before. There are now 215m first-generation migrants
around the world: that's 3% of the world's population.

위 문장에서 한국어와 비교할 때 특히 명사화가 두드러지게 나타나는 문장은 "but the cheapness and ease of modern travel has made them larger and more numerous than ever before"이다. 원문의 품사를 그대로 살려 번역하면 "현대 여행의 저렴함과 용이함은 그들을 그 어느 때보다도 더욱더 거대하고 더 많은 수로 만들었다"가 되어 한국어 문장으로서 잘 익히지 않는 번역이 되어 버린다. 이러한 번역투를 탈피하려면 원문의 문법적 제약을 과감하게 벗어던지는 것이 필요하다. 전위를 통해 보다 자연스런 번역을 하면 "현대에는 국가 간 이동이 쉽고 그 비용이 저렴해짐에 따라 이민자 네트워크의 수와 그 규모가 점점 커지고 있다"가 될 것이다. 자연스런 번역에서는 cheapness가 '비용이 저렴해지다'로, ease가 '이동이 쉽다'로, 주어의 위치에 있던 명사가 술어로 전위되었으며 modern이란 형용사가 '현대에는'이란 부사로, 형용사 larger and more numerous는 동사 made의 의미와 결합하여 '수와 그 규모가 점점 커지고 있다'라는 주어와 술어를 가진 문장으로 전위되어 있다. 이러한 전위를 통한 번역은 텍스트의 가독성을 높이고 독자에게 더 효율적인 의미전달을 가능하게 해준다.

이처럼 번역투를 피하기 위해 전위를 하는 경우도 있지만, 텍스트를 번역할 때 두 문화 간의 언어사용 관습상 전위가 불가피한 경우도 있다. 예를 들어, 영어에서는 전치사의 사용이 일반적이지만 한국어에는 영어의 전치사 용법을 포괄할 만한 문법적 요소가 없다. 영어의 전치사가 시간, 방향, 공간 등을 지시하는 경우 한국어에서는 조사가 이와 비슷한 기능을 하지만 영어의 전치사 기능은 이보다 훨씬 더 포괄적이다. 이러한 경우 번역 시 불가피하게 전위가 이루어진다.

예를 들어, 다음 문장에 나오는 in pursuit을 보자.

The young man went in pursuit of Miss Miller, who had simply nodded and smiled at his interlocuter in the carriage and had gone her way with her own companion.

청년은 밀러 양을 뒤쫓아 갔으나 그녀는 마차에 앉아 있는 그의 이야기 상대에게 고개를 끄덕이며 미소를 지어보이고는 자기 동행과 함께 가버렸다.

In pursuit은 전치사와 명사가 결합한 전치사구로서 went를 수식하는 역할을 하지만 한국어에는 이와 같은 형식이 없으므로 번역 시 전위가 된다. 그러므로 다음과 같이 '뒤쫓아 가다'라는 이중술어의 형태로 번역되어 있다.

아래의 전치사구는 직역이 가능하긴 하지만 직역을 하면 의미가 통하지 않으므로 전위를 해야 하는 경우이다.

The captain spoke pidgin Italian for my doubtful benefit, in order that I might understand perfectly, that nothing should be lost.

대위는 내가 한 마디도 놓치지 않고 완벽하게 알아들을 수 있도록 피진 이탈리아어를 사용해서 말했다. 그것이 내게 도움이 되었는지 어떤지는 의심스러웠지만 말이다.

위에 나오는 for my doubtful benefit을 직역하면, '나의 의심스런 도움을 위하여'가 되어 한국어 문장으로서도 어색할 뿐만 아니라 의미가 통하지 않는다. 그러므로 전위를 하여 '내게 도움이 되었는지 어떤지는 의심스러웠지만'으로 번역하고 있다. 번역과정에서 소유형용사 my가 부사 '내게'로, 형용사 doubtful이 술어 '의심스럽다'로, 명사 benefit이 '도움이 되다'란 문장으로 전위됨으로써 문장에서 차지하는 문법적 위치와 기능이 원문과 달라졌다.

직역을 해도 의미가 통하지만 보다 유창한 번역을 위해 전위를 하는 경우도 있다.

Mr. Weston certainly would never marry again. Some people even talked of a promise to his wife on her deathbed, and others of the son and the uncle not letting him. All manner of solemn nonsense was talked on the subject, but I believed none of it.

웨스턴 씨는 절대로 재혼 같은 거 안 할 거예요. 임종 때 아내에게 약속을 했다는 둥, 아들이나 삼촌이 재혼에 걸림돌이 된다는 둥 별별 이야기가 다 나돌았죠. 이러쿵저러쿵 진지하게 온갖 이야기들을 했지만 다 말도 안 되는 소리에요. 난 한 마디도 믿지 않았어요.

위의 번역에는 유창한 번역을 위해 원문의 어휘들이 전위된 경우들이 많이 보이지만 특히 가장 두드러진 예는 두 번째 문장에서 볼수 있다. 원문에서는 some people과 others라는 독립적으로 주어의 역할을 할 수 있는 대명사가 주어로 사용된 반면 번역에서는 이들 대명사가 이러저러한 말이 많음을 의미하는 의존명사 '둥'으로 전위 번역되고 있다. 또한 'All manner of solemn nonsense was talked on the subject' 문장 역시 직역하면 '온갖 종류의 진지한 말도 안 되는 말이그 주제에 대해 오갔다'가 되겠지만 전위번역을 통해 더욱 매끄러운 문장으로 번역이 되어 있다.

이제까지 살펴본 바와 같이 전위는 두 언어 간의 사용 관습의 차이로 오는 번역투를 줄이는 방법으로, 또는 더욱 매끄러운 번역을 위해 사용될 수 있는 번역전략임을 알 수 있다.

연습문제

1. Read the text given below and access the type and purpose of it.

2. Discuss the strategic problems confronting the translator and outline your own strategy for translating it.

3. Translate the text into Korean.

4. Explain the main decisions of detail you made in producing your TT, paying special attention to the question of transposition.

Text 1. 다음은 H. P. Lovecraft의 단편소설 「The Terrible Old Man」의 일부이다.

It was the design of Angelo Ricci and Joe Czanek and Manuel Silva to call on the Terrible Old Man. This old man dwells all alone in a very ancient house on Water Street near the sea, and is reputed to be both exceedingly rich and exceedingly feeble; which forms a situation very attractive to men of the profession of Messrs. Ricci, Czanek, and Silva, for that profession was nothing less dignified than robbery. The inhabitants of Kingsport say and think many things about the Terrible Old Man which generally keep him safe from the attention of gentlemen like Mr. Ricci and his colleagues, despite the almost certain fact that he hides a fortune of indefinite magnitude somewhere about his musty and venerable abode. He is, in truth, a very strange person, believed to have been a captain of East India clipper ships in his day; so old that no one can remember when he was young, and so taciturn that few know his real name. Among the gnarled trees in the front yard of his aged and neglected place he maintains a strange collection of large stones, oddly grouped and painted so that they resemble the idols in some obscure Eastern temple. This collection frightens away most of the small boys who love to taunt the Terrible Old Man about his long white hair and beard, or to break the small-paned windows of his dwelling with wicked missiles; but there are other things which frighten the older and more curious folk who sometimes steal up to the house to peer in through the dusty panes.

Text 2. 다음은 Kate Chopin의 단편소설 「The Story of An Hour」의 일부이다.

Knowing that Mrs. Mallard was afflicted with a heart trouble, great care was taken to break to her as gently as possible the news of her husband's death. It was her sister Josephine who told her, in broken sentences; veiled hints that revealed in half concealing. Her husband's friend Richards was there, too, near her. It was he who had been in the newspaper office when intelligence of the railroad disaster was received, with Brently Mallard's name leading the list of "killed." He had only taken the time to assure himself of its truth by a second telegram, and had hastened to forestall any less careful, less tender friend in bearing the sad message. She did not hear the story as many women have heard the same, with a paralyzed inability to accept its significance. She wept at once, with sudden, wild abandonment, in her sister's arms. When the storm of grief had spent itself she went away to her room alone. She would have no one follow her. There stood, facing the open window, a comfortable, roomy armchair. Into this she sank, pressed down by a physical exhaustion that haunted her body and seemed to reach into her soul.

2.12. 변조(Modulation)

변조란 비네와 다르벨네에 따르면 원문과 다른 관점에서 정보를 제시하는 번역방법이다. 예를 들어, 'It isn't easy'를 번역할 때 '그건 쉽지 않아'가 아니라 '그건 어려워'라고 번역하는 경우가 이에 속한다. 여기서 원문은 '쉽다'의 방향에서 접근하고 있지만 이와는 반대로 번역문은 '어렵다'는 방향에서 접근하고 있다. 이처럼 변조는 원문과는 다른 방향이나 태도를 전달하는 번역방법이다.

변조는 전위와 마찬가지로 언어사용관습의 차이로 인한 어색한 번역투를 피하기 위해 문법적 재배열을 하는 번역방법으로도 사용된다.

예를 들어, 영어와 한국어 사용관습에 있어서 차이점을 보면, 영어에서는 무생물이 주어로 자주 등장하지만 한국어에서는 국가, 기관, 단체 등이 주어로 사용되는 경우를 제외하고는 무생물 주어가 사용되는 경우가 드물다. 이러한 사용관습에서 벗어나서 무생물 주어를 그대로 번역하면 다음 예에서 보는 바와 같이 어색한 문장이 될 수 있다.

What's paralyzing Europe is a flaw buried deep within the monetary union's structure — the unresolved conflict between the needs of the euro and the independence of its members. When the euro launched in 1999, critics pointed out that the monetary union was, in fact, only half a union, and thus susceptible to failure.

유럽을 마비시키는 것은 유럽통화동맹 구조에 깊이 자리 잡고 있는 결점이다. 바로 유로화의 필요성과 회원국들의 자율성 간에 해결되지 않은 갈등이 그것이다. 1999년 유로화가 도입되었을 때 비평가들은 유럽통화동맹이 사실은 반쪽짜리 동맹에 불과하므로 실패할 수 있음을 지적했었다.

위 텍스트의 첫 번째 문장에 What's paralyzing Europe라는 무생물 주어가 나온다. 이를 직역하여 어색한 문장이 되고 말았다. 한국어에서는 '내 손을 마비시키는 것은 고된 노동이다'와 같은 표현은 거의 사용하지 않기 때문이다. 보다 잘 익히는 문장으로 번역하면 다음과 같이 될 것이다.

유럽이 위기를 극복하는 데 어려움을 겪는 이유는 유럽통화연맹 구조에 깊숙하게 자리 잡은 문제점 때문이다. 바로 유로화의 필요성과 회원국들의 자율성 간에 해결되지 않은 갈등이 그것이다.

위 번역에서는 무생물 주어의 자리에 유럽이라는 주어가 사용됨으로써 관점이 '유럽을 마비시키는 것'에서 유럽으로 이동하고 있다. 물론 유럽도 생물은 아니지만 국가나 기관들은 한국어에서도 흔히 주어로 사용되므로 무리 없이 잘 읽혀지는 번역이 되었다.

그러나 물 흐르듯이 자연스럽게 익히는 번역을 위해 무조건 무생물 주어를 바꾸어 관점을 바꾸어버리면 원문이 의도하는 바를 훼손시킬 수 있다. 특히 문학번역의 경우에 이러한 점에 유의해야 한다. 다음은 T. S. 엘리어트의 <황무지>에 나오는 첫 부분이다. 아래에 제시된 번역을 보자.

April is the cruelest month, breeding
Lilacs out of the dead land, mixing
Memory and desire, stirring
Dull roots with spring rain.
Winter kept us warm, covering
Earth in forgetful snow, feeding
A little life with dried tubers.
4월은 가장 잔인한 달, 죽은
땅에서 라일락이 자라고,
기억과 욕망이 뒤섞이고
봄비로 잠든 뿌리가 흔들린다.
우리는 겨울에는 따뜻했다.
망각의 눈이 대지를 덮고
마른 구근으로 가냘픈 생명이 유지되었으니

위의 번역은 무생물 주어인 April과 Winter의 자리에 원문에 나오는 목적어들을 위치시킴으로써 한국어 문장으로 잘 익히는 자연스런 번역을 추구하고 있다. 그러나 이처럼 주어를 바꾸어 변조를 하면 원문의 의도와는 다른 내용이 전달되게 된다. 원문에서는 무생물인 April과 Winter라는 주어가 마치 살아 있는 생물인 것처럼 주체적으로 행동하여 생물과 사물들에 대해 영향력을 갖는 것으로 묘사되어 있다. 우리가 원하든 원하지 않든지 그리고 생명체들이 원하든 원하지 않든지 모든 생명체들은 자신들의 의지와는 상관없이 April이나 Winter에 지배됨을 보여주고 있다. 그러나 번역을 보면 April이나 Winter라는 주어를 바꾸어버림으로써 4월이나 겨울이 되면 일어나는 갖가지 현상들을 묘사하는 것으로 바꿔어버렸다. 세상이 4월이나 겨울에 의해 지배되는 것이 아니라 평이한 일상의 나열이 되어버려 원문이 전달하고자 하는 의미와 완전히 달라져버렸다. 원문의 의도를 더 잘 전달하기 위해서는 무생물 주어를 살려서 다음과 같이 번역할 수 있다.

> 4월은 가장 잔인한 달
> 죽은 땅에서 라일락을 피워내고
> 기억과 욕망을 뒤섞고
> 봄비로 잠든 뿌리를 뒤흔든다.
> 겨울이 오히려 우리를 따뜻하게 해주었다.
> 망각의 눈으로 대지를 덮고
> 마른 구근으로 가냘픈 생명을 유지했으니

위와 같은 변조로 인한 원문의 변형은 시뿐만 아니라 소설에서도 발생할 수 있다. 흔히 번역을 할 경우 시의 경우에는 운율 등 문체를 살리는 데 많은 주의를 기울이지만 소설을 번역할 때는 그만큼의 주의를 기울이지 않는 경향이 있다. 그러나 소설 번역 시에도 번역가의 문체에 따라 원문이 변형되는 정도가 심각할 수 있다.

영어와 한국어 간에 변조를 통한 번역이 가장 흔히 이루어지는 또 다른 예는 영어의 수동태 문장을 번역할 경우이다. 다음 예문을 보자.

The most highly anticipated Federal Reserve Chairman central banker's speech in months gave no hint of bold new initiatives from the Fed. He repeated the mantra that the "Fed has a range of tools that could be used to provide additional monetary stimulus", but there was no discussion of them and not a whiff of imminent QE3, a third round of bond buying.

위 문장에서는 수동의 의미를 가진 과거분사 anticipated와 수동문 a range of tools that could be used to가 사용되고 있다. 이를 직역하면 다음과 같을 것이다.

> 근래에 가장 기대되었던 연방준비제도 이사회 의장의 이번 연설은 연준의 새로운 특단의 조치에 대한 암시를 주지 않았다. 그는 "연준이 추가적인 통화 부양에 사용될 수 있는 다양한 수단을 가지고 있다"는 원론적인 말만을 되풀이했다. 그러나 이에 대한 구체적인 논의라든가 채권을 매입하는 등의 제3차 양적 완화정책을 곧 시행할 것이라는 데 대한 언급은 없었다.

위 번역에서 '기대되었던'이나 '사용될 수 있는'이란 표현은 한국어에서도 흔히 사용되므로 언뜻 보아서는 어색하게 읽히지 않을 수 있다. 그러나 이를 관점을 바꾸어 번역한 번역문과 비교하면 다른 점을 쉽게 알 수 있다. 관점을 바꾸어 번역하면 다음과 같이 될 것이다.

> 근래에 가장 기대를 모았던 연방준비제도 이사회 의장의 이번 연설에서는 연준의 새로운 특단의 조치에 대한 언급이 없었다. 그는 "연준이 추가적인 통화부양에 사용할 수 있는 다양한 수단을 가지고 있다"는 원론적인 말만을 되풀이했다. 그러나 이에 대한 구체적인 논의라든가 채권을 매입하는 등의 제3차 양적 완화정책을 곧 시행할 것이라는 데 대한 언급은 없었다.

위 번역문에서는 '기대되었던'이 '기대를 모으다'로, '사용될 수 있는'이 '사용할 수 있는'으로 변조가 되어 있다. 즉, 수동의미를 지닌 구문이 능동적인 의미로 바뀌어 번역되었다. '기대되었던'이라고 할 때는 '나는 연설이 기대된다'라는 구문에서처럼 의미상의 주어는 사람들이지만 '기대를 모으다'라고 할 때는 주어가 '연설'이 된다. 또한 '사용될 수 있는'이라고 할 때는 '수단'이 주어가 되지만 '사용할 수 있는'으로 바뀌면 주어가 '연준'이 되어 관점이 바뀌게 된다. 이처럼 수동문을 변조를 통해 번역한 경우와 그렇지 않은 경우를 비교해보면 변조를 한 번역이 훨씬 더 잘 읽힘을 알 수 있다.

그러나 수동문을 변조하여 능동문으로 번역하면 원문의 의도가 사라져버리거나 원치 않은 의미가 첨가되는 경우도 있다. 예를 들어, 'Iraq deployment bill has been passed'라는 문장을 보자. 이를 번역할 경우, 법안을 통과시킨 주체가 문맥상 정부가 확실할 경우 관점을 바꾸어서 '정부는 이라크 파병안을 통과시켰다'라고 번역할 수 있는데, 이럴 경우에는 원문에서 의도하지 않은 의미가 추가된다. 이 경우, 이라크 파병은 일부 국민의 저항이나 비난을 살 수 있는 사안이기 때문에 글을 쓴 저자는 파병안 통과의 책임 소재를 분명히 밝히지 않기 위해 의도적으로 '정부'를 주어로 사용하지 않고 수동태 문장을 사용하였을 수 있다. 이런 경우에는 수동태를 살려서 '이라크 파병안이 통과되었다'로 원문의 의도를 살려주어야 한다.

이와는 반대의 경우도 있을 수 있다. 예를 들어, 빌 클린턴 연설문 중에서 클린턴 재직 당시의 정부의 치적에 관해 열거하는 대목에서 "More than 3 million children have health insurance now, and more than 7 million Americans have been lifted out of poverty"라는 문장이 나오는데, 이 문장에서 and 이하는 수동태로서 의미상 주어는 정부가 된다. 능동태로 썼다면 '정부가 7백만 명 이상의 미국인들을 가난에서 벗어나게 해주었다'가 되었을 것이다. 하지만 이처럼 정부를 주어로 사용하여 내세우면 '내가 잘해서 이렇게 됐다'는 뉘앙스를 풍기기 때문에 겸손함을 전달하기 위해 수동태를 사용한 것이다. 이러한 경우에도 수동문을 살려서 '현재는 3백만 명의 아이들이 건강보험에 가입해 있고 7백만 명 이상의 미국인들이 가난에서 벗어났습니다'로 번역해야 한다.

이 밖에도 수동태를 사용하는 경우는 주어가 불분명할 경우이다. 예를 들어, 'At least five to six children among hundreds brought into that hospital die daily'란 문장의 경우, '아이들을 병원으로 실어가는' 주체가 불확실할 때 이러한 수동태를 쓸 수 있는데, 이 경우에도 수동태을 살려 '병원으로 실려 간 수백 명의 아이들 중 대여섯 명이 매일 죽어간다'라고 번역해야 한다.

이제까지 살핀 바와 같이 변조는 두 언어의 구조상의 차이로 인해 불가피할 경우, 번역투를 피하고자 할 경우 등 사용할 수 있는 번역 전략이지만 원문의 의도와는 다른 관점에서 번역함으로써 원문의 의도를 벗어나지 않도록 주의해야 한다.

연습문제

1. Read the text given below and access the type and purpose of it.
2. Discuss the strategic problems confronting the translator and outline your own strategy for translating it.
3. Translate the text into Korean.

4. Explain the main decisions of detail you made in producing your TT, paying special attention to the question of modulation.

Text 1. 다음은 미국 오바마 대통령의 취임연설 중 일부이다.

My fellow citizens: I stand here today humbled by the task before us, grateful for the trust you've bestowed, mindful of the sacrifices borne by our ancestors. I thank President Bush for his service to our nation as well as the generosity and cooperation he has shown throughout this transition. Forty-four Americans have now taken the presidential oath. The words have been spoken during rising tides of prosperity and the still waters of peace. Yet, every so often, the oath is taken amidst gathering clouds and raging storms. At these moments, America has carried on not simply because of the skill or vision of those in high office, but because we, the people, have remained faithful to the ideals of our forebears and true to our founding documents. So it has been; so it must be with this generation of Americans. That we are in the midst of crisis is now well understood. Our nation is at war against a far-reaching network of violence and hatred. Our economy is badly weakened, a consequence of greed and irresponsibility on the part of some, but also our collective failure to make hard choices and prepare the nation for a new age. Homes have been lost, jobs shed, businesses shuttered.

Text 2. 다음은 「Time」지에 실린 기사의 일부이다.

Who has time for pleasantries when the fate of Europe and the global economy is at stake? After Mario Monti, an economist with little experience in the rough world of Italian politics, was sworn in as the country's new Prime Minister on Nov. 16, German Chancellor Angela Merkel sent him a congratulatory letter that minced no words. "There are many hopes and expectations set on you", she wrote. "It would behoove you and your government to decide upon and implement decisive and significant reforms." Monti is committed to doing his best. But even if Monti lives up to his nickname — Super Mario — the crisis roiling the euro zone has become far too big for Monti, or even Italy, to solve on their own. What Monti needs most of all wasn't mentioned in Merkel's letter — much greater cooperation among the members of the monetary union and significant changes to the euro zone. The only way to save the euro is to forge a renewed monetary union based on much deeper integration. Many insist that euro-zone countries must inevitably give up more autonomy over national policies and take greater responsibility for the problems of their fellow members. But others don't necessarily see things that way, and have been reluctant to take drastic steps. As a result, a continent-wide wrestling match has broken out over who should bear the burden of rescuing the euro and what that critical balance between state and union should be.

What's paralyzing Europe is a flaw buried deep within the monetary union's structure — the unresolved conflict between the needs of the euro and the independence of its members.

2.13. 명시화 번역(Explicit Translation)

　명시화 번역은 의미를 분명하게 드러내서 번역하는 방법이다. 이는 언어 사용상의 관습상 필요한 경우와 모호한 의미를 정확하게 전달하기 위한 경우에 사용된다.

　먼저 언어사용 관습상 명시화 번역이 필요한 경우를 살펴보면, 영어의 대명사를 한국어로 번역할 경우를 들 수 있다. 영어에서는 문맥상 지칭 대상이 분명할 경우 사람이나 사물의 명칭보다는 대명사 사용을 선호하는데 한국어에서는 대명사보다는 명칭을 직접 사용하는 것을 선호한다. 그러므로 대명사를 번역할 경우에는 대명사가 지칭하는 사람이나 사물을 명시화하여 번역하는 것이 자연스러울 경우가 많다. 존 스타인벡의 『진주(The Pearl)』에 나오는 다음 텍스트를 보자.

In the town they tell the story of the great pearl - how it was found and how it was lost again. They tell of Kino, the fisherman, and of his wife, Juana, and of the baby, Coyotito. And because the story has been told so often, it has taken root in every man's mind. And, as with all retold tales that are in people's hearts, there are only good and bad things and black and white things and good and evil things and no in-between anywhere.

위 텍스트에는 대명사 they와 it이 반복해서 나온다. 대명사를 그대로 옮기기보다는 다음과 같이 명시화 번역을 하는 것이 한국어로서 자연스러울 뿐만 아니라 의미전달도 명확하다.

> 그 마을에 사는 사람들은 그 커다란 진주에 대한 이야기를 한다. - 그 진주가 어떻게 발견되었으며 또 어떻게 사라져버리게 되었는가에 대해서. 그들은 어부인 키노와 그의 아내 주애너, 그리고 그들의 아기 코요티토에 대해 이야기한다. 그 이야기는 너무도 자주 입에 오르내렸기 때문에 모든 사람들의 가슴속에 깊이 뿌리내리고 있다. 늘 입에 오르내려 사람들의 가슴속에 새겨져 있는 모든 이야기들이 그러하듯이 이 이야기에는 좋고 나쁜 것, 검고 흰 것, 선하고 악한 것만 있을 뿐 중간적인 것은 전혀 없다.

원문에서는 문맥상 의미가 명확하지만 직역을 하면 의미가 모호할 경우에도 명시화 번역을 사용한다. 다음 예를 보자.

> The most dramatic cuts have come in Eastern Europe, particularly in Latvia, where the government has cut public funding for higher education in half since 2008. Poland, Hungary and Estonia have all cut or plan to make cuts of between 4% and 7%. But it's not just the east - wealthier European nations are also feeling the bite. This month, Britain announced cuts as high as 14% to some university budgets, while both Italian and Spanish schools face reductions of around 10%.

위 문장에서 the east와 wealthier European nations는 문맥상 동유럽과 서유럽을 지칭함을 알 수 있지만 이를 한국어로 번역할 경우에는 '동유럽'과 '더 부유한 유럽 국가들'이 되어 의미가 모호해질 수 있다. 그러므로 문맥상의 의미를 드러내어 '동유럽'과 '서유럽'으로 다음과 같이 번역하는 것이 의미전달에 더 효과적이다.

가장 대대적인 재정지원 삭감은 동유럽, 특히 라트비아에서 이루어졌는데, 라트비아 정부는 2008년 이래로 대학교육을 위한 지원자금을 반으로 삭감했다. 폴란드, 헝가리, 그리고 에스토니아는 모두 지원자금을 이미 삭감했거나 4~7% 삭감할 계획이다. 그러나 이것은 동유럽의 문제만이 아니다. 서유럽 국가들도 경기침체로 인한 압박을 느끼고 있다. 이번 달 영국은 일부 대학 예산을 최고 14%까지 삭감하겠다고 발표했으며, 이탈리아와 스페인 대학들은 10%에 달하는 예산 삭감을 해야 하는 상황에 처했다.

직역할 경우 독자들이 원문과는 다른 의미로 이해할 가능성이 있는 경우에도 명시화 번역을 한다. 제인 오스틴의 『엠마(Emma)』에 나오는 다음 구절을 보자.

Sorrow came-a gentle sorrow-but not at all in the shape of any disagreeable consciousness. Miss Taylor married. It was Miss Taylor's loss which first brought grief. It was on the wedding day of this beloved friend that Emma first sat in mournful thought of any continuance.

위에서 번역상 문제가 되는 문장은 'It was Miss Taylor's loss which first brought grief'이다. 직역하면 '우선 큰 슬픔은 테일러 선생을 상실한 것이었다'가 될 것이다. '상실'이 의미하는 바는 사라지거나 관계가 끊어지거나 헤어지거나 죽는 것을 의미하므로 독자들은 텍스트를 읽을 때 이러한 여러 의미를 떠올릴 것이다. 그러나 여기에서는 헤어지는 것을 의미하므로 오해의 소지를 없애기 위해 다음과 같이 번역할 수 있다.

슬픔이 - 조용한 슬픔이 - 닥쳐왔다. 하지만 불쾌한 심정이 든 것은 전혀 아니었다. 테일러 선생이 결혼을 한 것이었으니. 우선 큰 슬픔은 테일러 선생과 더 이상 한집에 살 수 없다는 것이었다. 사랑하는 친구의 결혼식에 앉아 있을 때부터 벌써 엠마는 계속되는 슬픔에 잠겨 있었다.

명시화 번역은 또한 문학텍스트에서 문학성을 더욱 살릴 수 있는 번역전략이 될 수도 있다. 헤밍웨이의 『노인과 바다(The Old Man and the Sea)』에 나오는 다음 문장을 보자.

> But the old man always thought of her as feminine and as something that gave or withheld great favours, and if she did wild or wicked things it was because she could not help them. The moon affects her as it does a woman, he thought.

위 구절에서 번역 시 명시화 번역을 고려해야 할 문장은 'The moon affects her as it does a woman'이다. 직역하면 '달빛이 여자에게 영향을 미치듯이 바다에게 영향을 미친다'가 될 것이다. 그러나 이 같은 표현은 별로 문학적이지 않다. 여기에서 affect의 의미는 바다가 사납게 요동치게 만드는 것을 의미하므로 다음과 같이 문학성을 살려 번역할 수 있다.

> 그러나 노인은 항상 바다를 여성으로 생각했고, 큰 호의를 베풀거나 간직하고 있는 것처럼 생각했으며, 바다가 사납거나 나쁜 짓을 하는 것은 바다로서도 어쩔 도리가 없기 때문이라고 생각했다. 달빛이 여자를 동요시키듯이 바다를 동요시킨다고 그는 생각했다.

명시화 번역은 관객이 즉각적으로 이해할 수 있도록 번역해야 하는 무대용 드라마 번역의 경우에 특히 필요한 번역전략이다. 다음은 버나드 쇼의 『피그말리온(Pygmalion)』에 나오는 대사이다.

Higgins: Yes, certainly. Come in. [She comes forward.] Don't burn that, Mrs Pearce. I'll keep it as a curiosity. [He takes the hat.]
Mrs Pearce: Handle it carefully, sir, please. I had to promise her not to burn it; but I had better put it in the oven for a while.

히긴스: 물론이요. 들어오시오. (그녀가 들어온다) 그건 태우지 마시오, 피어스 부인. 기념품으로 간직하겠소. (모자를 받아든다)
피어스 부인: 조심해서 만지세요, 선생님. 그걸 태우지 않겠다고 약속해야만 했답니다. 하지만 잠깐 오븐에 넣는 게 나을 것 같아요.

위 번역문에서 이해가 되지 않는 문장은 '오븐에 넣는'다는 문장이다. 이와 같이 번역하면 모자를 왜 오븐에 넣는지 관객으로서는 이해하기 힘들다.

빅토리아시대를 배경으로 하고 있는 이 작품에서 모자의 주인공은 하층민인 꽃 파는 소녀 일라이자이다. 당시에 가난한 사람들은 목욕도 제대로 못했기 때문에 머릿니가 흔해서 모자를 오븐에 넣어 이를 죽이곤 했다고 한다. 이러한 배경을 알지 못하면 이 문장이 의미하는 바를 이해할 수가 없다. 그러므로 의미전달을 위해 명시화하여 '잠깐 오븐에 넣어 소독하는 게 나을 것 같아요'라고 번역할 수 있다.

또한 명시화 번역은 번역가의 문체와 관련된 문제이기도 하다. 예를 들어, 'I scribbled a note to my neighbor, rushed upstairs to tell my wife, and joined Holmes outside'라는 문장에 대한 다음 두 가지 번역을 보자.

나는 옆 사무실 의사에게 쪽지를 남기고 위층으로 급히 올라가 아내에게 설명한 뒤 밖에서 기다리는 홈즈에게 갔다.

나는 옆 사무실 의사에게 부탁한다는 쪽지를 써 놓고 위층으로 급

히 올라가 아내에게 사정을 설명한 뒤 밖에서 기다리고 있던 홈즈
에게 갔다.

첫 번째 번역은 쪽지의 내용에 대해서, 그리고 아내에게 설명한 내용
에 대해서 독자들이 문맥상 추측할 수 있도록 명시적으로 번역하지 않
고 있다. 반면에 두 번째 번역에서는 이러한 내용을 명시화하여 번역하
고 있다. 이러한 차이는 번역가의 특성에 기인한 것이라 할 수 있다.
　명시화 번역전략을 사용할 경우 주의할 점은 텍스트에 나타난 모
호성이 저자가 의도한 효과일 경우이다. 이러한 경우 명시화 번역을
하면 저자가 의도한 긴장감이나 문학성이 사라져버릴 수 있으므로
주의해야 한다.

연습문제

1. Read the text given below and access the type and purpose of it.
2. Discuss the strategic problems confronting the translator and
   outline your own strategy for translating it.
3. Translate the text into Korean.
4. Explain the main decisions of detail you made in producing
   your TT, paying special attention to the explicit translation.

Text 1. 다음은 영국의 일간지 「Guardian」지에 실린 기사의 일
부이다.

The unfortunate individual whose tumble down a museum staircase left three hugely valuable Chinese vases in pieces has attributed the accident to a "Norman Wisdom moment."

Nick Flynn was visiting the Fitzwilliam museum in Cambridge last month when a loose shoelace, a lack of handrails and a bit of bad luck brought about the destruction of the Qing dynasty vases, thought to be worth £100,000 in total.

Although the museum did not name the 42-year-old, he was tracked down by a Sunday newspaper and asked to recall the events of that fateful Wednesday afternoon.

Mr Flynn, of Fowlmere, Cambridgeshire, said disaster struck after he realised he had gone up the wrong staircase and swung around to come down. He trod on his untied shoelace and fell forward. "I was trying to grab hold of something but the walls were smooth marble and I couldn't stop myself", he told the Mail on Sunday.

An instant later, Mr Flynn's 6ft, 13st frame was hurtling towards the first of the vases, all of which were displayed on a windowsill. "Although [I knew] the vase would break I didn't imagine it would be loose and crash into the other two", he said. "I'm sure I only hit the first one and that must have flown across the windowsill and hit the next one, which then hit the other, like a set of dominos."

Text 2. 다음은 「The Economist」지에 실린 기사의 일부이다.

When is anything going to go right for Barack Obama in the Middle East? The president came to office hoping to deliver a two-state solution in Palestine, and wasted a lot of political capital failing to do so. He wanted dearly to put America on the right side of the Arab spring, though this entailed joining a war in one Arab country (Libya) while looking on helplessly while another (Syria) slaughtered its own citizens. Now he has been drawn into a tangle of quarrels between America's best friends in the eastern Mediterranean, from which there may be no exit. Only yesterday, or so it seems, the eastern Mediterranean was a tranquil lake, policed congenially by the American sixth fleet. Israel, Egypt and Turkey were all friends not only of the United States but also of one another. After the 2008 Gaza war between Israel and Hamas a frost settled on relations between Israel and Turkey as well. Behind the scenes, however, the governments of the three countries seemed happy to stick to their strategic understandings, leading policymakers in America to hope that this might be at least one virtuous triangle in the otherwise vicious geometry of the Middle East. No longer. On September 10th Mr Obama and his defence secretary, Leon Panetta, found themselves in frantic phone calls with Israel's prime minister, Binyamin Netanyahu, and Field-Marshal Muhammad Hussein Tantawi, the chairman of Egypt's governing council, striving to save Israel's staff in Cairo from a mob that had invaded its embassy.

2.14. 소통적 번역(Communicative Translation)

소통적 번역은 극단적인 의역의 형태로서, 정해진 상황이나 맥락에 대해 직역보다는 그에 적절한 상황에 맞는 도착어 문화권의 등가어로 대체하여 번역하는 방법으로, 비네와 다르벨네(Vinay & Darbelnet)가 말하는 등가적 번역(équivalence)에 해당된다.

소통적 번역에서는 번역의 단위가 단어나 문장이 아닌 개념이 된다. 즉, 출발어 텍스트가 갖는 같은 의미나 같은 효과를 도착어권 독자에게 전달할 수 있는 도착어 등가 개념으로 대체하는 번역기법이다. 소통적 번역은 출발어 텍스트가 그 독자들에게 전달하는 의미와 효과를 가능한 한 그대로 도착어 텍스트의 독자들에게 전달하기 위한 목적의 번역으로서 문법적 구성이나 문체적 수단이 전혀 다르지만 동일한 상황에 대한 표현인 것으로 인정될 때 사용된다.

특정 문화권에서 형성된 속담을 직역하면 도착어 문화권에서는 전혀 다른 뜻으로 이해될 수 있는데 이럴 경우 소통적 번역이 필요하다. 예를 들어, 아무리 전문가라도 때로는 실수를 할 수가 있는데 이러한 상황을 일컫는 속담으로 영어에 'Even Homer sometimes nods'라는 표현이 있다. 이를 한국어로 번역하면 '호메로스도 졸 때가 있다'가 되는데, 이렇게 번역하면 영어 문화권에서 이해되는 뜻과 다르게 이해될 수 있다. 그러므로 한국어 문화권에서 이러한 상황을 일컬을 때 사용하는 한국어 속담으로 대체하여 '원숭이도 나무에서 떨어질 때가 있다'로 번역할 수 있다. 이처럼 속담을 속담으로 대체 번역할 수도 있고, 속담을 중립적 표현을 사용하여 '아무리 숙달된 사람이라도 실수할 때가 있다'로 번역할 수도 있다.

소통적 번역은 공지(public notice) 등의 경우에도 사용될 수 있는 기법이다. 예를 들어, Lost and Found를 '잃었다 찾음'으로, No Entry 를 '입장 안 됨' 또는 '입구 아님'으로, 직역하면 어색한 도착어 표현이 되거나 의미가 모호해지게 된다. 이러한 경우에는 '유실물 센터', '출입 금지' 등으로 도착어 문화권에서 사용되는 문화 등가어로 번역하는 것이 필수적이다.

또한 소통적 번역은 대화 시 사용되는 상투적 표현이나 관용적 표현 등 직역을 하면 우스꽝스러운 번역투(translationese)가 될 경우에 필수적이다. 예를 들어, wasp waist를 '말벌 허리', wisdom tooth를 '지혜의 이'라고 글자 그대로 번역하면 과잉번역(over translation)이 되어버린다. 도착어 문화권에서 이러한 상황에 대해 일컫는 표현으로 대체하여 '개미허리', '사랑니' 등으로 번역하는 것이 소통적 목적을 위해 필요하다.

그러나 이처럼 출발어 텍스트에 사용된 속담이나 관용어를 도착어 문화권의 등가어로 대체 번역하는 것은 출발어 텍스트의 문체를 유지하고 소통적 효과를 달성할 수 있는 이점이 있기는 하지만 직역을 함으로써 얻을 수 있는 이국적 정서의 전달이나 외국 문화에 대한 새로운 정보나 지식을 전달할 수 없다는 단점이 있다.

영국 BBC에서 방송 중인 스케치 코미디 프로그램인 <The Sketch Show>에 대해 소개하고 있는 다음 내용을 보자.

A back-to-basics sketch show with a refreshingly traditional approach. The talented cast had cut their teeth on stage or in other TV shows and were assembled here in the way that such teams had been gathered in the past, with an eye to those who were adept at performing both individually and in combinations.

'to cut one's teeth on'는 '어릴 적부터 경험을 쌓다'라는 뜻이지만 '어릴 적부터 경험을 쌓아온……'으로 번역하면 의미는 전달되지만 저자의 관용적 표현을 씀으로써 생생함을 더해주는 문체에 있어 번역상의 손실이 발생한다. 그러므로 이러한 상황에서 사용되는 한국어의 관용적 표현인 '--에서 잔뼈가 굵다'라는 표현으로 소통적 번역을 하면 저자의 문체도 살리고 의미전달도 할 수 있는 장점이 있다. 그러나 영어권에서는 어떤 일에 있어 어릴 적부터 경험을 쌓아왔다는 뜻으로 '이가 자라나다'라는 표현을 쓴다는 정보를 독자들에게 전달하지 못하는 손실이 발생하는 것이다.

특히 문학이나 광고 번역의 경우, 그 나라 고유의 문화나 이국적 정서를 전달하는 번역이 필요할 경우가 있는데, 이럴 경우에는 직역과 주석을 곁들인 문헌학적 번역이나 텍스트 내에 이국적 표현에 대한 정보를 추가하여 독자들에게 의미를 전달하는 추가 번역기법을 사용할 수 있다. 즉, 영어 속담에 '호메로스도 졸 때가 있다'라는 식으로 '영어 속담에……'라는 표현을 추가하는 등, 도착어권 독자에게 이국적인 표현을 사용하고 있음을 우회적으로 표시하는 장치를 강구한다.

특히, 소통적 번역은 영상번역이나 무대용 희곡 번역 시 주의해서 사용해야 한다.

Monica: Wait a minute, who told you?
Chandler: I didn't know it was a big secret.
Monica: Oh, it's not a big, not at all.
You are dead meat.

모니카: 잠깐, 누가 말했어?
챈들러: 그게 극비였던가?

모니카: 아니야, 큰일 아니야, 신경 쓰지 마.
　　　　 오늘이 니 제삿날이다.

'You are dead meat'을 직역하지 않고 한국어 문화권에서 그러한 상황에 사용되는 등가적 표현을 사용하여 '오늘이 니 제삿날이다'로 대체하고 있다. '제사'는 한국 문화권에만 있는 행사가 아니므로 이 등가적 표현의 번역은 크게 무리가 없어 보인다.

그러나 외국인이 스크린이나 무대에 등장하는 영상번역이나 무대용 희곡을 번역할 때는 토속적인 표현이 들어간 등가어로 대체하는 것은 피해야 한다. 다음 예문을 보자.

Biff: I don't know, I didn't even see him, yet, but-
Willy: Then what're you talkin' about?
Biff: (getting angry) Well, all I said was I'm gonna see him, that's all!
Willy: (turning away) Ah, you're counting your chickens again.
Biff: (starting left for the stairs) Oh, Jesus, I'm going to sleep!

비프: 모르겠어요. 아직 만나지도 않았으니까요.
윌리: 그럼 지금 네 얘기는 무슨 얘기냐?
비프: (화가 나서) 단지 그 사람을 만나 보겠다는 거예요. 그뿐이
　　　 라구요.
윌리: (등을 돌리며) 너 또 떡 줄 사람은 생각도 않는데 김칫국부
　　　 터 마시는구나.
비프: (층계를 향해 왼쪽으로 가며) 빌어먹을, 잠이나 자야지.

위 예문에서는 'you're counting your chickens again'을 '떡 줄 사람은 생각도 않는데 또 김칫국부터 마시는구나'라는 도착어권의 등가어로 대체하여 번역하고 있다. 떡과 김치라는 한국 고유의 문화소(cultureme)가 들어가 있기 때문에 소통적 번역임과 동시에 문화대체

번역이 된다. 그러나 무대나 영상 속의 인물은 외국인인데 대사는 전적으로 한국인이나 사용할 법한 표현을 하는 것은 서로 일치가 되지 않는다. 이러한 번역은 상황이나 맥락에서 벗어날 뿐만 아니라 출발어 문화권에 대한 이해나 지식이 없는 독자/관객들은 마치 그쪽 문화권에서도 김치가 일반적이며 그러한 표현이 자주 사용되는 것인 것처럼 착각하게 만드는 문화 왜곡의 우려도 있다. 그러므로 이처럼 상응하는 도착어 문화권의 등가어가 있을지라도 도착어 문화권 특유의 문화소가 들어가는 표현은 주의해서 사용해야 한다. 이러한 경우 전체적인 맥락에서 벗어나지 않으면서도 의미를 전달할 수 있는 다른 번역전략을 선택할 수 있다. 즉, '까지도 않은 병아리를 세고 있구나' 라는 직역이나 '떡 줄 사람은 생각도 않는데 김칫국부터 마시는구나' 라는 소통적 번역보다는 '또 헛된 기대를 하고 있구나', '또 턱도 없는 희망에 부풀어 있구나', 또는 '또 어림도 없는 기대를 하고 있구나' 등의 여러 가지 중립적 표현을 고려해볼 수 있다. 이러한 번역전략의 선택은 텍스트 유형과 번역의 목적에 따라 번역가가 결정해야 한다.

연습문제

1. Read the text given and access the type and purpose of it.
2. Discuss the strategic problems confronting the translator and outline your own strategy for translating it.
3. Translate the text into Korean.
4. Explain the main decisions of detail you made in producing

your TT, paying special attention to the communicative translation.

Text. 다음은 「The Washington Times」에 실린 논설의 일부이다.
Impatience has served us reasonably well in the past, but it could be the death of us now. Because beating Saddam's army is not the end of the war, but the beginning of it. The media complain that we have stirred up a hornet's nest of terrorists by going into Iraq. But that's the point. To kill the hornets, one has to go where the hornets are. We have to subdue and transform the Middle East — or accept it as a permanent breeding ground for terrorism. We have to transform a culture. We have never done such a thing before, with the dissimilar exception of Japan, but with patience, persistence and an iron will, we might succeed. September 11 should have taught us that we have no choice.

Those who say we should turn over responsibilities to an international set (who are already mentally committed to appeasing the terrorist culture) are impatient not for success, but for a nightmare world of biologically - and nuclear - armed jihadists. The United Nations, France and the rest will never support going after the terrorists in Syria, Iran or Saudi Arabia — although one way or the other, it will take that to be successful. If others want to help, good. But we must keep our fate in our own hands. That will take an untypical American patience. We had best start teaching it to our children — because success will take that long.

2.15. 문화대체 번역(Cultural Transplantation)

문화대체 번역이란 직역을 했을 경우 수용문화에 그것을 이해할 만한 경험이 없을 경우 수용문화권의 것으로 대체 번역하는 것을 말한다. 즉, 출발어 텍스트의 표현이 나타내는 것과 똑같은 상황이 존재하지 않아 이해가 불가능할 경우 그와 유사한 상황에 대한 표현으로 대체하는 것으로서 자국화(domestication) 번역의 한 예이다.

비네와 다르벨네는 이러한 경우를 '순응번역(adaptation)'이라고 말한다(이들이 말하는 adaptation은 '번안'과는 다른 의미이다). 문화대체 번역은 어휘, 구, 메시지 차원 등 여러 차원에서 이루어질 수 있다.

어휘 차원의 예로서 눈(snow)의 경우를 들 수 있다. 흔히 아주 흰색을 표현할 때 눈에 빗대어 '눈처럼 흰(white as snow)'이라는 표현을 사용하는데, 눈(snow)이 내리지 않아 눈을 본 적도 없고 '눈'에 대한 개념도 없는 문화권의 사람들을 대상으로 번역할 경우 이를 직역하여 '눈처럼 흰'이라고 하면 이해가 불가능한 번역이 되어버린다. 그러므로 그곳 문화권에서 흰 눈에 상응할 만한 대상을 찾아서 대체 번역을 할 수가 있다. 예를 들면, 도착어 문화권에서 아주 흰색을 빗대어 얘기할 때 도자기에 비유한다고 한다면, 흰 도자기에 비유하여 '백자처럼 흰'으로 대체 번역을 할 수가 있다.

또 다른 예로서 'God'의 경우를 예로 들 수 있는데, 우리나라 근대화 초기에 God이라는 단어에 대한 번역을 보면 '한우님'이나 '하느님' 등으로 번역한 것을 볼 수 있다. 이는 God이라는 유일신에 대한 개념이 없는 한국인들을 대상으로 하여 문화대체 번역을 한 예이다.

즉, '하느님'에 대한 사전적 의미를 보면 1955까지만 해도『우리말 큰사전』에 기독교적인 유일신의 의미가 없었다. 당시의 사전을 보면 하느님이란 "명명한 가운데 존재하여 세상에 영욕, 화복을 맡고 천지만물을 주재한다고 하는 영체, 하늘, 상제, 천제, 황천(皇天)"을 지칭하는 단어였다. 이는 우리 조상들이 믿어왔던 범신론적인 의미에서의 신이었지 기독교에서 말하는 '여호와'의 의미는 없었다. God을 번역하는 과정에서 이에 대한 마땅한 등가어가 한국 문화권에 없었기 때문에 한국 문화권 사람들의 입에 자주 오르내리는 '하느님'이란 표현으로 대체 번역한 것이다.

Stocking이란 말에 대한 번역 역시 초기에는 '구두버선'이라고 번역된 예를 볼 수 있는데 이 역시 문화대체 번역의 예이다. 이제는 일상화된 양말(洋襪)이란 단어는 이러한 문화대체 번역과정을 거쳐 정착된 단어이다. 원래 버선을 한자로 말(襪)이라고 썼는데, 양말이란 서양식 버선이란 의미이므로 엄밀한 의미에서는 정확히 같은 대상을 지시한다고 할 수 없지만 이제는 말(襪)이라는 단어에 담긴 '버선'의 의미가 사라지고 서양식 양말을 지칭하는 단어로 정착된 경우이다.

구(句)의 차원에서 이루어지는 문화대체 번역은 'a piece of cake'을 '누워서 떡먹기'로 번역하는 경우, 메시지 차원의 예는 앞에서 언급한 'you're counting your chickens again'을 '떡 줄 사람은 생각도 않는데 또 김칫국부터 마시는구나'라고 번역한 경우나, 'A loaf of bread is better than the song of many birds'를 '금강산도 식후경'으로 번역한 경우를 들 수 있다.

메시지 차원에서 이루어지는 문화대체 번역의 또 다른 예로서 농담을 들 수 있겠다. 예를 들어, 영국인들은 아일랜드인들에 대해 술을 잘 마시고 싸움을 잘한다는 편견을 가지고 있는데, 이러한 편견을 담아 아일랜드인을 대상으로 농담을 할 경우가 있다. 이를 한국어로 번역하는 과정에서 한국인들은 동남아 노동자들에 대한 편견을 가지고 있다는 점에 착안하여 아일랜드인을 동남아 노동자로 바꾸어 번역하는 경우가 문화대체 번역이다. 하지만 이 같은 문화대체 번역 역시 주의해야 한다. 출발어 문화권에 대해 모르는 독자들에게 잘못된 생각과 믿음을 심어줄 수 있기 때문이다. 독자들에게 '영국인들은 동남아 노동자를 대상으로 농담을 즐기는구나'라는 잘못된 생각을 심어줄 수 있기 때문이다.

문화대체 번역은 극단적인 의역으로서 특별한 경우가 아니고서는 권장되지 않는 번역기법이다. 예를 들어, 소설을 번역할 경우 인물과 배경은 이국적인 것 그대로인데 갑자기 도착어 문화권의 요소가 끼어들면 전체적으로 조화를 이루지 못하는 부자연스런 텍스트가 되고 만다.

한국어로 여러 차례 번역 소개된 『워더링 하이츠』에 나오는 다음 내용에 대한 번역을 보자.

The latter had never been underdrawn: its entire anatomy lay bare to an inquiring eye, except where a frame of wood laden with oatcakes, and clusters of legs of beef, mutton, and ham, concealed it.

천장은 처음부터 되어 있질 않아 자세히 쳐다보면 천장 속이 그대로 들여다보이고, 귀리떡과 쇠고기 다리와 양고기, 그리고 돼지고기가 듬성듬성 놓인, 나무로 짠 시렁으로 그 일부분이 감추어져 있을 뿐이었다.

　아마 독자들이 귀리케이크를 알지 못하리라는 염려에서 한국 문화
권에서 익숙한 '떡'으로 바꾼 것 같다. 그러나 작품의 배경과 인물들
은 그대로 둔 채 특정 어휘만을 한국 토속적인 요소로 바꿈으로서 전
체적인 맥락에서 벗어난 어색한 번역이 되고 말았다.

　문화대체 번역은 생소한 문화에 대한 이질감을 없애고 친숙한 느
낌을 줌으로써 몰입감을 더해주고 아이들이 쉽게 이해할 수 있도록
하기 위해 아이들을 위한 동화나 우화 번역에서 자주 사용되어온 번
역기법이기도 하다.

　안데르센 동화에 나오는 「The Goblin and the Huckster」에 대한
번역의 일부를 보자.

> THERE was once a regular student, who lived in a garret, and had
> no possessions. And there was also a regular huckster, to whom the
> house belonged, and who occupied the ground floor. A goblin lived
> with the huckster, because at Christmas he always had a large dish
> full of jam, with a great piece of butter in the middle. The huckster
> could afford this; and therefore the goblin remained with the
> huckster, which was very cunning of him.
>
> 어느 다락방에 가난한 대학생이 살고 있었다. 그 집 1층에는 집주
> 인인 도붓장수가 살았다. 그런데 그 집에 사는 도깨비는 도붓장수
> 에게 붙어살았다. 크리스마스 때면 언제나 커다란 버터가 든 잼을
> 한 접시씩 얻어먹을 수 있었기 때문이다. 그래서 도깨비는 교활하
> 게도 더 부자인 도붓장수에게 붙어서 산 것이다.

　고블린(goblin)을 한국 문화권에 친숙한 도깨비로 대체해서 번역하
고 있다. 고블린은 민담(民譚)에 등장하는 짓궂고 추한 난쟁이 모양을

한 정령으로 숲속이나 동굴 속에서 산다고 한다. 옛날 유모들은 아이들이 잠을 자려 하지 않으면 "고블린이 잡아먹으러 온다"라고 하며 아이들을 재웠다고 한다. 고블린은 여자들이나 아이들을 데려가 땅속에 가두기도 하고, 가는 실로 악몽을 짜서 잠자는 사람의 귀 속에 집어넣기도 하고, 사람을 먹기도 하며, 또 여자 고블린들은 고블린 아기를 인간의 아기와 바꿔치기도 하는 등, 여러 가지 능력을 가진 것으로 묘사된다.

한편 도깨비는 한국인들에게 친숙한 기이한 재주를 가진 귀신으로서 보통 사람이나 동물의 형상을 하고 나타나거나, 불분명한 형체로 도깨비불을 켜고 나타나는 것으로 알려져 있다. 도깨비는 고블린과 마찬가지로 악한 일을 하기도 하지만 장난기가 심하여 사람들을 희롱하기도 하고 신통력이 있어 금은보화를 가져다주는 것으로 묘사된다.

이처럼 고블린과 도깨비는 서로 다른 문화권에 존재하지만 그 하는 일이 비슷하므로 문화대체 번역을 함으로써 아이들이 쉽게 텍스트를 이해하도록 돕고 있다.

이와 같은 문화대체 번역의 예는 우리가 어렸을 때부터 익히 읽고 자라온 이솝우화의 번역에서도 볼 수 있다. 이솝우화에 나오는 「The Man, Hermes and the Axes」란 내용의 일부를 보자.

A man who was cutting wood on a riverside lost his axe in the water. There was no help for it. So he sat down on the bank and began to cry. Hermes appeared and inquired what was the matter. Feeling sorry for the man, he dived into the river, brought up a gold axe, and asked him if that was the one he had lost.

강에서 나무를 하던 나무꾼이 강물에 그만 도끼를 빠뜨리고 말았다. 달리 손을 쓸 방도가 없어서 나무꾼은 강둑에 주저앉아 울음을 터뜨렸다. 산신령이 나타나서 어찌된 일이냐고 물었다. 나무꾼의 사연을 듣고 딱하다는 생각이 든 산신령은 강바닥으로 잠수해 들어가더니 금도끼를 들고 나와서 바로 그 도끼가 나무꾼의 도끼냐고 물었다.

위 텍스트에서는 헤르메스를 우리 문화권에 친숙한 산신령으로 번역하고 있다. 헤르메스는 그리스신화에 나오는 올림포스 12신 중 하나로서, 신들의 의사를 전달하는 사자(使者)의 역할을 하는 신이다. 또한 가축의 증식을 관장하는 부와 행운의 신, 길을 지배하는 나그네의 수호신, 그리고 죽은 자를 지하세계로 인도하는 신이기도 하다.

반면에 산신령은 산을 지키는 신령으로 산속에서 일어나는 모든 일을 관장한다는 신이다. 이 둘 사이에는 별다른 공통점이 없지만 아이들의 이해를 쉽게 하도록 문화대체 번역을 한 경우이다.

일반적인 번역 관례는 문화대체 번역이나 극단적인 이국풍의 번역은 피하고 절충적 방식을 취하는 것이 보통이지만 이처럼 텍스트의 번역 목적에 따라 자국화 번역을 하는 경우도 있다. 특히 어린이들을 대상으로 하는 번역의 경우에 자국화하는 경우가 많다.

2.16. 번안(Adaptation)

번안(adaptation)이란 원작의 뼈대가 되는 플롯은 그대로 두되 인물, 상황, 배경 자체를 수용 문화권의 독자나 관객이 쉽게 이해할 수 있도록 수용 문화권의 인물, 상황, 배경으로 바꾸고 세부적인 에피소드나 소재 또한 바꾸는 경우이다. 서로 문화적 관점이 아주 다르거나 생소해서 도착어 문화권에서 공감대를 형성하기 어려울 때, 또는 가치관, 이데올로기, 내러티브 관습이 다를 때 도착어 문화권에 맞추어 다시 각색하는 경우가 많다.

한국 문학사에서 근대 초기에 한국 독자들의 많은 사랑을 받은 번안작품의 예는 조중환(趙重桓)의 『장한몽』을 들 수 있다. 이수일과 심순애의 사랑 이야기를 다룬 이 소설은 연극으로도 공연되어 한국 연극사에서 신파극의 대명사로도 불리는데, 원작은 일본 작가 오자키 고요(尾岐紅葉)가 쓴 『곤지키야샤(金色夜叉)』이다.

또 다른 번안의 예로는 프랑스의 작가 피에르 쇼데를로 드 라클로(Pierre Choderlos de Laclos)의 서간체 소설 『위험한 관계(Les Liaisons Dangereuses)』(1782)를 토대로 한 영화 <스캔들-조선 남녀 상열지사>를 들 수 있다. 원작의 배경이 되는 18세기 프랑스를 번안에서는 조선시대로 바꾸고, 프랑스 귀족사회를 조선시대 양반사회로 바꾸어 각색한 작품이다.

또한 뮤지컬로 한국에서 공연된 바 있는 <헤이걸> 역시 번안작품이다. 이 작품은 체르노빌 방사능 유출사건을 계기로 영국에서 공연되었던 <It's a girl>을 번안, 각색한 것인데 이 같은 각색의 이유에 대해 관계자는 원작을 그대로 공연하기에는 많은 무리가 있었기 때문이라고 했다. 우선 서양의 문화적 관점은 우리의 정서에 맞지 않아 공감대를 형성하는 데 어려움이 따랐고, 가장 큰 문제는 배경이었다고 한다. 그래서 원작의 뼈대는 그대로 두되 상황 자체를 우리가 쉽게 접할 수 있는 것으로 바꾸어 한국판 <It's a girl>로 재구성된 것이다.

번안은 통상적인 번역과는 또 다른 여러 가지 기술이 필요하므로 이에 대해서는 다른 기회에 자세히 다루기로 한다.

3. 문장부호의 번역(Translation of Punctuations)

문장부호는 글의 의미를 효과적으로 전달하고 가독성을 높이기 위해 사용하는 부호들이다. 이러한 부호들은 문장 내에서 단어와 문장들을 구분 짓는 기능을 할 뿐만 아니라 단어와 문장들 간의 의미관계를 나타내고 의미결정에 영향을 미치기도 한다. 그러므로 각 문장부호가 갖는 기능에 대해 잘 알지 못하면 텍스트의 이해에 큰 영향을 미칠 수 있다.

이 장에서는 영어에서 사용되는 문장부호를 중심으로 문장부호의 기능에 따라 어떻게 번역이 이루어져야 하는지에 대해 다룬다.

영어의 문장부호는 17세기까지만 해도 지금과 같은 다양한 기능을 가지고 있지 않았다. 당시에는 문장부호가 글의 의미에 영향을 주는 요소가 아니었다. 원래 영어의 문장부호는 그리스인들과 로마인들이 사용하던 점(dot)이라든가 사선(slash)에서 비롯되었는데, 그리스인들과 로마인들이 사용한 문장부호는 문법적 기능이나 문장의 의미와는 관련이 없었다. 단지 수사적인 패턴에 따라 텍스트를 구분한다든가 텍스트를 소리 내어 읽을 때 멈춰야 할 부분과 숨을 쉬어야 할 부분을 나타내는 기능에 그쳤다. 영어의 문장부호가 오늘날과 같은 기능을 갖게 된 것은 17세기 말이다. 17세기 말에 영어에는 문법, 철자, 대문자 사용과 같은 규칙이 생기기 시작했는데, 문장부호 또한 그 시기에 문법적 체계를 갖추게 된 것이다.

영어문장을 이해하고 번역을 하는 데 있어서 이러한 문장부호의 문법적 체계를 이해하고 문장의 의미에 영향을 주는 기능을 이해하는 것은 매우 중요하다 하겠다. 여기서는 번역 시 알아야 할 영어의 문장부호들에 대해 하나씩 자세히 살펴보고 그 번역방법에 대해서 알아보기로 한다. 각 문장부호에 대응하는 번역방법은 일정하게 정해진 규칙이 없으며 문맥에 따라 번역방법을 선택해야 하므로 가능한 한 많은 실제 번역 사례들을 통해 그 방법론을 알아보기로 하자.

3.1. 콜론(:)

영어의 콜론은 한국어의 쌍점에 해당한다. 그러나 영어의 콜론과 한국어의 쌍점은 그 기능과 사용에 있어서 차이점이 많다. 표준국어대사전에 따르면 한국어에서 사용되는 쌍점의 용법은 다음과 같다. 첫째, 쌍점은 내포되는 종류를 열거할 때 사용한다. 예를 들면, 다음과 같다.

> 셰익스피어 4대 비극: 햄릿, 맥베스, 리어왕, 오셀로
> 문장부호: 마침표, 물음표, 쉼표, 느낌표, 쌍점, 쌍반점, 빗금, 줄표 등

둘째, 쌍점은 소표제 뒤에 다음과 같이 간단한 설명이 붙을 때 사용한다.

> 일시: 2016년 12월 15일 10시
> 장소: 국회의사당

셋째, 쌍점은 저자명 다음에 저서명을 적을 때 사용한다.

정약용: 목민심서, 경세유표

넷째, 쌍점은 다음과 같이 시(時)와 분(分), 장(章)과 절(節) 따위를 구별할 때나 둘 이상을 대비할 때 사용한다.

오전 10:20(오전 10시 20분)
요한 3:16(요한복음 3장 16절)
대비 65:60(65 대 60)

영어의 콜론 역시 한국어의 쌍점과 마찬가지로 특정한 형식을 나타내는 기능을 가지고 있다. 예를 들어, 다음과 같이 시간을 나타낼 때, 성경 구절을 나타낼 때, 편지의 첫머리에 인사말을 쓸 때, 그리고 제목 다음에 소제목을 쓸 때 콜론을 사용한다.

시간을 나타낼 때: Arrives at 11:45
성경 구절을 나타낼 때: Nehemiah 11:7
편지의 인사말: Dear Ms. Brown:
제목 다음의 소제목: Recasting America: Culture and Politics in the Age of Cold War

그러나 영어의 콜론은 이보다 훨씬 더 많은 기능을 가지고 있다. 다음의 기능들을 나타내는 콜론을 한국어로 번역할 때는 콜론을 그대로 사용해서는 안 되며 콜론의 자리에 마침표 또는 온점을 사용하거나 문맥에 따라 부사나 접속사를 첨가하여 번역해야 한다. 한국어의 쌍점과 다른 콜론의 기능을 살펴보면 다음과 같다.

먼저 콜론은 콜론 앞에 나온 절의 내용과 뒤에 나온 내용이 밀접한 관련이 있음을 나타내는 기능을 한다. 앞에 나온 내용에 대해 설명하거나 다른 말로 다시 고쳐 말하거나 상세한 설명을 덧붙일 때 콜론을 사용하는데, 이때 콜론은 콜론 다음에 나오는 내용이 앞 내용을 요약한 것이거나 상세한 설명임을 나타내는 기능을 한다. 다음 예를 보자.

This illiberal turn in attitudes to migration is no surprise. It is the result of cyclical economic gloom combined with a secular rise in pressure on rich countries' borders. But governments now weighing up whether or not to try to slam the door should consider another factor: the growing economic importance of diasporas, and the contribution they can make to a country's economic growth.

이민에 대해 이처럼 반자유적인 태도로 돌아선 것은 놀라운 일이 아니다. 이는 주기적인 경기침체와 더불어 부국(富國)들의 국경강화에 대한 대중의 요구가 커진 결과이다. 그러나 이민자들에 대해 문을 닫을지 말지를 고민하고 있는 국가들은 또 다른 요소를 고려해봐야 한다. 바로 이민자들의 경제적 중요성이 점점 증가하고 있다는 점과 그들이 국가의 경제성장에 기여할 수 있다는 점이다.

위 예문에서 콜론 다음에 나오는 내용은 콜론 앞에 나온 another factor가 무엇인지에 대해 구체적이고 상세하게 설명하고 있다. 문장이 another factor로 끝났다면 내용에 있어서 미진함이 남았을 것이다. another factor가 지칭하는 것이 무엇인지에 대한 구체적인 내용이 없어 막연하기 때문이다. 그러므로 텍스트에서 말하는 another factor가 어떤 것인지에 대해 구체적으로 밝히기 위해 another factor에 해당하는 내용을 콜론 뒤에서 설명하고 있다. 이 경우 콜론은 another factor의 앞과 뒤에 나온 내용이 밀접한 관련이 있음을 나타내는 기능을 하고 있다. 이 텍스트의 번역문에서는 콜론을 마침표로 번역하고 콜론

다음에 이어지는 문장 앞에 '바로'라는 부사어를 추가함으로써 앞 문
장과의 관련성을 드러내주고 있음을 알 수 있다.

콜론이 사용된 또 다른 예를 보자.

In using the word 'Father' Jesus is suggesting forcefully that one
should not think of God as an abstraction, but as a person, and not
as a distant, unapproachable one at that, but as a person having the
attributes associated with a father-figure: head of the household,
strict, caring, loving, provident, and so on.

'아버지'라는 말을 사용함으로써 예수는 하느님을 추상적 개념이
아니라 인간으로, 더 나아가 가까이 다가갈 수 없는 먼 존재가 아
니라 아버지라는 인물, 즉 엄하고 보살핌을 주고 애정을 주고 앞
날을 대비하는 가장(家長)의 속성을 지닌 인간으로 생각해야 한다
는 사실을 효과적으로 전달하고 있다.

앞의 예문에서와 마찬가지로 여기에서도 콜론은 father-figure가 가
지고 있는 속성과 그 속성의 구체적인 내용을 연결하는 기능을 하고
있다. 여기서는 앞의 예문에서와는 달리 콜론을 마침표로 번역하지
않고 '즉'이라는 부사를 사용하여 앞뒤 어구의 연결관계를 드러내어
번역하고 있다.

상세한 설명을 덧붙일 때 사용되는 콜론이 마침표나 부사가 아닌
다른 형태로 번역될 수도 있다.

The damages were staggering: $1,948,000 in medical bills and
$74,000 in lost wages.

피해액이 어마어마하여 치료비가 1,948,000달러에, 받지 못한 급
료가 74,000달러나 되었다.

위 문장에서 콜론은 staggering과 뒤에 나온 staggering에 해당하는 구체적인 내용을 연결해주는 기능을 한다. 여기서는 콜론이 '어마어 마하여 -가 되었다'라고 한 문장으로 번역되어 있다. 이처럼 같은 기능을 하는 콜론이라도 문맥에 따라 다른 형태로 번역될 수 있음을 알 수 있다.

영어의 콜론은 열거를 할 때도 사용되는데, 이 같은 용법으로 사용될 경우에는 콜론 앞의 문장에 as follow나 the following과 같은 어구가 포함될 수 있다.

We have visited the following countries: France, Italy and Spain.

우리는 프랑스, 이탈리아, 스페인과 같은 나라들을 방문했다.

That 'literary population' came to include some of the greatest names in the history of the novel: Dickens, Thackerary, Bulwer-Ltton and Robert Louis Stevenson in Britain; Hugo, Dumas, Merimee, de Vigny, and Balzac in France; Manzoni in Italy.

그러한 '문필가들' 속에 소설의 역사에서 거론되는 중요한 작가들도 포함되게 되었다. 바로 영국의 디킨스, 새커리, 불워-리턴, 로버트 루이스 스티븐슨, 프랑스의 위고, 뒤마, 메리메, 드 비니, 발자크, 그리고 이탈리아의 만초니였다.

위에서 첫 번째 예문은 the following이란 어구가 사용된 경우이고 두 번째 예문에서는 그러한 어구 없이 콜론을 사용하고 그 뒤에 내용을 나열하고 있다. 위에서 보는 바와 같이 콜론은 한 문장으로, 또는 마침표를 사용하여 두 문장으로 번역될 수 있다.

콜론은 또한 두 개의 독립절을 연결할 때 사용할 수 있는데, 앞에 나온 독립절이 뒤에 나온 독립절에 대한 도입부의 기능을 하거나 두 개의 독립절이 서로 인과관계를 가질 경우에 콜론을 사용할 수 있다. 이 경우 콜론은 마침표로 번역하거나 문맥에 따라 두 문장을 하나로 연결하여 번역할 수 있다. 대부분 앞에 나온 독립절이 도입부의 기능을 할 경우에는 콜론을 마침표로 번역하는 것이 자연스러울 때가 많다.

> The DNA evidence is vital: it is our only proof that the defendant was at the scene.

> DNA 증거는 매우 중요하다. 피고가 현장에 있었다는 사실을 확인할 수 있는 유일한 증거이기 때문이다.

> The want of fresh air does not seem much to affect the happiness of children in a London alley: the greater part of them sing and play as though they were on a moor in Scotland.

> 신선한 공기가 부족하다는 것은 런던 뒷골목에 사는 아이들의 행복에 별 영향을 미치는 것 같지는 않다. 대다수의 아이들은 마치 자신들이 스코틀랜드의 황야에나 있는 듯이 노래하고 뛰놀곤 하기 때문이다.

위의 두 예문에서는 콜론 앞에 나온 독립절들이 도입부의 역할을 하고 있으며 콜론은 마침표로 번역이 되어 있다. 하지만 콜론이 인과관계를 나타내는 기능을 할 경우에는 다르게 번역될 수 있다.

> The gasoline truck hit the wall: the gasoline explosion killed the driver.

> 가솔린 트럭이 벽을 들이받는 바람에 폭발하여 운전자가 사망했다.

위 예문에서는 인과관계를 반영하여 콜론을 '바람'이라는 의존명사를 사용하여 한 문장으로 연결하여 번역하고 있다.

콜론은 긴 내용을 인용할 경우에도 사용된다. 일반적으로 짧은 내용을 인용할 때는 쉼표(,)가 사용되지만 긴 내용을 직접 인용할 경우에는 콜론을 사용한다.

She invoked the words of Abraham Lincoln: "The Lord prefers common-looking people. That is the reason He makes so many of them."

그녀는 "신은 평범한 사람들을 좋아한다. 그래서 평범한 사람들을 그렇게 많이 만든 것이다"라는 아브라함 링컨의 말을 인용했다.

As George Saintsbury put it: "In a few years the whole of Europe was greedily reading historical novels, and a very considerable part of the literary population of Europe was busily writing them."

조지 세인츠버리(George Saintsbury: 1845～1933, 영국의 문학사가, 비평가)가 설명하듯이 "몇 년이 지나지 않아 전 유럽이 역사소설을 탐독하였으며, 유럽의 문필가들 상당수가 역사소설을 쓰기에 바빴다."

William Shakespeare once said: "There is nothing either good or bad, but thinking makes it so."

윌리엄 셰익스피어는 이렇게 말한 적이 있다. "그 어떤 것도 좋거나 나쁜 것은 없다. 생각이 그렇게 만들 뿐이다"라고.

위 예문의 번역에서 보듯이 직접인용문 앞에 나온 콜론의 번역방법은 다양하다. 인용문을 문장의 중간에 삽입하거나 뒤쪽에 위치시켜 한 문장으로 번역할 수도 있고 마지막 예문에서처럼 두 문장으로 분리시켜 번역할 수도 있다.

3.2. 세미콜론(;)

영어에서 자주 사용되지만 한국어 문장에서는 사용되지 않는 또 다른 문장부호 중의 하나는 세미콜론(;)이다. 한국어로 쌍반점이라고도 하는 이 문장부호는 쉼표(comma)나 마침표(period)만큼 자주 쓰이지는 않지만 두 개의 문장이 문법적으로는 다르지만 의미상으로 밀접히 연결되어 있을 때 마침표 대신 사용하는 경우가 많다. 이 경우, 콜론의 경우와 마찬가지로 세미콜론 대신 마침표를 사용해도 되겠지만, 마침표가 많으면 글이 이어지지 않고 자주 끊어지는 느낌을 주기 때문에 이러한 느낌을 피하기 위해서 마침표 대신 콜론이나 세미콜론을 사용하기도 한다. 다음 예를 보자.

> The ship began a slow plunge; the rain swept over her like a broken sea; my cap flew off my head; my breath was driven back into my throat. I heard as if I had been on the top of a tower another wild screech, "Geo-o-o-orge! Oh, jump!"

> 배가 물속으로 서서히 가라앉기 시작했어요. 물보라를 일으키는 파도처럼 비가 배를 덮쳤지요. 머리에 썼던 모자가 날려갔어요. 숨이 목구멍으로 밀려들어갔지요. 마치 탑 꼭대기에서 듣는 것처럼 거칠고 날카롭게 소리치는 목소리가 또 다시 들려왔어요. "조-오-오-지! 뛰어내려!"

사실상 위 예문에서는 세미콜론의 자리에 마침표를 사용할 수도 있었을 것이다. 하지만 마침표를 사용했다면 짧은 문장들이 계속 이어져 글이 너무 토막 난 느낌을 주고, 작품 속에서 벌어지고 있는 상황이 계속 이어지지 않고 끊기는 느낌을 주었을 것이다. 필자는 세미콜론을 사용함으로써 이러한 토막 난 느낌을 절충한 것이라 볼 수 있다. 한국어에는 세미콜론이 없으므로 번역에서는 세미콜론의 자리에 마침표를 사용하여 급박한 상황을 표현하고 있다.

세미콜론의 또 다른 기능은 접속사를 사용하지 않고 두 개의 독립절을 연결하는 기능이다. 세미콜론을 이러한 기능으로 사용할 경우에는 두 개의 문장이 밀접한 관련이 없을 때는 세미콜론을 사용해서는 안 된다. 이때 세미콜론은 접속사의 기능을 하게 되므로 번역을 할 경우에는 그 접속사의 의미를 명시적으로 드러내어 번역한다. 몇 가지 예를 보자.

> The sun of this drama is coruscating wit and laughter; its shade is melancholy death.
>
> 이 극의 태양은 반짝이는 기지와 웃음이요, 그 그림자는 우울한 죽음이다.
>
> Plaintiff Mr. Smith had just witnessed his wife's death; he was in a state of deep shock.
>
> 원고 스미스 씨는 방금 아내가 죽은 것을 목격하고 큰 충격을 받았다.

위의 첫 번째 예문에서는 대비를 나타내는 두 개의 독립절을 세미콜론으로 연결한 예이고, 두 번째 예문에서는 서로 인과관계를 갖는 두 독립절을 세미콜론으로 연결한 예이다. 두 예문 모두 접속사 and를 생략하고 그 자리에 세미콜론을 사용한 경우에 해당한다. 번역문에서는 대비와 인과관계가 드러나도록 명시화하여 번역하고 있다.

다음 예문들은 접속사 but 대신 세미콜론이 사용된 경우이다.

Whether Ireland starved them, or Nazi Germany persecuted them, or Vietnam drove them into the sea, they did not really abandon their countries; their countries abandoned them.

아일랜드가 그들을 굶주리게 했거나, 나치 독일이 그들을 박해했거나, 베트남이 그들을 바다로 몰아냈거나 간에, 그들은 진정으로 조국을 버린 적이 없다. 그들을 버린 것은 그들의 조국이었다.

Throughout history, exile has been a calamity; America turned it into a triumph and placed its immigrants in the center of a national epic.

역사적으로 볼 때, 망명은 재앙이었다. 그러나 미국은 망명을 승리의 환희로 바꾸었고, 이주민들을 민족서사시의 구심점이 되도록 했다.

There are some who live without any aim at all and only pass in the world like straws on a river: they do not go; they are carried.

아무런 목적 없이 삶을 이어가며 강물에 떠다니는 지푸라기처럼 그저 세상을 떠다니는 사람들이 있다. 그런 사람들은 스스로 어디론가 간다기보다는 어디론가 실려 간다.

위 예문들에서 세미콜론은 접속사 but 대신 사용되고 있지만 번역문에서는 획일적으로 세미콜론을 '그러나'란 표현으로 번역하지 않고 문맥의 의미를 드러낼 수 있는 다양한 표현으로 번역하고 있음을 알 수 있다.

세미콜론이 사용된 또 다른 예문을 살펴보자.

The next morning I was to start for the West to make my fortune. You couldn't have dragged Jimmy out of New York; he thought it was the only place on earth.

다음 날 나는 큰돈을 벌어보려고 서부로 떠나기로 되어 있었다. 지미를 뉴욕 밖으로 끌어낼 수는 없었을 것이다. 그는 지구상에서 그곳밖에 살 곳이 없는 줄 알았으니까.

This flaw results in the unemployability of many graduates; their education is largely irrelevant to the concerns of contemporary society.

이러한 단점으로 인해 많은 졸업생들이 직장을 얻지 못하고 있다. 그들이 실시하는 교육이 현대 사회의 관심사와는 별 관련이 없기 때문이다.

위 예문들에서는 부사절을 이끄는 접속사 because가 생략되고 그 자리에 세미콜론이 사용되었다. 따라서 번역에서는 그 의미를 명시화하여 번역하고 있다.

세미콜론은 앞 문장에 대한 상세한 부연설명을 할 때에도 사용한다.

He was austere with himself; drank gin when he was alone, to modify a taste for vintages; and though he enjoyed the theatre, had not crossed the doors of one for twenty years.

그는 스스로에게 엄격했다. 그리하여 혼자 있을 때는 포도주에 대한 취향을 고칠 양으로 진을 마셨고, 영화를 즐기면서도 20년 동안 한 번도 극장 문턱을 넘어본 적이 없었다.

위 예문에서 첫 번째 세미콜론 앞에 나온 금욕적이고 엄격한 생활 (austere)에 대한 내용은 도입부의 역할을 하고, 세미콜론 다음에 나온 내용은 그러한 생활에 대한 구체적인 예시에 해당된다. 두 번째 세미콜론은 대등한 두 개의 절을 연결하는 기능을 한다. 첫 번째 세미콜론에 대한 번역에서는 도입부를 한 문장으로 끝내고 다음 내용을 '그

리하여'라는 접속사를 사용하여 연결하고 있다. 그리고 두 번째 세미
콜론으로 연결된 대등절은 '~고'라는 접속사를 사용하여 두 문장을
연결하고 있다.

세미콜론은 앞에 나온 독립절의 내용에 대한 부가설명을 담은 독
립절을 연결할 때도 사용된다.

> East is East, and West is San Francisco, according to Californians.
> Californians are a race of people; they are not merely inhabitants of
> a State.

> 캘리포니아 사람들에게 있어서 동부는 동부일 뿐이지만 서부하면
> 샌프란시스코를 의미한다. 캘리포니아 사람들은 단지 하나의 주에
> 살고 있는 주민에 불과한 것이 아니라 하나의 민족이라 할 수 있다.

세미콜론의 또 다른 기능은 두 개의 독립절이 furthermore, thus,
therefore, however, indeed, in fact, as a result, for example 또는 or와
같은 이행적 표현으로 연결될 때 그 앞에 사용되기도 한다.

> You can qualify for benefits under Section 43 if you meet any one
> of the following conditions:
> - you are 64 or older and are unable to work; or
> - you are blind in one or both eyes; or
> - you are permanently disabled in the course of your employment.

위 예문에서는 or로 연결되는 독립절 앞에 세미콜론이 사용된 경
우이다. 이를 번역할 때는 다음과 같이 번역할 수 있다.

다음 조건 중 한 가지를 충족할 시에는 43항에 의거하여 혜택을

받을 수 있다.
첫째, 64세 이상으로 일을 할 수 없는 경우,
둘째, 한쪽 눈이나 두 눈을 실명(失明)한 경우,
셋째, 산업재해로 영구적 장애를 입은 경우.

위 번역문에서는 or에 해당하는 '또는'이란 표현 대신에 '첫째', '둘째', '셋째'란 수사(數詞)를 사용하여 항목을 나열함으로써 더욱 효과적으로 의미를 전달하고 있다.

이행적 표현이 사용된 또 다른 예를 더 살펴보면 다음과 같다.

Yet home, like parentage, must be legitimized through love; otherwise, it is only a fact of geography or biology.

그러나 고향은 부모와 자식 간의 관계처럼 사랑을 통해 정당화되어야 한다. 그렇지 않으면 고향은 지리적인, 또는 생물학적인 사실에 불과할 뿐이다.

위에서는 otherwise 앞에 세미콜론이 사용된 경우로 번역에서는 두 독립절을 마침표로 끊어서 번역하고 있다.

세미콜론은 수식어가 있는 복잡한 내용을 나열할 때도 사용한다. 일반적으로 한 문장 안에서 수식어가 붙지 않은, 같은 자격을 가진 단어들을 나열할 때는 콤마를 사용하지만 수식어가 붙은 복잡하고 긴 단어를 나열할 때는 세미콜론을 사용하는 것이 일반적이다. 다음 예를 보자.

The nearer he approached the house, the more absolutely unequal Paul felt to the sight of it all; his ugly sleeping chamber; the cold bathroom with the grimy zinc tub, the cracked mirror, the dripping spigots; his father, at the top of the stairs, his hairy legs sticking out from his nightshirt, his feet thrust into carpet slippers.

집으로 더 가까이 다가갈수록, 폴은 더더욱 그 모든 풍경을 도저히 감당할 수 없다고 느꼈다. 그의 지저분한 침실, 더러운 함석 욕조와 금이 간 거울과 물방울이 뚝뚝 떨어지는 수도꼭지가 있는 차가운 욕실, 잠옷 밖으로 털이 무성한 다리를 드러낸 채, 천으로 된 실내화를 신고 계단 꼭대기에 서 있는 그의 아버지를 감당할 수가 없었다.

위의 예문을 보면 폴이 감당할 수 없는 것들에 대해 열거하고 있는데, 그것은 sleeping chamber, bathroom, 그리고 his father이다. 이 세 항목이 간단한 수식어만을 동반하고 있다면 콤마를 사용하여 세 항목을 구분하는 것으로 충분했을 것이다. 그런데 bathroom과 his father를 보면 콤마로 구분되어 있는 여러 개의 수식어에 의해 수식을 받고 있다. 그러므로 세 항목을 콤마로 구분하면 각 항목을 수식하는 수식어들 간에 사용된 콤마와 세 항목을 구분하는 콤마가 서로 구분이 가지 않아 텍스트를 읽는 데 혼란을 초래할 수 있다. 그러므로 이처럼 나열되는 각 항목이 긴 수식어구에 의해 수식을 받을 경우에는 각 항목을 구분하기 위해 세미콜론을 사용한다. 하지만 한국어에는 세미콜론이 없으므로 한국어로 번역할 때는 세미콜론을 쉼표로 번역한다.

또 다른 예를 보자.

The police search of the suspect's apartment produced engraving plates, which were of the type used for counterfeiting; a larger quantity of ink, which apparently had been stolen from the government's ink supplier; and a variety of forged passports and other travel documents, which showed that the suspect had recently traveled to nine European countries.

경찰이 혐의자의 집을 수색한 결과 위조에 사용되는 동판, 정부의 잉크 공급업자에게서 훔친 것이 분명한 상당 양의 잉크, 그리고 혐의자가 최근에 유럽 9개국을 여행했음을 보여주는 다양한 위조 여권과 기타 여행서류가 나왔다.

위의 예문은 관계절의 수식을 받는 어구들이 나열된 경우이다. 앞의 예문에서와 마찬가지로 이 경우에도 세미콜론은 쉼표로 번역한다. 위의 두 경우와 달리 독립절들이 나열될 경우도 있다.

Such arguments are unlikely to make much headway against hostility towards immigrants in rich countries. Fury against foreigners is usually based on two (mutually incompatible) notions: that because so many migrants claim welfare they are a drain on the public purse; and that because they are prepared to work harder for less pay they will depress the wages of those at the bottom of the pile.

그러나 이러한 주장들은 부유한 국가들의 반이민적 정서를 돌리는 데에 큰 도움이 되지 않는 듯하다. 외국인에 대한 반감은 양립할 수 없는 두 가지 생각에 의거하고 있다. 하나는 많은 이민자들이 복지혜택을 요구해 국고를 고갈시킨다는 점이고, 다른 하나는 그들이 적은 임금을 받고도 더 열심히 일할 준비가 되어 있기 때문에 결과적으로 저임금 노동자의 임금을 하락시킨다는 점이다.

위의 예문은 부사절을 동반한 두 개의 독립절이 나열된 경우로서, 부사절을 동반하여 매우 긴 문장이 되었기 때문에 두 독립절 사이에는 콤마가 아닌 세미콜론이 사용되고 있다. 여기에서도 세미콜론은 콤마로 번역될 수 있음을 알 수 있다.

3.3. 콤마(,)

영어의 콤마는 한국어의 쉼표와 유사한 기능도 있지만 서로 다른 기능도 가지고 있다.

한국어의 쉼표는 한 문장 안에서 같은 자격을 가진 단어들을 열거할 때, 직접 수식하는 말이 바로 뒤따르지 않을 때, 문장 첫머리의 접속이나 연결을 나타내는 말 다음에, 앞의 말이나 내용이 반복되거나 유사한 내용이 열거될 때, 삽입된 구절을 나타낼 때, 주어나 주제임을 나타낼 때, 그리고 도치된 문장 등에서 사용되지만 영어의 콤마가 반드시 이러한 기능과 일치하지 않을 때가 있다. 여기서는 번역 시 문제가 될 수 있는 콤마의 기능과 그 번역방법에 대해 살펴보자.

먼저 콤마는 한 단어나 구에 대한 의미를 다른 단어나 구절을 사용하여 다시 설명할 때 사용한다. 즉, 동격의 단어나 구절 앞에 콤마를 사용한다.

For Israel's prime minister, Binyamin Netanyahu, television ratings were less impressive – twice as many Israeli viewers watched Masterchef, a cooking competition, as his much-hyped UN performance. A spate of subsequent opinion polls, however, put his party, Likud, convincingly in the lead, up between 20 and 30 percent from lows induced by a summer of discontent and street protests.

베냐민 네타야후 이스라엘 총리의 경우, TV 시청률은 그리 높지 않았다. 떠들썩한 광고를 했던 그의 유엔 연설 시청률은 마스터쉐프라는 요리대회 프로그램 시청률의 절반 정도밖에 되지 않았다. 그러나 잇따른 여론조사 결과에 따르면 지난여름 국민들의 불만과 길거리 항쟁이 절정으로 치달으면서 바닥으로 떨어졌던 그의 리쿠드당의 지지율은 20~30% 가까이 상승하며 확실하게 선두를 달리는 것으로 나타났다.

위 예문에서는 Israel's prime minister와 Binyamin Netanyahu가, Masterchef와 a cooking competition이, 그리고 his party와 Likud가 동격이다. 동격으로 사용된 단어와 어구 앞에는 모두 콤마가 사용되고 있음을 볼 수 있다. 이와 같은 동격을 번역할 때에는 예문에 나온 번역문에서처럼 콤마를 생략하고 동격의 의미가 드러나도록 번역해준다. 'Israel's prime minister, Binyamin Netanyahu'은 직역하면 '이스라엘 총리인 베냐민 네타야후'가 되겠지만 이름 뒤에 직함을 사용하는 한국어 사용 관습에 따라 '베냐민 네타야후 이스라엘 총리'로 번역을 하였고, 'his party, Likud'는 직역하면 '그의 당인 리쿠드당'이 되겠지만 직역을 하면 '당'이라는 표현이 불필요하게 중복되어 문장의 흐름이 유연하지 못하므로 '그의 리쿠드당'으로 번역하고 있다. 이처럼 동격의 어구를 연결하는 콤마를 한국어로 번역할 경우에는 쉼표를 사용하지 않고 동격을 드러낼 수 있는 어구나 구문을 사용함을 알 수 있다.

콤마는 앞에 나온 단어나 어구에 대한 상세한 설명을 할 경우에도 사용된다. 위 예문에 나오는 'Masterchef, a cooking competition'가 이에 해당될 수 있는데, 콤마 뒤에 'a cooking competition'이라는 어구를 덧붙여 Masterchef가 어떤 것인지를 설명해주고 있다. 번역에서는 콤마 대신 '~라는'이란 표현을 사용하여 '마스터쉐프라는 요리대회 프로그램'으로 번역하고 있다. 또 다른 예를 보자.

Some plays open windows. Others open worlds. The excitement attending Tom Stoppard's *Rosencrantz and Guildenstern Are Dead* is that it is one of those rare plays able to open worlds of art, life and death.

어떤 연극은 마음의 창을 열어준다. 그런가 하면 세계의 창을 열어주는 연극도 있다. 톰 스토파드의 <로젠크란츠와 길덴스턴이 죽었다>란 연극을 보고 있으면 이 극은 예술의 세계, 즉 삶과 죽음의 세계를 열어주는 보기 드문 연극 중의 하나라는 흥분을 느낀다.

위 예문에서 'life and death'는 'worlds of art'에 대한 상세한 설명에 해당된다. 번역에서는 '즉'이란 부사를 사용하여 상세 설명임을 드러내고 있다.

콤마는 또한 두 개의 독립절을 and, but, or, for, nor, yet 등의 접속사를 사용하여 연결할 때도 사용된다. 이 경우에는 반드시 콤마와 접속사를 둘 다 사용하는 것이 원칙이다. 다만 접속사를 사용하지 않고 두 절을 연결할 경우에는 세미콜론을 사용하는 것이 일반적이다. 예문을 보면 다음과 같다.

On Aug. 31, when Russian police raided the Moscow offices of BP, its staff were not particularly shocked. In Russia the British oil giant holds training exercises for such events the way some companies hold earthquake drills, and this was the third time Russian authorities had ransacked their offices since 2008.

러시아 수사당국이 지난 8월 31일 영국석유회사 브리티시 페트롤리엄(BP)의 모스크바 지사를 급습했을 때, BP 직원들은 크게 동요하지 않았다. 러시아에 진출한 영국의 거대 석유회사인 BP사는, 마치 다른 회사들이 지진 대비훈련을 하듯이 이와 같은 상황을 대비해온 데다, 러시아 경찰당국에 의한 수색은 2008년 이래 이번이 세 번째였기 때문이다.

위 예문에서는 'In Russia the British oil giant holds training exercises for such events the way some companies hold earthquake drills'와 'this was the third time Russian authorities had ransacked their offices since 200'이라는 두 개의 독립절이 and로 연결되면서 and 앞에 콤마가 사용되어 있다. 여기에서 and로 연결된 두 독립절은 BP 직원들이 크게 동요하지 않은 두 가지 상황에 대해 설명하고 있다. 그러므로 and는 의존명사 '데'와 함께 뒤에 덧붙여지는 대상을 나타내는 격조사를 사용하여 번역하고 있다.

두 독립절이 접속사 and로 연결된 또 다른 예를 보자.

> The relationship between the U.K. and Russia has been in deadlock for several years. In late 2006, a former Russian spy named Alexander Litvinenko was poisoned to death in London with a radioactive isotope, and the British press splashed the image of his agonized face in a hospital bed across their front pages.
>
> 영국과 러시아의 관계는 수년간 교착상태였다. 2006년 말, 알렉산더 리트비넨코라는 전(前) 러시아 정보요원이 방사선 동위원소로 런던에서 독살당한 사건이 있었는데, 당시 영국언론은 병상에 있는, 고통으로 일그러진 리트비넨코의 얼굴을 일면에 크게 실었다.

위 예문에서는 and로 연결된 독립절이 앞에 나온 독립절의 내용에 대한 보충관계를 갖는다. 즉, 브리티시 페트롤리엄과 관련된 앞의 예문에서는 and로 연결된 두 독립절이 내용상 서로 직접적인 관련이 없지만 여기에서는 직접적인 관련성을 갖고 있다. 그러므로 번역에서도 그러한 관련성을 드러내어 and를 시간을 나타내는 명사 '당시'라는 단어로 번역하고 있다. 이처럼 독립절을 연결하는 같은 and라하더라도 문맥에 따라 달리 번역해야 함을 알 수 있다. 사실, 접속사 and뿐만 아니라 두 독립절을 연결하는 다른 접속사를 번역할 때에도 문맥에 따라 이처럼 번역전략을 달리해야 한다.

콤마는 도입구나 도입절이 문장 앞에 올 때도 사용된다.

Wanting to settle the case quickly, the plaintiff authorized her lawyer to accept any amount over $5,000.

위 예문에서는 'Wanting to settle the case quickly'가 도입구로서 문장 앞에 위치하기 때문에 주절과 콤마로 구분하고 있다.

이 밖에도 콤마는 문장의 일부를 수식하는 비한정적 내용 앞에, 항목을 나열할 때 항목을 구분하기 위해서, 그리고 등위(coordinate) 형용사를 나열할 때 사용한다. 각 예를 들면 다음과 같다.

The car, which is blue, ran the red light.

The man was armed with a sawed-off shotgun, a semi-automatic pistol, and a hunting knife when he entered the bank.

The plaintiff was driving an old, rattly, blue truck.

위의 첫 번째 예문에서는 which 이하가 비한정적 요소로서 The car를 수식한다. 이 경우 which is blue는 이 문장에서 없어도 되는 내용이다. 이는 한정적 요소와는 구분된다. 한정적 요소는 문장 내에서 없어서는 안 될 필수적인 의미를 구성하기 때문이다. 예를 들어, 'The car that ran the red light was blue'라는 문장을 보면 여기에서는 the car를 수식하는 that 절 앞에 콤마가 없기 때문에 that ran the red light은 이 문장에서 한정적 요소로서 없어서는 안 될 내용이다.

위의 두 번째 예문은 나열된 항목들 사이를 구분하기 위해 콤마가 사용된 경우이고 세 번째 예문은 등위형용사를 구분하기 위해 콤마가 사용된 경우이다. 위와 같은 콤마의 용법은 번역에 있어 별다른 어려움이 없으므로 여기서는 상세히 다루지 않기로 한다. 다만, 형용사들이 나열된 경우일지라도 한 형용사가 다른 형용사를 수식할 때는 콤마를 사용하지 않는다는 점을 기억해야 한다. 다음 예를 보자.

It was a dark, cold night.
He wears a bright red tie.

위의 첫 번째 예문에서는 형용사 dark와 cold 사이에 콤마가 있고, 두 번째 예문에서는 bright와 red 사이에 콤마가 없음을 볼 수 있다. 첫 번째 문장의 의미는 '어둡고 추운 밤'이란 뜻이고, 두 번째 문장의 의미는 '밝고 빨간 넥타이'가 아니라 bright가 red를 수식하여 '밝은 빨간색 넥타이'가 된다.

3.4. 대시(-)

한국어와 마찬가지로 영어에서도 대시는 자주 사용되는 부호가 아니다. 대시는 콤마보다는 더 강한 분리를 나타내고, 콜론보다는 더 비형식적인 부호이다. 그러므로 대시가 많이 사용된 글은 격식을 덜 갖춘 느낌을 준다. 한국어에서는 앞뒤로 줄표를 붙이는 것이 원칙이지만 영어에서는 대시를 하나만 쓰는 경우도 많다. 영어의 대시는 한국어의 줄표와는 그 기능에 있어서 차이가 있다. 또한 같은 기능으로 사용된 경우라 하더라도 한국어와 영어의 어순이 다르기 때문에 번역을 할 경우 동일한 위치에 놓으면 어색하거나 다른 의미가 되어버릴 경우가 있으므로 주의해야 한다.

한국어 문장에서는 주로 앞에 나온 내용에 대한 부연 설명을 하거나 보충하는 말을 추가할 때, 그리고 앞에 나온 내용을 정정하거나 변명하는 말이 이어질 때, 또는 원래 줄표의 기능은 아니지만 문장 중간에 끼어든 어구를 나타낼 때, 줄표를 사용한다. 예를 들면 다음과 같다.

> 그는 네 살에 - 보통 아이 같으면 글도 모를 나이에 - 벌써 천자문을 깨우쳤다.
> 한 달 전 뉴욕에 갔을 때 - 아니 뉴저지에 갔을 때 - 그 사실을 처음 알게 되었다.
> 그를 처음 보았을 때 - 솔직히 말해서 - 바로 내가 찾던 사람이라는 생각이 들었어.

영어의 대시도 이와 같은 기능을 가지고 있기 때문에 동일한 기능으로 사용된 경우에는 번역에서도 줄표를 사용하여 대시를 그대로 유지할 수 있다. 다만, 앞서 언급한 바와 같이 어순의 차이를 고려하여 그 위치를 조정하는 것이 필요하다. 그러나 한국어 문장에서는 사용되지 않는 대시의 기능을 번역할 때는 줄표가 아닌 다른 번역전략을 사용하여야 한다. 대시의 여러 기능과 그 번역방법에 대해 살펴보자.

먼저 대시는 특정한 단어나 어구를 다른 단어나 어구로 대체할 경우에 사용한다.

> My friend Ray gave me the ring and Jenny and I - ourselves - gave our marriage promises, talking each other, from that day, to love until death.

친구 레이가 내게 반지를 건네주자, 제니와 나, 우리 두 사람은 그 날부터 죽는 날까지 사랑하겠노라는 결혼 서약을 하였다.

The significance of *Waverley* is then international, cosmopolitan, and enduring. But it would be wrong, finally, to neglect its significance in a narrower frame: *Waverley* in the context of Scott's own country - Scotland.

『웨이벌리』가 갖는 중요성은 국제적이고 세계적이며 영속적이다. 그러나 보다 한정된 틀 속에서, 즉 스콧의 조국인 스코틀랜드의 맥락에서 『웨이벌리』가 갖는 중요성을 간과하는 것은 잘못된 태도일 것이다.

위의 첫 번째 예에서는 대시를 사용하여 Jenny and I를 ourselves로 바꾸어 말하고 있으며 번역문에서는 대시를 콤마로 번역하고 있다. 원래의 문장을 그대로 살려 콤마를 사용하여 번역하면 '제니와 나, 우리, 두 사람은'이 되겠지만 이럴 경우 한국어 문장으로서 어색하기 때문에 콤마를 변경하여 '제니와 나, 우리 두 사람은'으로 번역하고 있다.

두 번째 예에서는 대시를 사용하여 Scott's own country를 Scotland로 표현을 달리하여 설명하고 있다. 이에 대한 번역을 보면 앞의 예와는 달리 '즉'이란 부사를 사용하여 번역하고 있다. 이처럼 같은 기능을 갖는 대시라 하더라도 문맥의 의미를 더 잘 전달하고 자연스런 문장이 될 수 있는 번역전략을 사용해야 한다.

대시는 앞의 내용에 대한 예를 들 경우에도 사용한다. 즉, namely, that is, in other words, specifically, such as와 같은 어구 대신 대시를 사용한다. 이러한 기능으로 사용된 경우에는 '즉, 이를테면, 말하자면, -와 같은' 등, 이러한 기능을 드러낼 수 있는 어구를 사용하여 번역한다. 다음의 예를 보자.

> Washington and Moscow pledged in the 2010 New Start Treaty to reduce their number of deployed long-range nuclear weapons to 1,550 from 2,200 by 2017. But unless something changes, both countries will increase nuclear spending in coming years, as they replace or upgrade aging nuclear production facilities and delivery vehicles - submarines, missiles and bombers.

> 미국과 러시아는 2010 신전략무기협정(New START Treaty)에서 기존에 배치된 장거리 핵무기를 2017까지 1,550기에서 2,200기로 감축하기로 약속했다. 하지만 이변이 없는 한 양국의 핵무기 관련 지출은 향후 증가하게 될 것이다. 노화된 핵생산시설과 잠수함, 미사일, 폭격기와 같은 운반수단을 교체하거나 업그레이드해야 하기 때문이다.

위에서 대시 뒤에 나오는 'submarines, missiles and bombers'는 대시 앞에 나온 'delivery vehicles'의 예시이다. 그러므로 번역에서는 '-와 같은'이란 표현으로 번역되었다. 한국어에서는 예를 들 경우에는 줄표를 사용하지 않기 때문에 이처럼 예시를 보여주는 기능으로 사용되는 대시를 번역할 때는 줄표가 아닌 다른 전략을 사용하여 번역해야 한다. 또 다른 예를 보자.

> In times of political crisis - and especially when an aging leader begins to fade or suddenly dies - the result can shake to the core societies unaccustomed to routine transfers of government.

> 정치 위기를 맞았을 때, 특히 연로한 지도자가 쇠약해지거나 갑자기 사망할 경우, 그러한 사태는 관례적인 정권교체에 익숙하지 않은 사회를 뿌리까지 뒤흔들어 놓을 수 있다.

위의 예문에서 '정치적 위기' 중의 하나의 예는 '연로한 지도자가 쇠약해지거나 갑자기 사망한' 경우이다. 여기에서 대시는 쉼표를 사용하여 번역하고 있다. 대시가 좀 더 복합적으로 사용된 경우를 보자.

At the enchanted metropolitan twilight I felt a haunting loneliness sometimes, and felt it in others - poor young clerks who loitered in front of windows waiting until it was time for a solitary restaurant dinner - young clerks in the dusk, wasting the most poignant moments of night and life.

대도시의 황홀한 황혼녘이면 때때로 주체할 수 없는 고독감을 느꼈고 다른 사람들에게서도 그런 느낌을 받았다. 식당에서 쓸쓸히 혼자 하게 될 저녁 식사시간을 기다리면서 쇼윈도 앞에서 서성이는 가난한 젊은 점원들, 그러니까 가장 가슴 저미는 저녁 한때와 인생의 한때를 낭비하며 황혼녘을 보내는 젊은 점원들에게서 말이다.

위 예문에 나온 두 대시는 각기 다른 기능을 하고 있다. 첫 번째 대시는 대시 앞의 others에 대한 예를 설명한 것이고, 두 번째 나오는 대시는 바로 앞에 나온 poor young clerks에 대해 보충 설명을 하는 대시이다. 번역에서는 이러한 관계가 드러나도록 콤마와 '그러니까'와 '말이다'란 어구를 사용하여 번역하고 있다.

대시의 또 다른 기능은 바로 앞의 예에서 볼 수 있는 것과 같은 보충설명이나 부연설명을 나타내는 기능이다. 보충이나 부연설명을 하는 기능은 한국어의 줄표 역시 똑같은 기능을 가지고 있기 때문에 다음과 같이 줄표를 사용하여 번역할 수도 있다.

Few people in our society - where vocabulary is largely defined by television - know the value of a superior vocabulary. But Patrick grew up to know it. Ironically, and perhaps depressingly, today he makes his living insulting people with language they don't understand. He's a Wall Street lawyer.

우리 사회에서 - 어휘의 뜻이 대개 TV에 의해 규정되는 사회에서 - 우수한 어휘의 가치를 아는 사람은 거의 없다. 그러나 패트릭은 어른이 되자 그 가치를 알게 되었다. 얄궂게도, 그리고 우울하다고 해야 할지 모르겠지만, 요즘에 그는 사람들이 모르는 언어로 사람들을 모욕하는 일로 먹고 살아가고 있다. 그는 월가의 변호사이다.

하지만 부연설명을 할 경우라도 다음과 같이 줄표를 사용하지 않고 번역할 수도 있다.

Through all he said, even though his appalling sentimentality, I was reminded of something - an elusive rhythm, a fragment of lost words, that I had heard somewhere a long time ago.

지독히 감상적이긴 했지만 그가 들려준 이야기를 듣자 뭔가 떠오르는 것이 있었다. 오래전에 어디선가 들은 적이 있는, 포착할 수 없는 리듬이랄까, 잃어버린 말의 파편이랄까.

위 예문에서는 대시 이하의 내용이 something의 예에 해당된다. 번역에서는 이러한 의미를 드러내기 위해 대시 대신에 '......이랄까'란 표현을 사용하고 있다.

대시는 또한 강조를 할 경우에도 사용한다.

Young people have a marvelous faculty of either dying or adapting themselves to circumstances. Even if they are unhappy - very unhappy - it is astonishing how easily they can be prevented from finding it out.

아이들은 스스로 이 세상을 버리던지, 아니면 주어진 환경에 자신을 적응시키든지 하는 놀라운 능력을 지니고 있다. 아이들은 불행한, 지독히 불행한 경우라도, 너무도 쉽게 그들의 불행을 알아채지 못하게 할 수 있다는 점이 정말로 놀랍다.

위 예문의 강조 기능으로 사용된 대시는 콤마로 번역이 되었다. 대시는 또한 생각의 단절이나 중단을 나타내는 경우에, 즉 다른 생각이 끼어듦을 나타낼 때 사용한다.

The quietness after liberation - though ephemeral - creates the insight.

해방 후에 찾아오는 정적은, 그것이 비록 순간적이라 할지라도, 통찰력을 준다.

위에서 대시는 쉼표로 번역이 되어 있지만 한국어의 줄표 역시 똑같은 기능을 가지고 있기 때문에 쉼표 대신 줄표를 사용해도 상관없다. 여기에서 주의할 점은 대시로 연결된 내용의 번역이다. 번역문에서는 원문에 없는 '그것이'란 표현이 첨가되어 번역되어 있다. 만약 '그것이'란 어구가 없이 '해방 후에 찾아오는 정적은, 비록 순간적이라 할지라도, 통찰력을 준다'라고 번역을 했다면 '순간적'이란 어구가 '통찰력'을 수식하는 문장이 되어버리기 때문에 원문의 의미와 벗어나게 된다. 그러므로 이처럼 번역하는 과정에서 의미가 달라지는 경우에 주의해야 한다.

이제까지 대시의 기능과 번역방법에 대해 살펴보았다. 앞의 번역문들에서 본 바와 같이 대시가 반드시 한국어에서 사용되는 줄표로 번역되는 것이 아님을 알 수 있다. 대시가 문장 속에서 담당하는 기능에 따라 때로는 어구가 첨가되기도 하고 쉼표로 번역되기도 하는 등, 그 번역방법이 다양함을 알 수 있다.

PART 3

함축의미와 번역

Connotative Meaning and

Translation

번역의 어려운 점은 텍스트의 의미가 항상 텍스트를 구성하고 있는 단어들의 글자 그대로의 의미, 즉 지시적 의미(denotation)로만 이루어지는 것은 아니라는 데 있다.

지시적 의미란 사전적 의미로서, 어떤 말이 사용될 때 그 말이 제시하는 직접적인 특정의미 또는 사물을 지칭하며 태도나 감정이나 가치판단 등이 배제되어 있는 경우를 의미한다. 그러나 이러한 지시적 의미는 텍스트의 의미를 드러내고 해석하는 데 있어서 필수적이지만 언어가 갖는 의미의 한 측면에 지나지 않기 때문에 텍스트의 의미를 해석하고 이해하는 데 있어서는 지시적 의미를 아는 것만으로는 충분하지 않다. 허비와 히긴스(Hervey & Higgins, 1992)가 지적하듯이, 사실 텍스트의 의미는 지시적 내용(referential content) 외에도 감정적 색채(emotional colouring), 문화적 연상(cultural associations), 사회적·개인적 함축의미(social and personal connotations) 등 수많은 층으로 이루어져 있다.

이러한 수많은 층의 의미를 함축의미(connotative meaning 또는 connotation)라고 한다. 함축의미란 글자 그대로의 의미에는 드러나지 않지만 언어적인 표현이 전달하는 부대적 의미와 뉘앙스를 말한다. 이러한 뉘앙스와 의미는 특정 어휘나 표현이 역사적으로 사용되면서 획득된 것들이다. 존 피스크(John Fiske)는 사진에 비유하여 지시적 의미란 사진에 찍힌 물체(what is photographed)를 말하고 함축의미란 사진이 찍힌 방식(how it is photographed)이라고 표현하기도 한다.

그런데 번역의 어려움은 사진이 찍히는 방식이 문화권마다 다를 수 있다는 데 있다. 예를 들어, 4나 13이란 숫자는 아라비아 숫자의 네 번째와 열세 번째를 나타내거나 그에 해당되는 양을 표시하는 지시적 기능을 하지만 그 외에도 다른 함축의미를 갖는다. 4라는 숫자는 한국 문화권에서는 불운이나 불길함을 의미하지만 영어 문화권에서는 13이 이와 같은 의미를 갖는다. 또한 '빨간색(red)'의 경우, 이는 특정 색깔을 지시하는 말이지만 맥락에 따라 공산주의나 좌익적 성향을 의미하기도 한다. 또 단어의 선택에 따라 전달되는 함축의미가 다를 경우도 있다. 예를 들어, necktie와 cravat는 '넥타이'라는 똑같은 지시적 의미를 갖지만 cravat는 necktie라는 단어와 비교할 때 부(wealth)와 고급스러움의 함축의미를 지닌다.

우리나라 운동권과 관련해서 흔히 사용되어온 '짭새'란 단어 역시 '경찰'이란 단어와 똑같은 대상을 지칭하지만 이 두 단어가 전달하는 함축적 의미는 서로 다르다. 경찰은 중립적인 표현인 데 반해 짭새는 경멸적, 적대적 뉘앙스를 가지고 있다는 점에서 경찰과 짭새는 둘 다 지시적 내용(referential content)은 동일하지만 총체적 의미는 다르다. 이러한 뉘앙스(overtone)는 지시적 내용 그 자체에 드러나지 않는 내용이지만 단어의 선택에 따라 전달되는 함축의미인 것이다. 그러므로 같은 언어 내에서도 동일한 내용을 지시하는 유의어라 할지라도 그 총체적인 의미를 통해 전달되는 효과는 다르다.

또한 어떤 언어형식이 어떤 외적 상황에서 사용되었는가, 즉 어떤 장면에서 어떤 사람에 의해 사용되었는가에 따라 그 언어가 전달하는 효과가 달라질 수 있다.

함축의미는 앞의 예에서 본 바와 같이 문화권에 따라 다를 수도 있으며, 또 시대의 흐름에 따라 해당 문화권 안에서 의미가 어휘에서 빠져나가기도 하고 새로 덧붙여지기도 함으로써 그 함축의미가 달라지기도 한다. 그러므로 어느 시기에는 등가가 형성되었던 두 문화권의 서로 다른 두 어휘가 시간이 지난 후에는 서로 다른 의미를 담게 되기도 한다.

예를 들어, '소(cow)'는 동물의 한 종류를 지칭하는 지시적 기능 외에도 예전에는 '재산'을 의미하는 함축적 기능을 했을 수 있지만 현대에는 문화권에 따라 '재산', '먹을 음식', '신성한 신과 같은 존재', '교통수단', 투우와 같은 '엔터테인먼트의 수단' 등의 부대적 의미를 지닐 수 있다.

이처럼 텍스트의 의미는 그 텍스트를 이루고 있는 단어들의 지시적 의미에 더하여 정서적 의미, 문화적 의미, 사회적·개인적 의미 등 여러 층으로 구성되며, 이러한 의미는 묵시적으로 전달된다. 이러한 여러 층위의 의미를 간과하고 번역할 경우에는 전체적인 전달 효과가 달라지므로 번역가는 이러한 여러 층위의 의미를 간과해서는 안 된다. 특히 대부분 자연과학에서 사용되는 언어는 지시적인 기능이 주를 이루는 반면에 문학작품에서 사용하는 언어에는 함축적인 의미가 포함되는 경우가 많으므로 문학작품을 번역할 경우, 출발어 텍스트가 담고 있는 이러한 여러 층의 의미를 가능한 한 그대로 도착어 문화권에 전달하도록 주의를 기울이는 것이 필요하다.

함축의미의 유형은 다양하고 수도 없이 많지만 널리 인정된 6가지 주요유형(Hervey & Higgins, 1992)을 보면 다음과 같다.

1. 태도적 의미(Attitudinal Meaning)

어떤 어휘나 표현이 지시대상(referent)에 대해 중립적인 의미뿐만 아니라 경멸, 친근감, 공손함 등 지시대상에 대한 태도를 암시하는 경우가 있는데 이를 태도적 의미라고 한다. 이러한 태도적 의미는 어떤 표현의 총체적 의미의 일부를 구성한다.

예를 들어, 흑인을 지칭할 때 African-American 대신 Nigger라고 한다거나 아일랜드계 사람을 지칭할 때 Paddy라고 한다거나 또는 웨일스(Wales) 사람을 Taffy, 유대인을 Yid라는 말로 표현할 때는 지시대상에 대한 말하는 사람의 경멸적 태도가 함축되어 있는 것으로 볼 수 있다.

그러나 이러한 태도적 의미는 쓰이는 맥락에 따라 다를 수 있으므로 규정하기 어려운 경우도 있다. 즉, 태도적 의미는 내포적 의미이기 때문에 그 정의상 암시적(suggestive)인데, 더 이상 암시적이지 않고 관습에 의해 고정되면 내포적 의미가 사라지고 글자 그대로의 의미만 남음으로써 태도적 의미가 사라지는 경우가 있다(Hervey & Higgins, 1992). 예를 들어, 흑인을 지칭하는 black이란 호칭은 예전에는 경멸적인 부대적 의미를 지녔으나 현재는 이러한 뉘앙스 없이 흔히 사용되므로 번역 시 이러한 변화에 주의해야 한다. 또 태도적 의미는 변덕스런 관습에 의하기 때문에 빠른 시간에 변화하여 태도적 의미가 사라지는 경우가 있다. 예를 들어, 토리(Tory)의 경우 원래는 아일랜드어로 outlaw란 뜻의 toraidhe에서 수입된 폭언(term of abuse)이었지만 나중에는 토리당에 의해 자랑스럽게 채택된 경우로서 태도적 의미가 사라진 경우이다(Hervey & Higgins, 1992).

그렇다면 이러한 태도적 의미가 텍스트에서 어떻게 드러나고 어떻게 번역되는지 다음 예를 살펴보자. 다음은 2001년 9월 11일 발생한 미국 대폭발테러사건과 관련하여 미국과 동맹국들이 아프가니스탄을 전쟁으로 몰아넣은 사건에 대한 내용이다.

> We have been scrupulous in saying that this is a war on al-Qaeda and the Taliban and not on the Afghan people. We have even risked the lives of pilots to drop food and medicine to refugees. It is true that the Taliban do not represent all Afghans. But in a war of necessity one may not have the luxury of that distinction. The Nazis did not represent all Germans. But with the need to destroy the enemy lest he destroy us, those niceties could not be observed. Churchill's wartime speeches had few endearing words for those he insisted on calling the Hun.

> 우리는 이 전쟁이 알-카에다와 탈레반에 대한 전쟁이지 아프가니스탄 인민들에 대한 전쟁이 아니라는 점을 천명하려고 신중한 노력을 기울여왔다. 조종사들로 하여금 생명의 위험을 무릅쓰면서까지 난민들에게 식품과 약품을 투하하게 했다. 탈레반이 아프가니스탄 사람들 전부를 대표하는 것이 아님은 사실이다. 그러나 불가피한 전쟁에서는 그와 같은 구별을 하는 사치가 허용되지 않을 수도 있다. 나치가 독일 국민 전부를 대표하는 것은 아니었다. 그러나 적이 우리를 분쇄하지 못하도록 그들을 분쇄해야 했기에 그와 같은 세심한 분류를 할 수가 없었다. 처칠은 전시 연설에서 그가 독일놈이라고 부르기를 고집했던 자들에 대해서는 좋게 말한 적이 거의 없었다.

위 텍스트에 나오는 'Hun'은 제1차 세계대전 당시 영국과 미국인들이 독일군을 경멸적으로 지칭하던 호칭이었다. 출발어 텍스트에 사용된 'Hun'이란 단어에는 이러한 태도적 의미가 함축되어 있지만 도착어에는 이에 대응되는 등가어가 없으므로 적대관계에 있는 사람이나 무리를 일컬을 때, 또는 어떤 상대를 낮추어 부를 때 사용하는 '놈'이란 명사를 덧붙임으로써 태도적 의미를 명시적으로 드러내서 번역하고 있다.

또 다른 예로서 D. H. Lawrence의 *The Horse Dealer's Daughter* 중에 나오는 다음 대사를 보자.

"I don't see what else you can do", persisted Fred Henry.
"Go as a skivvy", Joe interpolated laconically.
The girl did not move a muscle.
"If I was her, I should go in for training for a nurse", said Malcolm, the youngest of them all.

"네가 달리 무엇을 할 수 있겠어." 프레드 헨리가 집요하게 말했다.
"하녀짓이나 하지." 조가 끼어들어 짤막하게 말했다.
메이블은 꿈쩍도 하지 않았다.
"나라면 간호사라도 해볼 텐데 말이지." 그들 중 가장 어린 맬컴이 말했다.

아버지가 빚더미만 남긴 채 죽은 후 각자 제 갈 길을 찾은 남자 형제들이 아무것도 궁리하려 들지 않는 메이블에게 앞으로 어떻게 할 것인지를 묻는 장면이다. 조는 메이벨에게 '하녀'라도 하라는 말을 하면서 'skivvy'라는 표현을 사용하는데, skivvy는 '하녀'를 비하하거나 경멸적으로 일컫는 표현이다. 조는 maid라는 표현 대신 skivvy라고 함으로써 하녀라는 직업에 대한 경멸적 태도를 드러낸 것이다. 이에 대한 번역을 보면 마음에 들지 않거나 좋지 못한 행동을 일컬을 때 행위 뒤에 붙이는 '짓'이라는 명사를 첨가하여 '하녀짓'이라고 번역함으로써 하녀라는 직업에 대한 조의 경멸적 태도를 드러내고 있다.

이 밖에도 단어 자체에는 태도적 의미가 함축되어 있지 않지만 맥락상 태도적 의미를 함축하는 경우도 있다. 다음은 영화 <A Few Good Men>의 일부로서, 주인공이 제셉 대령의 자존심을 건드려 스스로의 잘못을 실토하게 한 후 이어지는 장면이다.

JESSEP: (continuing) You fuckin' people.
(beat) You have no idea how to defend a nation.

JESSEP: (continuing; to Kaffee) All you did was weaken a country today, Kaffee. That's all you did. You put people in danger. Sweet dreams, son.

KAFFEE: Don't call me son.
(beat) I'm a lawyer, and an officer of the United States Navy. And you're under arrest you son-of-a-bitch.

제셉: (계속해서) 너희 같은 작자들이란! (책상을 치면서) 나라를 어떻게 지켜야 하는지도 모르지.
제셉: (캐피를 향해 계속해서) 당신이 한 것이라곤 이 나라를 이렇게 허약하게 만든 것뿐이야, 캐피. 그게 전부라구. 국민을 위험에 빠뜨리고 말야. 달콤한 꿈이나 꾸시지, 애송이.
캐피: 날 애송이라 부르지 말아요. (책상을 치면서) 난 변호사요. 미국 해군 장교라고요. 체포하겠어, 이 개새끼야.

미 해병대 관타나모 기지에서 일어난 한 일병의 죽음에 대한 책임을 추궁당하는 과정에서 이성을 잃은 제셉 대령이 욕설을 뒤섞으며 국가를 위험에 빠뜨리는 무지한 사람들에게 분노를 토해내는 장면이다. 위에 나온 'son'은 흔히 친근한 호칭으로도 사용되지만 이 맥락에서는 상대에 대한 오만하고 경멸적인 태도를 드러내는 호칭으로 사용되고 있음을 알 수 있다. 즉, son이란 '젊은이', '자네'라는 뜻으로 쓰이지만 여기에서의 함축의미는 세상물정 모르는 어린애라는 뜻으로 사용되고 있으므로 '애송이'라는 표현을 사용하여 번역함으로써 상대를 업신여기고 경멸하는 화자의 태도를 명시적으로 드러내서 번역할 수 있다.

2. 정서적 의미(Affective Meaning)

정서적 의미란 어떤 표현이 수신자에게 주는 쾌·불쾌, 기쁨·슬픔, 모욕, 분노, 질투와 같은 감정적, 정서적 효과를 말하는 것으로, 이는 앞서 설명한 태도적 의미와 밀접한 관련을 맺는다. 이는 수신자에 대한 화자나 필자의 공손하거나 무례하거나, 모욕적이거나 경멸적이거나 또는 아첨하는 것과 같은 태도에 따른 것이다(Hervey & Higgins, 1992).

예를 들면, "Would you mind not smoking here?"라고 말할 때와 "Don't smoke here!"라고 말할 때의 화자의 태도와 이러한 말이 수신자에게 미치는 영향은 아주 다르다. 앞의 문장은 화자의 공손한 태도가 함축되어 있으며 뒤의 문장은 무례함이 들어 있다. 따라서 두 가지 표현에 따라 수신자가 느끼는 감정 또한 달라진다.

앞서 언급한 영화 <A Few Good Men>에서 캐피 중위에 대한 제셉 대령의 태도는 매우 오만하고 경멸적이며 상대를 업신여기는 태도를 보여준다. 이러한 태도는 그가 사용하는 'fucking', 'son'과 같은 욕설이 섞인 표현들과 어휘선택을 통해서 나타난다. 이러한 언사에 대한 수신자의 태도는 수신자의 반응을 통해서 드러나는데, 제셉 대령의 말에 대해 캐피 중위가 다음과 같이 맞대응하는 장면을 통해 그의 반응을 알 수 있다.

> "Don't call me son. (beat) I'm a lawyer, and an officer of the United States Navy. And you're under arrest you son-of-a-bitch."

날 애송이라 부르지 말아요. 난 변호사고 미해군 장교라고. 당신
을 체포하겠어, 이 개새끼야.

　제셉 대령이 계속 경멸적이며 업신여기는 태도를 보이자 캐피 중
위는 자신보다 계급이 한참 높을 뿐만 아니라 나이도 훨씬 더 많은
제셉 대령에게 "son-of-a-bitch"란 말로 되받아친다. 이는 캐피 중위가
극도로 감정이 상했음을 나타내는 것이다.
　흔히 욕설이나 상스러운 말을 번역할 때는 원문보다 그 수위를 낮
추어 번역하는 경향이 있는데 텍스트 속 인물의 이러한 감정을 전달
해야 할 경우에는 무조건 그 수위를 낮추어 번역하기보다는 그 감정
을 전달할 수 있도록 적절한 번역방법을 고려해봐야 한다.

3. 연상의미(Associative Meaning)

연상의미란 한 단어의 총체적 의미의 일부를 이루는 요소로서, 어떤 표현의 지시대상에 대한 전형적인 기대(expectations)를 말한다. 이러한 기대는 정확한 것일 수도 있고 그렇지 않을 수도 있다. 예를 들어, 간호사(nurse)라고 하면 대부분 '병자를 돌보는 여성'과 동의어나 되는 것처럼 무의식적으로 여성을 연상하거나 의사하면 자연스럽게 남성을 연상하게 되는 경우를 들 수 있다(Hervey & Higgins, 1992).

이러한 고정관념에서 생긴 연상작용 때문에 소설을 읽다 보면 주인공이 남자인 줄 알았는데 나중에 알고 보니 여자인 경우를 더러 발견하게 되는 수도 있다.

편견이나 상투적 유형(stereotype)이 있는 곳에는 연상의미가 있기 마련인데, 날짜조차도 연상의미를 지닐 수 있다. 예를 들어, 6월 25일 하면 우리 문화권에서는 한국전쟁을 연상하게 되고, 7월 4일 하면 미국인들은 독립기념일을 연상할 것이다. 이처럼 문화권마다 다른 연상의미를 파악하기 위해서는 문화적 지식 또한 필요하다.

예를 들어, 전형적인 영국의 음식이자 싼 음식이라는 함의를 전달하기 위해 'fish and chips'라는 표현을 사용할 경우, 또는 인도에서 신성시되는 소가 갖는 신성함의 연상의미를 동시에 전달하기 위해 'cow'라는 어휘를 번역할 경우, 그리고 정력의 상징으로 사용되는 한국문화권의 '변강쇠'란 단어나 아일랜드 문화권의 Big Ned Frank란 표현을 번역할 경우, 어떤 번역전략이 필요할까. 이러한 문화적 함의를 갖는 표현들은 상대 문화에 대한 정확한 지식이 없으면 출발어 텍스트에 나타난 정확한 연상의미를 파악하기도 힘들거니와 도착어 텍스트에서 그 부대적 의미를 갖는 표현을 찾아 옮기는 일은 더욱 힘든 일이다.

연상의미가 사용된 텍스트의 번역의 예를 보자. 다음은 19세기 미국 시인 에드윈 알링턴 로빈슨(Edwin Arlington Robinson, 1869~1935)의 <Credo>라는 작품의 일부이다.

I cannot find my way: there is no star
In all the shrouded heavens anywhere;
And there is not a whisper in the air
Of any living voice but one so far

난 나의 길을 찾을 수 없네
온통 수의(壽衣)로 덮인 하늘에는 별 하나 없고
대기 속에는 살아 있는
그 어떤 속삭임도 없네, 아득히 들리는 한 속삭임뿐.

위 시에서 shroud는 죽은 사람에게 입히는 수의(壽衣)를 지칭하는 것으로 구름에 덮인 하늘을 수의에 덮인 것에 비유하고 있다. 여기서 shroud가 연상시키는 의미는 죽음, 시체, 애도, 침묵, 무언, 적막, 공포, 혐오 등이다. shroud와 마찬가지로 한국어 수의(壽衣) 역시 이러한 연상의미를 가지고 있으므로 여기서는 외연적 의미를 그대로 번역하여 '수의로 덮인'이라고 번역하고 있다. 즉, 직역을 해도 원문이 가지고 있는 연상적 의미가 전달되므로 번역에 있어서 큰 어려움이 없다. 그러나 동일한 어휘나 표현이라 하더라도 문화권에 따라 연상의미가 다를 경우에는 글자 그대로 번역하면 이러한 연상의미가 사라질 수 있다. 예를 들어, 다음 문장의 경우를 보자.

마을 어귀를 들어섰을 때 봉순네 문 앞 금줄에 빨간 고추가 달려
있었다.

When I approached the entrance of the village, I found red peppers
hanging in the yellow string on the gate of Bongsun's house.

한국사회에서 적색은 상황이나 문맥에 따라 서로 상반된 연상의미
를 전달하는 색이다. 귀신을 쫓는 색이라 하여 동짓날에 붉은색인 팥
죽을 뿌려 액운을 막는 풍속이 있는가 하면, 아들을 낳으면 문 밖에 빨
간 고추를 달아 이를 외부에 알리기도 했다. 또한 빨간색은 오랜 세월
에 거쳐 지금까지도 한국사회에서 이념분쟁을 초래하고 있는 공산주
의를 상징하는 색이기도 하다. 그러므로 한국적 상황에서 적색이 사용
된 경우 이를 다른 문화권으로 직역을 하여 전달하면 이러한 연상의미
가 사라져버릴 수 있을 뿐만 아니라 적색에 대해 상이한 연상의미를
가지고 있는 문화권에서는 다른 의미로 받아들여질 수도 있다.

위의 예문의 경우에 문 밖에 걸린 빨간 고추는 아들을 연상시키는
단어이다. 직역을 할 경우 영어문화권에서는 이러한 풍속이 없으므
로 연상작용이 사라지며 아무런 의미도 전달하지 못한다. 그러므로
이러한 경우 번역의 목적이나 상황에 맞는 적절한 번역전략을 고려
해봐야 한다. 의미전달이 목적이라면 저자가 의도한 의미를 명시적
으로 번역하는 방법도 있을 것이고, 즉각적인 이해를 돕고자 한다면
도착어 문화권에서 이와 유사한 기능을 갖는 표현으로 대체할 수도
있고, 아니면 한국 고유의 문화를 소개하고자 한다면 직역을 하고 주
석을 곁들이는 방법도 있을 것이다. 이러한 여러 가지 번역전략 중

하나를 선택하는 문제는 번역의 목적이나 대상 독자층에 따라 다를 수 있을 것이다. 위의 텍스트는 문학의 한 장르인 소설이므로 직역을 하고 주석을 다는 번역전략을 사용하는 것이 일반적이다. 독자들이 시간을 들여 주석을 읽을 시간이 있기 때문이다.

그렇다면 연극이나 영화와 같은 즉각적인 이해를 필요로 하는 텍스트의 경우에는 어떤 번역전략이 필요할 것인가? 연극이나 영화에서 등장인물이 상대에게 "그러니까 처녀보고 아줌마라고 하지?"라는 말을 했다고 해보자. 이를 영어로 직역하면 "That's why I call you *ajumma* even if you are not married"가 될 것이다. 그런데 이렇게 직역을 했을 경우 영어권 관객들이 이해할 수 있을 것인지를 고려해봐야 한다. '아줌마'란 단어가 영어권 관객에게 어떤 연상의미를 전달할 것인가? 이 대사에서 사용된 '아줌마'의 의미는 '아줌마'가 한국 문화권에서 가지고 있는 스테레오타입에 따른 것이다. 한국 문화권에서 '아줌마'라고 하면 중년 부인, 투박함, 촌스러움, 억척스러움, 철면피, 억셈, 강인한 생활력 등의 단어를 떠올리게 한다. 즉, 한국의 독자나 관객들에게는 '아줌마'라는 단어가 이러한 연상의미를 전달한다는 것이다. 하지만 *ajumma*란 단어는 영어권에서는 아무런 의미도 갖지 못한다. 그러므로 즉각적인 이해를 필요로 하는 영화나 연극을 위한 번역에서는 직역보다는 다른 번역전략을 선택해야 할 것이다. 예를 들어, "그러니까 처녀보고 아줌마라고 하지?"라는 말은 '촌스럽다', '억세다', '강인하다', '염치가 없다' 등의 의미를 전달하고자 한 것일 수 있다. 그러므로 전달하고자 하는 의미에 따라서 "That's why I call you Taenie instead of Miss"나 "There's nothing sophisticated about you" 등으로 의미를 명시화하여 번역할 수 있을 것이다.

4. 반영(反映)적 의미(Reflected Meaning)

　반영적 의미는 동음이의어나 동철이의어처럼 소리나 철자가 같거나 매우 흡사함으로써 갖게 되는 이중적인 의미로서, 텍스트 내에서 명시적으로 쓰인 의미 외에 다른 의미가 겹쳐 연상되는 경우를 말한다.

　예를 들어, 누군가 "This is my dear car"라는 말을 했다면, 듣는 사람은 dear라는 단어를 듣는 순간 '비싸다', '소중하다', '애정을 가지다'라는 뜻을 동시에 떠올리게 될 것이다. 번역을 할 때는 문맥상 화자의 의도가 그중 한 가지의 뜻을 전하고자 한 것이라면 그중 한 가지 의미를 선택하여 명시적으로 번역할 수 있지만 화자의 의도가 이러한 다의적인 뜻을 모두 전달하고자 한 것이라면 그에 적절한 번역전략을 선택해야 할 것이다.

　또 다른 예로서 ghost station이란 표현을 들 수가 있다. 영한사전에서 ghost station이란 단어를 찾아보면 '무인역' 또는 '폐쇄역'이라고 번역이 되어 있다. 그런데 이러한 사전적인 의미에만 의존하여 번역을 하게 되면 저자가 의도한 반영적 의미를 놓칠 수가 있다.

　다음 텍스트에 나오는 ghost station의 예를 보자.

Since moving to live near London a few years ago, one of my interests has been the London Underground, the oldest and one of the busiest underground railway networks in the world. I'm not a train spotter by any means, but I find the history and background of London's subterranean railway fascinating. One of the things I find most interesting is the changing history of the railway, of which there is still much hidden evidence. For example, look through the window as you travel between Tottenham Court Road and Holborn on the Central Line and you'll see a station - where no passengers have alighted since 1932. This used to be British Museum station. Or perhaps you may notice the tunnel wall change from cast iron tubing to bricks as you travel on the Piccadilly Line between Green Park and Hyde Park Corner. This also used to be a station. Down Street, closed in the same year as British Museum. These stations are often referred to as ghost stations.

위 텍스트에 나온 'ghost station'란 표현을 사전에 나온 대로 '폐쇄역'이나 '무인역'이라고 번역했다고 하자. '폐쇄역'이라고 번역했을 경우에는 앞에 나온 'closed(폐쇄된)'라는 단어와 겹쳐서 동어반복적인 느낌을 줄 것이고, '무인역'이라고 번역을 한다고 해도 'no passengers have alighted'란 표현이 이미 나왔기 때문에 같은 내용을 되풀이하는 느낌을 줄 것이다. 그러므로 단순히 '폐쇄역'이나 '무인역'이란 뜻을 전달하고자 했다면 마지막 문장이 없어도 충분한 의미전달이 되기 때문에 작가는 굳이 'ghost station'이란 표현을 덧붙일 필요가 없었을 것이다. 그러므로 무조건 사전에 나와 있는 뜻대로 번역하지 말고 저자의 의도가 무엇인지, 특정한 번역어를 선택했을 경우 전체적인 텍스트에 미치는 영향이 어떤 것인지를 생각해봐야 한다. 사전적 의미대로 '무인역'이나 '폐쇄역'이라고 번역했을 경우와 '유령역'이라고 번역했을 경우에 그 반영적 의미가 어떻게 달라지는지, 그리고 전체적인 텍스트의 인상이 어떻게 달라지는지에 대해 생각해봐야 한다.

ghost란 단어를 들을 때 가장 먼저 떠오르는 의미는 유령일 것이다. 그러므로 이러한 반영적 의미를 살려 '유령역'이라고 번역한다면 저자가 텍스트 전체에 걸쳐 사용하고 있는 단어들과 어떻게 조화를 이루는지, 그럼으로써 텍스트의 인상이 어떻게 달라지는지를 알 수 있다. 텍스트에 사용된 oldest, history, hidden과 같은 단어들은 ghost 란 단어와 어우러져 역사성, 시간성, 고적함, 쓸쓸함, 으스스함 등의 인상을 전달해준다.

그러므로 '폐쇄역'이나 '무인역'이 아닌 '유령역'으로 번역했을 때는 텍스트의 전체적인 분위기가 달라진다. 특히 문학번역의 경우에는 의미나 정보전달뿐만 아니라 이러한 전체적인 분위기를 전달하는 것 또한 중요하기 때문에 사전적 의미로 옮길 것인지 도착어 문화권에 서 다소 생소하더라도 출발어 텍스트에 있는 표현을 번역 차용할 것 인지를 고민하여 선택을 해야 한다.

반영적 의미는 대개 텍스트 맥락을 통해 드러나게 되는데, 오스카 와일드의 『The Importance of Being Earnest』의 경우를 그 예로 들 수 있다. 제목에 사용된 '진지한'이란 뜻의 Earnest는 1차적으로는 작 품 속에 등장하는 주인공이 되고자 하는 인명(人名)이다. 동시에 이 이름은 희곡의 배경이 되는 빅토리아시대의 체면과 형식을 중요시하 던 영국 상류층의 위선적인 진지함을 풍자하기 위해 작가가 의도적 으로 선택한 단어이다. 즉, 작품 속의 두 여성은 Earnest라는 이름을 가진 사람과 결혼하기를 원하는데, 이들에게는 남편이 될 사람이 Earnest라는 이름을 갖는 것이 중요하다는 것을 전달함과 동시에 삶 에 있어서 진지하고 진실함이 중요하다는 것을 나타내고 있다. 그러 므로 제목을 번역할 때 저자가 의도하는 이러한 두 가지 의미가 동시 에 전달될 수 있도록 하는 것이 중요하다. Earnest가 함축하고 있는 이러한 반영적 의미는 제목뿐만 아니라 작품 속에서도 드러난다.

I always told you, Gwendolen, my name was Ernest, didn't I? Well, it is Ernest after all. I mean it naturally is Ernest.

위의 문장은 작품 속의 주인공인 잭이 그웬덜린에게 하는 대사이다. 시실리의 후견인인 잭은 시골에서 벗어나 자유로운 시간을 갖기 위해 어니스트라는 가상의 동생을 만들어 동생을 만나러 간다는 핑계로 런던에 간다. 그는 런던에서 어니스트란 이름으로 행세하며 그웬덜린에게 청혼한다. 그런데 나중에 잭이 어니스트라는 이름으로 세례받은 사실이 밝혀짐으로써 진짜 어니스트임이 증명되자 잭이 하는 대사이다. 위 문장에서 특히 마지막 Ernest라는 단어는 이중적 의미로 쓰이고 있다. 잭의 이름이 어니스트이며 동시에 그가 늘 정직하고 진지했다는 의미를 전달하고 있다. 번역 시 이와 같은 이중적 의미를 전달하는 문제는 번역가에게 도전이 아닐 수 없다.

5. 연어적 의미(Collocative Meaning)

연어는 어휘항목(lexical item)의 결합관계(syntagmatic relation) 또는 연쇄관계(chain relation)를 설명하는 것으로, 개개의 어휘항목이 문맥 속에서 결합되는 어휘항목동료(同僚)를 말한다. sheep, mutton 이라는 항목의 경우, sheep은 field, flock, shear 등의 항목과 결합하는 반면에, mutton은 roast, menu, fat 등의 항목과 결합하는 경향이 있다(이정민 외, 2000).

A bolt from the blue나 a fish out of water 또는 a White Christmas 등, 흔히 관용어의 경우에는 이러한 연어적 관계가 매우 결속적이다. 또한 다음 예처럼 어휘항목에 따라 여성이나 남성과 결합하여 관습적으로 연어관계를 형성하는 경우도 있다.

> And finally, remember that your goal is to raise a respectful man and not a macho man. A man can express his feelings appropriately. He can show tenderness, warmth, weakness, and strength.
>
> The tender and delicate woman among you, who would not adventure to set the sole of her foot on the ground for delicateness and tenderness, her eye shall be evil toward the husband of her bosom, and toward her son, and toward her daughter.

위의 예에서 macho는 남성과, delicate는 여성과 연어관계를 흔히 형성한다.

연어적 의미란 이처럼 흔히 나란히 붙어 다니는 관용구에 연결되는 표현의 의미를 연상시킴으로써 발생하는 의미를 말한다. 물론 이러한 연어관계를 의도적으로 피함으로써 문학적 신선함을 전달하기도 한다. 셰익스피어의 『로미오와 줄리엣』에는 줄리엣이 "Parting is such sweet sorrow"라고 하는 대사가 나오는데, 여기서 sweet과 sorrow는 관용적으로 서로 결합할 수 없는 관계이다. 슬픔이 달콤할 수 없기 때문이다. 그러나 여기서는 이 두 어휘 항목을 결합시킴으로써 줄리엣의 교차된 감정을 표현하고 있다. cruel kindness(잔인한 친절) 같은 경우도 의미상 서로 양립할 수 없는 모순어법(oxymoron)을 통해 이중적인 의미를 전달하는 예이다.

번역에 있어서 연어적 의미가 문제되는 경우는 두 문화권에서 사용되는 어휘항목의 연어관계가 서로 다를 경우이다. 예를 들어, 'It is a curse to democracy'라는 문장의 경우, 영어에서는 curse와 democracy가 연어관계로서 자연스럽지만 한국어에서는 '민주주의'라는 단어가 '저주'라는 표현보다는 '암'이라는 단어와 흔히 연결관계를 맺기 때문에 '민주주의의 저주'라는 표현보다는 '민주주의의 암'이라고 번역하는 것이 더 자연스럽다.

6. 인유적 의미(Allusive Meaning)

인유란 어떤 속담이나 문학작품의 일부, 문장이나 일화 또는 유명한 시구나 고사를 직간접으로 인용하는 것을 말한다. 이는 텍스트의 맥락 밖에서 발생 또는 존재하는 상황이나 대상을 묵시적으로 언급하는 문체상의 장치이다. 인유적 의미란 그러한 인용구가 그 표현의 총체적 의미의 일부를 이루는 경우를 일컫는다. 인유는 대개 어떤 주제나 전달하고자 하는 메시지에 대해 좀 더 상세히 이야기하거나 주제나 메시지를 고양시켜주는 구실을 하지만, 둘 사이의 불일치를 통하여 그 주제나 메시지를 아이러니컬하게 깎아내리는 데에 쓰이기도 한다.

예를 들어, 회의를 조직할 때 'There are rather a lot of cooks involved'라고 했다면 이는 'too many cooks spoil the broth'란 속담을 인유한 것이다. 직역하면 '회의를 조직하는 데 있어 요리사가 너무 많아'라는 뜻이지만, '요리사가 많으면 죽을 망친다'라는 속담을 인유한 경우로, 이러한 속담의 의미가 'There are rather a lot of cooks involved'라는 뜻을 해석하고 의미전달을 하는 데 있어서 관여하게 된다. 그러므로 인유적 의미가 가미되어 회의를 조직하는 데 있어서 나서는 사람이 너무 많으면 회의를 망치게 된다는 뜻이 된다. 물론 한국어로 번역할 때 직역하여 '회의를 조직하는 일에 요리사가 너무 많아'라고 번역한다면 어떤 일을 하는 데 있어서 나서는 사람이 너무 많으면 일이 제대로 되지 않는 상황을 일컬을 때 한국어 문화권에서는 '요리사'에 빗대어 얘기하지 않기 때문에 회의에 참석하는 사람들을 위해 식사 준비를 담당할 요리사들의 수가 너무 많으므로 줄여야 된다는 의미로 잘못 이해될 수도 있다. 이럴 경우에는 한국어에 있는 속담으로 대체하여 '사공이 많으면 배가 산으로 간다'라는 속담의 인유적 의미를 떠올리도록 'There are rather a lot of cooks involved'를 '사공이 너무 많아'로 번역할 수 있다. 이 같은 경우는 도착어 문화권에서 사용하는 인유적 표현으로 대체하여 번역한 경우로서 화자의 문체를 살리면서 인유적 의미를 살린 경우이다.

그러나 이처럼 도착어 문화권에서 사용되는 속담으로 대체하여 인유적 의미를 번역할 경우에는 도착어 문화 고유의 색채가 가미되어 원문의 전체적인 균형을 깨뜨릴 수도 있다.

> While Hitler counted his chickens, Stalin contemplated the impending collapse of his policy, and perhaps of the regime, with apparent disbelief. We know less about the motives and thought of the Soviet government than of any other of the great powers involved in the war.

위 텍스트에 나오는 'While Hitler counted his chickens'란 표현에 사용된 인유적 의미는 'Don't count your chickens before they are hatched'라는 속담에서 연유된다. 이를 한국어로 번역할 때 '히틀러가 병아리를 세는 동안'이라고 직역하면 헛된 희망에 차 있다는 의미가 제대로 전달되지 않는다. 그렇다고 한국어 문화권에서 이러한 상황에서 사용되는 '떡 줄 놈은 생각도 않는데 김칫국부터 마신다'라는 속담으로 대체하여 '히틀러가 김칫국을 마시고 있는 동안'이라고 번역하면 인유적 의미를 전달할 수 있을지 모르지만 히틀러가 한국 고유의 음식인 김칫국을 먹는다는 것은 이 상황에서는 어울리지 않으므로 서로 문화적 불일치를 가져온다. 그러므로 이러한 경우에는 다른 인유로 대체하거나 인유적 의미를 명시적 번역하여 '히틀러가 헛된 희망에 부풀어 있는 동안'이라고 번역할 수 있다.

문헌학적 번역은 문학적 인유들이 다채로운 텍스트를 번역할 때도 유익한 번역기법이다.

> Richard, on the contrary, who was ten years younger, beheld himself born to the fortune of a second brother, and anticipated neither dignity nor entertainment in sustaining the character of Will Wimble.

> 반면에 그보다 10살이 적은 리처드는 차남으로서의 운명을 가지고 태어나 윌 윔블의 역할을 맡는 데 있어서 어떠한 위엄이나 즐거움도 기대하지 않았다.

위 텍스트에서는 윌 윔블이 어떤 사람인지를 알아야 리처드의 삶이 어떠한 것인지를 이해할 수가 있다. 윌 윔블은 영국의 수필가이며 시인인 애디슨(Joseph Addison, 1672~1719)이 「스펙테이터」(No. 108)지에 발표한 내용에 나오는 인물로서, 태어날 때부터 재산이 있는 것도 아니고 장사하는 방법을 배우지도 못한, 40대에서 50대 사이의 남자다. 그는 대지주(大地主)인 형의 사냥 감독을 하며 형과 함께 사는 인물이다.

이처럼 어느 작품에 나온 인물의 이름만을 언급하거나 작품의 어느 한 구절을 인용하는 것과 같은 문학적 인유들은 아주 풍부한 독서를 하지 않는 한 파악하기 어렵기 때문에 번역가들에게 있어서 참으로 해결하기 어려운 과제이다. 그리하여 이러한 인유들에 대한 번역을 할 때 아무런 설명 없이 출발어 텍스트를 직역하는 데 그치면 인유적 의미가 사라져버리고 불가해한 텍스트가 되어버리는 경우가 많다. 사실 인유는 독자와 작가가 지식과 경험을 공유하고 있음을 전제로 한다. 즉, 작가가 윌 윔블이라는 인유를 사용했을 경우에는 독자가 윌 윔블에 대해 알고 있을 것이라는 것을 전제로 하고 있다. 그러므로 작가가 사용하는 인유적 의미를 이해하기 위해서는 풍부한 독서가 필요하다. 그러나 독자마다 독서의 양이 다르기 때문에 그 이해의 정도도 다르게 마련이다. 더구나 텍스트가 다른 문화로 이동할 때는 작가와 독자 간의 공유된 지식과 정보의 차가 커지기 마련이다. 번역가의 임무는 문화 간에 발생하는 이러한 지식과 정보의 차를 좁혀줌으로써 인유적 의미에 있어서 손실을 줄이는 데 있다. 위 텍스트에서는 문헌학적 번역방법을 통해 윌 윔블이란 인물에 대해 정보를 제공함으로써 도착어 문화권 독자들이 인유적 의미를 끌어낼 수 있도록 해줄 수 있을 것이다.

그러나 풍부한 문화적, 문학적 전통에 기반을 둔 인유를 모두 문헌학적 번역방법을 통해 해결할 수 있는 것은 아니다.

George Bernard Shaw의 작품 『Pygmalion』에 나오는 다음 대사를 보자.

> LIZA: Yes: you turn round and make up to me now that I'm not afraid of you, and can do without you.
> HIGGINS: Of course I do, you little fool. Five minutes ago you were like a millstone round my neck. Now your a tower of strength: a consort battleship. You and I and Pickering will be three old bachelors together instead of only two men and a silly girl.

리자: 그래요. 이제 내가 선생님을 두려워하지 않고 선생님 없이
도 지낼 수 있게 되니까 선생님이 저한테 접근하고 환심을
사려고 하는군요.
히긴스: 물론 그렇지, 이 바보야. 5분 전까지만 해도 넌 날 얽어매
는 굴레였어. 하지만 이제 넌 힘을 가진 전함과 같은 존재
야. 이제 너와 나 그리고 피커링은 두 남자와 한 어리석은
소녀가 아니라 세 명의 독신자가 될 거야.

위 텍스트에 인용된 "a millstone round my neck"이란 표현은 마태복
음, 마가복음, 누가복음 등 성경책 여기저기에서 많이 등장하는 표현이
다. 마태복음(18장 6절)에 나오는 관련된 구절을 보면 다음과 같다.

If anyone causes one of these little ones - those who believe in me -
to stumble, it would be better for them to have a large millstone
hung around their neck and to be drowned in the depths of the sea.

그 누구라도 나를 믿는 작은 이들을 비틀거리게 한다면 그들의 목
에 커다란 맷돌을 매달아 깊은 바다에 빠뜨리는 게 나으리라.

커다란 맷돌을 목에 매고 깊은 바다에 빠지면 어떻게 되겠는가. 아
마도 살아날 수 있는 사람은 아무도 없을 것이다. 『Pygmalion』에서
히긴스가 "Five minutes ago you were like a millstone round my neck"
이라고 말한 뜻은 실제로 리자가 죽음에 이르게 하는 존재란 뜻이 아
니라 옴짝달싹 할 수 없게 만드는 존재라는 뜻으로 한 말이다. 기독
교 문명권에서는 millstone round my neck이란 표현이 익숙하기 때문
에 이를 직역하여 '5분 전까지만 해도 넌 내 목에 매달린 맷돌이었어'
라고 직역해도 이러한 의미가 충분히 전달될 것이다. 하지만 이러한
성경 구절에 익숙하지 않은 독자들에게는 무슨 뜻인지 의미가 전달

되지 않을 수 있으며, 더구나 맷돌이 무엇인지 모르는 독자들에게는 아무런 의미도 전달하지 못한다. 이 경우 텍스트에서 의도하는 인유적 의미를 전달하기 위해 문헌학적 번역방법을 선택할 수도 있겠지만 문제는 텍스트가 관객의 즉각적인 이해를 필요로 하는 공연용 텍스트라는 데 있다. 물론 읽기 위한 목적으로 희곡을 번역하는 것이라면 문헌학적 번역방법이 유용할 수 있지만, 무대용으로 희곡을 번역할 경우에는 관객이 즉각적으로 이해할 수 있도록 번역전략을 선택하는 것이 필요하다. 그러므로 위에 제시한 '넌 날 얽어매는 굴레였어'라는 번역처럼 의미를 명시화하여 인유적 의미의 손실을 감수할 수밖에 없다.

이처럼 번역에 있어서 인유가 문제가 될 수 있는 점은 문화권이 달라지면 출발어 텍스트가 생산된 문화권의 독자에게는 익숙한 인유가 도착어 문화권의 독자에게는 생소한 경우가 발생한다는 데 있다. 번역가의 임무는 이러한 간극을 메워줌으로써 도착어 문화권의 독자에게 이해가 가능한 텍스트로 만들어주는 데 있다.

이를 위해 번역가의 첫 번째 과제는 출발어 텍스트에 포함된 인유적 뉘앙스를 파악하는 일이다. 두 번째는 관련된 말이나 인용구의 의미를 참조하여 인유적 의미를 이해하는 것이다. 세 번째는 도착어에 있는 말이나 인용구에 기초한 적절한 인유적 의미를 사용하여 도착어 텍스트에서 그 인유적 의미를 전달하는 것이다(Hervey & Higgins, 1992).

그러므로 번역가는 두 문화권의 독자들을 능가하는 독서와 경험을 하는 것이 필요하다 하겠다.

PART 4

묵시적 정보와 번역

Implicit Information and
Translation[6]

1. 묵시적 정보란 무엇인가?
(What is Implicit Information?)

문학텍스트 번역의 불가능성이나 어려움에 대해 논할 때 흔히 거론되는 문제들은 거의가 문학성(literariness)과 결부된 문제들이다. 즉, 원문이 담고 있는 주제, 문체, 운율, 리듬, 어조, 인물, 작가의 태도나 관점, 이국적 요소 등을 어떻게 도착어 문화권의 독자들에게 고스란히 전달할 것인가에 관한 문제들이다. 그런데 이러한 문학성 중에서도 번역의 어려움이나 불가능성을 야기하는 것은 텍스트에 문학성을 더해주며, 비문학적 텍스트와는 구별되는 농밀한(density) 언어사용과 그에 따른 묵시적 정보에 있을 것이다. 앞서 다룬 함축 의미는 텍스트에서 묵시적으로 전달되어 묵시적 정보로 작용한다.

그렇다면 '묵시적 정보'란 무엇인가. 미리엄 웹스터(Merriam-Webster) 사전에 나온 '묵시적(implicit)'이란 의미를 보면, 먼저 "표현되지는 않았지만 다른 어떤 것으로 미루어 이해될 수 있는, 암시적인"이란 뜻이 있으며, 두 번째로는 "드러나거나 표현되거나 전개되진 않았지만 어떤 것의 본질이나 정수와 관련된", 즉 '잠재적인'이란 뜻이 있다.

문학에서 묵시적 정보란 이처럼 겉으로 드러나지 않는 정보로서, 작품의 본질이나 정수와 관련된 '잠재적인' 정보이다. 이러한 잠재적 정보는 저자가 사용하는 단어, 문체, 메시지 등을 통해 전달될 수 있다. 예를 들어, stone을 '석조', '돌멩이', '돌' 등으로 표현할 수 있듯이,

---

6) 본 내용은 통번역교육연구에 게재된 내용을 수정 보완한 것이다.

같은 대상을 지시하더라도 저자가 선택하는 지시어에 따라 묵시적 정보가 달라질 수 있다. 저자가 사용하는 문체 역시 마찬가지이다. 예를 들어, 건조하고 냉정한 하드보일드(hard-boiled) 문체를 통해 부조리한 세계의 단면을 드러낼 수도 있고, 작품 속에서 주인공으로 하여금 단문보다는 만연체의 대화를 사용하게 함으로써 그 주인공이 현학적이고 박식하다는 묵시적 정보를 전달할 수도 있다.

묵시적 정보는, 길바닥에 구르는 하나의 돌멩이가 겉으로 보기에는 아무런 특징이나 가치가 없어 보이지만 조각가의 눈에는 다양한 형상이 잠재되어 있는 것으로 보이는 것과 같이, 텍스트에 잠재되어 있는 다양한 형상이다. 작가들이 묵시적 정보를 사용하는 이유는 이러한 여러 가지 잠재되어 있는 형상들 중 그 어떤 것의 형상도 명시적으로 드러내어 전달하지 않음으로써 독자들로 하여금 잠재적인 다양한 형상들을 떠올리게 하여 다양한 해석을 가능케 하는 데 그 목적이 있다. 그리고 이러한 잠재적 형상들을 통해 더욱더 풍부한 감정과 인상(impression)과 생각을 불러일으킴으로써 문학작품을 더 풍성하게 하고 시적 효과를 극대화하도록 하는 데 그 목적이 있는 것이다.

문학번역에서 묵시적 정보를 전달하는 일이 조각가가 돌멩이에서 볼 수 있는 잠재적인 형상들까지 전달하는 일이라고 생각한다면 이러한 묵시적 정보를 온전히 전달하는 일은 매우 어려운 일이 될 것이다. 형태적 등가(formal equivalence)적인 번역만으로는 출발어 문화권과 도착어 문화권 간의 언어체계의 차이나 언어사용 관습의 차이, 또는 문화적, 문학적, 심미적 관습 등의 차이로 인해 그러한 정보가 온전히 전달되지 않는 경우가 많기 때문이다. 그렇다고 해서 명시적으로 번역을 한다거나 매번 주석을 달아 설명을 하는 것 또한 시적 효과를 떨어뜨리는 결과를 초래할 것이다. 그래서 애덤스(Adams, 1973)는 묵시적 정보를 전달하고자 하는 그 어떠한 번역도 '원문을 살해(murdering the original)'하는 번역이라고 말한다. 그는 스탕달의 『파르마의 수도원(La chartreuse of de Parme)』이란 작품 제목의 번역에 관해 논하면서, 수도원(chartreuse)이 프랑스 독자에게 불러일으키는 정서를 전달하는 것은 불가능하며 그 어떤 번역도 원문을 살해하는 번역이라고 말한다.

언어란 한 문화권에서 배태되어 오랜 역사를 거치면서 그 문화권의 삶과 함께 밀접한 관련을 맺으면서 변화를 거친다는 점을 감안할 때, 한 언어가 그 언어를 사용하는 문화권의 사람들에게 불러일으키는 정서를 다른 언어로 전달하는 일이 불가능하다는 점은 지극히 당연한 일일 것이다. 그러나 수 세기 동안 문학이 다른 문화권의 언어로 번역되어 감동을 주고 변화를 주어왔다는 사실은 번역의 불가능성보다는 가능성을 증명해주는 사실이 될 것이다.

여기서는 관련성 이론에 의거하여 묵시적 정보를 전달함에 있어서 '원문을 살해하는' 번역이 아닌, 원문을 살리는 번역에 대해 다루고자 한다. 묵시적 정보의 발생과 전달과정을 설명할 수 있는 관련성 이론을 살펴보고, 문학번역에서 묵시적 정보가 어떻게 번역되는지를 고찰한 후, 실제 번역된 텍스트를 중심으로 번역과정에서 직역, 의역, 명시화 번역, 유창성 번역전략에 따라 묵시적 정보가 어떻게 변화하는지에 대해 제시된 번역을 중심으로 분석해보기로 한다. 먼저 관련성 이론과 묵시적 정보에 대해 살펴보자.

2. 관련성 이론과 묵시적 정보
(Relevance Theory and Implicit Information)

인간의 의사소통은 발화(utterance) 그 자체의 명시적 정보뿐만 아니라 발화의 형식(form)만으로는 전달되지 않는 묵시적 정보에 의해서도 이루어지는데, 이러한 묵시적 정보가 전달되는 과정을 설명해주는 이론이 스퍼버와 윌슨(Sperber and Wilson, 1986)의 관련성 이론이다.

어떤 발화가 관련성을 가지려면 두 가지 조건을 갖추어야 하는데, 첫째는 새로운 정보를 제공해야 하고, 두 번째는 관련된 정보가 수신자가 이미 가지고 있는 다른 정보와 연관이 되어야 한다(Gutt, 1992). 인간의 모든 의사소통은 이 두 정보 간의 추론적 결합(inferencing combination), 즉 텍스트와 콘텍스트 간의 추론적 결합을 통해서 이루어진다.

콘텍스트란 발화를 해석하는 데 사용되는 일련의 전제들로서 정신적으로 구성되는 것이며 세상에 대한 추정들로 이루어진다(Sperber and Wilson, 1986). 즉, 관련성 이론가들에게 있어서 콘텍스트를 구성하는 것은 적합한 사회문화적 규범을 비롯한 일련의 언어적, 상황적 특징뿐 아니라 언어 사용자가 세상과 관련하여 머릿속에 품고 있는 추정들도 포함된다. 예를 들어, 의사소통이란 특정 행위를 수행하고자 하는 의도로 이루어지는데, 이러한 의도와 행위는 적절히 암시되는 것이고, 주어진 텍스트 행위를 처리하는 데 있어서는 여러 추정들 중 더 적절하고 타당하다고 생각되는 추정들이 선택되는 것이다 (Hatim and Munday, 2004).

발화를 둘러싼 이러한 일련의 가정들을 인지 환경(cognitive environment)이라고 한다. 청자(hearer)에게 있어 인지환경은 '청자에게 자명한 사실들'(Sperber and Wilson, 1986)로서 청자가 발화나 텍스트를 처리할 때 형성되는 정신적 환경이다. 콘텍스트는 인지환경의 일부로서 텍스트의 해석에 이용될 수 있다. 그러므로 콘텍스트는 '주어지는' 것이 아니라 여러 인지환경 중에서 '선택되는' 것인데, 이때 특정한 콘텍스트의 선택은 관련성에 의해 결정된다(Sperber and Wilson, 1986).

다음 텍스트의 예를 보자.

Serge Cardin, a Canadian MP, had to apologize to the House for humming the theme song from <The Godfather> while Public Works Minister Alfonso Gagliano, who is of Italian descent, addressed Parliament. (*Newsweek*, Perspectives, 21 May 2001, Hatim and Munday 2004)

위 텍스트가 의미하는 내포적 정보가 무엇인지를 알아보려면 다음과 같은 질문을 던질 수 있다(Hatim and Munday, 2004).

1) 의원이 사과해야 할 이유는 무엇인가? 노래를 '흥얼거린' 것이 의회에서 지켜야 할 예의에 벗어났기 때문일까?
2) 영화 <대부(The Godfather)>와 이 텍스트가 전달하고자 하는 의미와는 무슨 관련성이 있을까? <대부>라는 영화가 훌륭한 고전작품이라는 사실과 관계가 있는 것일까?
3) 이 텍스트에서 이탈리아 '후손(descent)'이라는 사실은 어떤 관련성이 있을까? 무슨 의미를 전달하고자 하는 것일까?

위의 텍스트가 전달하고자 하는 묵시적 정보를 해석하기 위해 관련성 이론을 토대로 설명해보면, <대부>에 나오는 주제음악을 흥얼거린 것은 정부 관료의 부정부패와 이탈리아 마피아의 부정부패를 서로 관련시키는 것으로 이해될 수 있다. 그러므로 사과해야 할 필요성은 독자들의 추론적 행위에 의해 발생한다. 즉, 이탈리아 후손인 의원이 연설을 하고 있는 시점에서 <대부>의 주제음악을 흥얼거린 것은 인종적 비방이라는 묵시적 정보를 담고 있기 때문에 사과를 해야 하는 이유가 되는 것이다.

그런데 독자가 이러한 해석을 얻기 위해서는 독자들이 주제음악을 흥얼거린 것을 실마리로 '대부'와 정부관료 간의 특별한 관계를 유추할 수 있어야 한다. 이는 주어진 자극(stimulus)이 콘텍스트와 결합을 통해 추론 가능한 것이 되어야 한다는 뜻이다. 그리고 이러한 추론은 독자나 청자가 가지고 있는 개인적인 정보나 능력에 따라 달라질 수 있다. 즉, 마리오 푸조(Mario Puzo) 원작 소설을 토대로 한 <대부>라는 영화가 정계와 경찰과 깊은 관계를 맺고 그 힘으로 밀수, 부정청탁 등 부정행위를 일삼는 이탈리아 마피아의 이야기라는 것을 알아야 이러한 추론이 가능하다.

그러므로 묵시적 정보는 다음과 같은 특징을 갖는다(Gutt, 1992). 첫째, 묵시적 정보는 전달되는 강도가 다양하다. 둘째, 묵시적 정보가 잠재적으로 전달할 수 있는 생각은 무한하다. 셋째, 묵시적 정보에 대한 책임은 저자와 독자에게 있지만 그 책임의 정도는 다양하다.

번역의 경우로 바꾸어 얘기하면, 묵시적 정보전달을 매개하는 책임은 번역가에게 있다. 번역서의 경우 번역독자에 대한 의무와 책임은 번역가에게 일부 있기 때문이다. 그러므로 번역가는 독자들이 적절한 추론을 할 수 있도록 가이드 해야 하며, 이러한 추론을 바탕으로 어떤 의미를 전달해야 할지 어떤 방식으로 번역해야 할지를 결정해야 한다(Hatim and Munday, 2004).

요약하면 관련성 이론에 의한 묵시적 정보의 전달은 자극(stimulus) → 추론(referencing) → 해석(interpretation)의 과정을 통해 의미가 전달됨으로써 수신자의 인식에 변화를 주게 된다.

관련성 이론에서는 이러한 인식의 변화를 맥락효과(contextual effect)라고 칭한다. 맥락효과는 의식(awareness)의 변화, 즉 수신자의 인지환경(cognitive environment)의 변화이다. 이는 발화 속의 정보에 의해서만 발생하는 것도 아니고 우리가 이미 가지고 있는 맥락지식에 의해서만 발생하는 것도 아니다. 이 둘 간의 추론적 결합에 의해 발생하는 것이다. 그러므로 맥락효과는 발화로 표현된 정보를 넘어서서 묵시적으로 전달된다. 그런데 발화가 성공적으로 소통이 되려면 적정한 (optimal) 관련성을 가져야 한다. 청자가 불필요한 노력 없이 적정한 맥락효과를 줄 수 있어야 한다. 즉, 불필요한 노력을 들이지 않고서도 청자의 앎(knowledge)에 변화를 줄 수 있어야 한다(Gutt, 1992).

관련성 이론에 따르면 묵시적 정보를 해석하기 위해 추론을 하는 데 들이는 노력은 최소한의 처리비용으로 이루어져야 하며, 이러한 추론이 가능하지 않을 경우에 자극은 관련성이 적은 것으로 간주된다. 즉, 문맥 속의 요소가 발휘하는 효과가 클수록 그 요소는 관련성이 크며, 그 요소를 처리하는 데 드는 노력이 적게 들수록 관련성이 크다(Sperber and Wilson, 1986)는 것이다.

번역에서는 이러한 문제와 관련하여 레비가 미니맥스 원칙 (Minimax)으로 설명하고 있다. 미니맥스 원칙이란 번역가가 번역을 할 때 어떤 문제에 대해 여러 가지 해결책이 있을 경우 한 가지를 선택하게 되는데, 이러한 선택은 최소한의 노력으로 최대한의 효과를 거둘 수 있는 해결책을 지향하게 된다는 것이다(Levý, 1967/2000).

예를 들어, 어떤 텍스트에서 운율이나 비유적 표현과 같은 유표적인(marked) 문장이 쓰였을 경우, 그러한 유표적 특성이 텍스트 맥락에서 특정한 의미전달을 위한 목적으로 쓰인 것인지, 아니면 우발적으로 발생한 것인지에 대한 판단을 하여, 맥락적 동기가 있을 경우에는 유표성을 번역텍스트에서 전달하고, 그러지 않을 경우에는 그러한 유표성을 제거해야 한다. 그럼으로써 아무런 동기가 없는 유표적 텍스트를 이해하기 위해 독자들이 쏟아부을 노력을 줄이는 것이다. 이처럼 유표성이 제거될 경우에는 텍스트 이해과정에서 불필요한 자극-추론-해석의 과정이 사라지게 되는 것이다.

묵시적 정보를 번역할 경우에도 이러한 미니맥스 원칙(Minimax)이 적용된다고 볼 수 있다. 즉, 번역가는 도착어권 독자들이 불필요한 추론을 함으로써 불필요한 노력을 하지 않도록, 적절한 콘텍스트를 선택할 수 있는 인지환경을 제공해야 한다.

이러한 환경을 제공하는 방법은 주석을 통해 콘텍스트와 관련된 정보를 직접적으로 제공하는 등의 다양한 방법이 있을 수 있다. 예를 들어, 위의 <대부>에 관한 예의 경우 <대부>의 줄거리에 대한 정보를 제공한다든지, 또는 좀 더 직접적으로 독자의 해석에 개입하고자 한다면 의원이 사과해야 할 이유에 대해 명시적으로 설명해줄 수도 있을 것이다. 다음에는 실제로 문학텍스트에서 묵시적 정보가 어떻게 전달되는지, 그리고 번역을 하는 과정에서 어떻게 변형되는지 예를 통해 살펴보자.

3. 문학텍스트에 나타난 묵시적 정보의 번역
(Translation of Implicit Information in the Literary Text)

문학텍스트에서 묵시적 정보를 사용하는 이유는 독자들이 이미 공유하고 있는 사실이나 정보를 명시적으로 다시 설명하지 않음으로써 군더더기가 될 수 있는 내용을 줄이거나, 특정 텍스트에 대한 다양한 해석을 가능하게 함으로써 더욱 풍부한 사상과 감정을 전달하기 위한 것이다.

독자들은 텍스트와 콘텍스트와의 추론적 결합을 통해 이러한 묵시적 정보를 읽어내는데, 문화권이 달라지면 이러한 추론이 불가능하거나 저자가 의도한 것과는 다른 해석에 도달할 수 있다. 번역가의 임무는 원작을 읽을 때 출발어 문화권 독자들이 도달하는 해석과 유사한 해석을 도착어권 독자들이 끌어낼 수 있도록 하는 데 있다. 즉, 동일한 또는 유사한 묵시적 정보를 전달함으로써 유사한 맥락효과를 거둘 수 있는 번역텍스트를 생산해야 한다.

묵시적 정보가 텍스트와 콘텍스트 간의 추론적 결합에 의해 전달된다면, 문학번역에서 콘텍스트란 무엇인가에 대한 구체적인 규명이 필요하다. 관련성 이론가들에게 있어서 콘텍스트란 다음과 같은 특징을 갖는다(Gutt 1992, Wilson and Sperber, 1986). 첫째, 콘텍스트는 심리적 개념(psychological notion)이다. 주변텍스트, 사회, 문화적, 역사적, 상황적 정보 등을 포함하는 매우 광범위한 개념이다. 둘째,

콘텍스트는 주어지는 것이 아니라 선택되는 것이다. 셋째, 특정 콘텍스트의 선택은 관련성을 근거로 이루어진다. 즉, 콘텍스트는 텍스트나 발화가 '최적으로 처리되게 하는' 일련의 정보이다.

그렇다면 문학번역 시 콘텍스트를 구성하는 것은 무엇일까. 일반 커뮤니케이션에서의 콘텍스트와 문학텍스트에서의 콘텍스트는 달리 구분되어야 한다. 일반 커뮤니케이션에서 콘텍스트는 주로 청자가 가지고 있는 세상지식, 대화가 이루어지는 대화 주제지식, 상황 등이라면, 문학에서 콘텍스트는 문학텍스트가 제공하는 정보와 독자 제공정보로 이루어진다고 말할 수 있다.

첫째, 문학텍스트가 제공하는 텍스트 제공정보는 문학작품이 담고 있는 주제, 플롯, 문체, 운율, 리듬, 어조, 인물, 작가의 태도나 관점, 이국적 요소, 작품의 배경이 되는 시대, 공간, 지리, 역사 등이 될 수 있다. 작가는 이러한 콘텍스트를 사용함에 있어 특정한 의도와 목적을 가지고 치밀한 계산하에 텍스트 적재적소에 배치한다. 보그랑데에 따르면 콘텍스트란 의미를 의도적이고 체계적인 방식으로 특정한 목적과 상황에 맞도록 전략적으로 배치한 것이다(Beaugrande and Dressler, 1981).

둘째, 독자 제공정보란 독자가 가진 문학적 지식, 세상지식, 언어능력(linguistic competence) 등이 될 수 있다. 여기서 언어능력이란 텍스트 유형과 같은 거시구조의 제약 내에서 텍스트를 해독하는 개인의 능력으로서, 이는 현실 상황이나 개인이 가진 사회 경제적 지위, 교육, 훈련, 지식, 믿음과 같은 변수의 영향을 받을 수 있다(Hatim and Munday, 2004).

번역가는 텍스트 정보지식과 독자(여기서는 번역가를 의미함) 제공정보를 모두 갖추고 있어야 하며, 도착어권 독자들이 가진 독자 제공정보에 대해서도 잘 알고 있어야 한다. 그래야 출발어 텍스트와 도착어 텍스트 간에 유사한 해석을 끌어낼 수 있도록 매개할 수 있기 때문이다.

이러한 매개를 하는 데 있어서 번역가의 독서는 일반 독자의 독서 방식과는 차별화된다. 독자의 독서는 일반적으로 내러티브의 진행에 따라 한 방향으로 이루어지지만, 번역가가 번역을 위해 하는 독서는 입체적이며 다면적이고 회고적이다. 번역가는 원문을 번역하는 데 있어서 텍스트 제공정보에 대한 고려는 물론이고 문화 차이로 인해 출발어 텍스트 독자가 가지고 있을 정보와 도착어 텍스트 독자가 가지고 있을 정보와의 간극에 대한 이해를 바탕으로 끊임없이 번역전략을 수정, 보완해야 한다. 그러므로 번역가의 독서는 내러티브의 전개에 따라 앞으로만 진행되는 것이 아니라 때로는 역방향으로, 때로는 같은 텍스트를 반복적으로 읽는 과정을 반복할 수 있으며 텍스트의 주제, 플롯, 문체, 작가 태도 등의 요소를 끊임없이 번역과정 속에 끌어들여 해석하는 과정을 통해 번역전략을 수립해나아가야 한다. 묵시적 정보를 번역하는 번역가의 능력은 이러한 번역과정을 통해 원문이 가지고 있는 묵시적 정보가 갖는 해석적 유사성을 전달함으로써 독자들에게 풍부한 사상과 감정과 인상을 효과적으로 전달하는 데 있다.

그렇다면 실제 번역된 텍스트 분석을 통해 묵시적 정보가 어떻게 전달되는지 살펴보기로 하자. 한국에서는『악마의 사전』으로 알려진 미국 작가 앰브로스 비어스(Ambrose Bierce)의 단편소설 「폐쇄된 창(The Boarded Window)」을 중심으로 살펴보기로 한다. 1909년

『Collected Works of Ambrose Bierce』에 실린, 이 단편은 익명의 한 내레이터가 자신의 할아버지에게 들은, 미국 서부개척시대 당시에 살았던 머록이라는 남자에 관한 이야기를 전하는 형식으로 쓰인 소설이다.

간단하게 줄거리를 살펴보면 다음과 같다. 젊은 시절에 머록은 아내와 함께 지금의 신시내티 근처에 정착하여 행복한 삶을 꾸린다. 그러던 어느 날 사냥에서 돌아온 그는 아내가 고열로 아파 쓰러져 있는 것을 발견한다. 집 근처에는 이웃이나 의사가 없었기 때문에 머록은 아내를 열심히 간호하지만 아내는 결국 의식을 잃고 죽고 만다(머록의 눈에는 그렇게 보였다). 머록은 장례를 치를 준비를 하기 위해 아내의 두 손을 묶어놓고 잠이 든다. 한밤중에 요란한 소리에 잠이 깬 머록은 표범과 난투를 벌이다 쓰러진다. 그리고 날이 밝아 의식이 깨어났을 때 죽은 줄로만 알았던 아내가 표범과 사투를 벌이다 최후를 맞이한 것을 알게 된다. 이후 머록은 창문을 폐쇄한 채 외부와 단절된 생활을 하다 죽는다는 이야기이다.

본 장에서는 이 단편소설을 번역하는 과정에서 번역전략에 따라 묵시적 정보가 어떻게 바뀌는지에 대해 알아보고 올바른 번역방법을 알아본다.

먼저 단어 대 단어(work-for-word)로 번역하는 직역의 경우, 지시적 등가어(referential equivalent)의 선택에 따라 묵시적 정보가 어떻게 달라지는지 살펴보자.

다음은 소설의 첫 부분으로서 소설의 배경이 되는 장소를 설명하는 부분이다.

In 1830, only a few miles away from what is now the great city of

Cincinnati, lay an immense and almost unbroken forest.

1830년, 지금은 대도시인 신시내티 시(市)에서 몇 마일 떨어지지
않은 곳에 사람의 손길이 거의 닿지 않은 큰 숲이 있었다.

위 텍스트에서 이 소설의 콘텍스트와의 관련하에 번역해야 할 단
어는 immense란 단어이다. Immense의 사전적인 의미를 보면 '숲'의
수식어로 사용될 수 있는 의미로는 '큰, 거대한, 광대한(extremely
large or great)'의 뜻이 있다. 이 중 번역텍스트에서는 '큰'이란 단어
가 사용되었다. 일반적으로 '큰'이라고 하면 보통의 사이즈보다는 '큰'
의 의미를 지닌다. 그러므로 '큰' 숲이라고 했을 경우에는 단지 '작은'
숲과 대조되는 숲이라는 정보만을 전달하게 된다. 그럼으로써 텍스
트가 제공하는 있는 다른 정보들과의 관련성은 사라져버린다.

그런데 '큰'의 지시적 등가어인 '거대한'이나 '광대한'의 수식어로
번역할 경우에는 이 번역어가 주변 텍스트와 맺는 관련성이 달라지
며 따라서 맥락효과 또한 달라진다. '거대한'이나 '광대한'이란 형용사
는 우주, 평야와 같은 단어와 연어(collocation) 관계를 맺기 때문에,
우주(universe)라든가, 끝없이 펼쳐진 평야라든가, 그보다는 훨씬 더
커다란 뭔가를 연상시킴으로써 다른 차원의 의미를 전달해준다. 저
자가 'immense'라는 표현을 사용한 것은 이러한 이미지를 전달하기
위한 것일 수 있다. 서부개척 당시 개척자들의 눈에는 숲이 상상할
수 없을 정도로 거대한 우주처럼 보였을 것이며, 그러한 우주와 같은
대상은 개척정신이 있는 개척자들에게는 정복의 야심을 불러일으키
는 대상이 되었거나, 아니면 저 너머에 무엇이 있는지 알 수 없기 때
문에 공포의 대상이 될 수도 있었을 것이다. 원문의 독자들에게 전달

하는 이미지는 이러한 것일 수 있다.

Immense란 단어가 바로 연이어 나오는 'almost unbroken'이란 의미와 결합될 때 숲은 사람의 발길이 닿은 적이 없는 미지의 알 수 없는 두려운 대상이 될 수 있다. 작품 후반부에 주인공의 아내가 맞게 되는 최후의 죽음이 이러한 미지의 자연의 일부에 의한 것임을 고려할 때, 주인공이 느끼는 자연에 대한 느낌은 죽음을 부르는 공포스러운 것일 수 있다. 이러한 설명은 바로 이어지는 단락에서 숲이 '어둠(gloom)'과 '정적(silence)'으로 묘사된 것으로도 뒷받침된다.

이처럼 텍스트에 의해 제공되는 정보와 관련지어 해석할 때 immense의 의미는 단지 '크다'는 의미 이상의 연상작용을 불러일으킨다. 이러한 맥락효과는 '거대한'이란 단어와 연어관계에 있는 단어들에 대한 번역가/독자의 언어지식과 텍스트 제공정보가 결합될 때 가능한 것이다.

그러므로 이러한 효과를 전달하기 위해서는 '큰' 숲보다는 '거대한' 또는 '광대한'이란 지시적 등가어로 번역하는 것이 필요하다. 그런데 번역문에서는 '큰 숲'으로 번역하여 인지환경을 바꾸어버림으로써 원문이 전달할 수 있는 묵시적 정보를 거세해버리는 결과를 초래한 것이다.

다음은 의역으로 인해 발생하는 관련성 상실의 문제를 살펴보자. 다음은 아내가 죽은 후 홀로 남겨진 머록에 대해 소개하는 내용이다.

> Many of them had already forsaken that region for the remoter settlements, but among those remaining was one who had been of those first arriving. He lived alone in a house of logs surrounded on all sides by the great forest.

이렇게 모두가 더 먼 곳을 향해 떠나버렸지만 최초 정착민 중 한 명은 여전히 마을에 남아 있었다. 그는 사방이 거대한 숲으로 둘러싸인 통나무집에서 혼자 살고 있었다.

번역에서는 'forsaken that region for remoter settlements'의 개략적인 의미만을 추출하여 '더 먼 곳을 향해 떠나버렸다'로 옮기고 있다. 'forsaken that region'이란 표현이 누락되어 있으며 'remoter settlements'이 '먼 곳'으로 번역되어 있다. 이로 인해 번역문은 먼 곳을 향해 떠난 자와 남아 있는 자에 대한 구분 이외에는 아무런 정보를 전달해주지 못한다. 정착민 중에는 떠난 자와 남아 있는 자가 있을 뿐이며 이들이 어떤 사람들인지에 대한 정보는 없다. 그러므로 텍스트가 제공하고 있는 다른 정보들과의 관련성이 소거되어 버리기 때문에 다른 추론의 여지를 차단해버린다.

반면에 원문을 보면 떠난 사람들은 단지 막연히 '먼 곳을 향해 떠난' 것이 아니라 '그 지역을 버리고(forsaken that region)' '더 먼 개척지(remoter settlements)'를 향해 떠난 것이다. 떠난 사람들은 안정적인 정착지를 포기하고 새로운 땅에서 보다 나은 운명을 개척하고자 하는 의지와 모험심과 개척정신을 가진 사람들이라는 묵시적 정보가 함축되어 있다. 반면에 남은 자들은 이와는 다른 삶의 태도를 가진 자들이라는 의미가 된다. 머록 역시 이러한 남아 있는 부류에 속하므로 개척의지가 없는 수동적인 사람이거나 운명에 순응적인 사람으로 해석될 수 있다. 이러한 해석은 자신의 실수로 인해 아내를 잃고 회한과 죄책감으로 삶에 대한 아무런 희망이나 의지 없이 무기력하게 살았을 머록의 삶과 관련성을 맺을 때 설득력을 갖는 것이다. 'remoter settlements'과 'forsaken that region'이란 표현을 읽을 때 원문의 독자들은 떠난 자와 남은 자에 대한 이러한 정보를 떠올릴 수 있다. 그러나 번역과정에서 이러한 묵시적 정보가 희생되어버렸다. 묵시적 정보를 되살리기 위해 번역을 다시 하면 '대부분은 그곳을 버리고 먼 개척지를 향해 떠났지만, 남아 있는 사람들 중 개척 초기에 왔던 한 사람이 있었다'로 할 수 있다.

의미의 명시화로 인해 묵시적 정보가 소거된 경우를 살펴보자. 다음은 아내가 죽은 후 혼자 살고 있는 머록에 대한 묘사이다.

In figure he was tall and spare, with a stoop of the shoulders - a burden bearer.

큰 키에 여윈 몸을 가진 그의 구부러진 어깨는 짐꾼을 연상케 했다.

여기서는 'a burden bearer'가 '짐꾼'으로 번역되어 있다. 원문에 나온 '짐(burden)'의 의미에는 물리적인 짐은 물론, 정신적인 짐이나 책임이나 문제 등을 모두 포괄하는 단어이다. 원문의 독자들은 머록을 묘사하는 'burden'이란 단어를 접하면서 텍스트에 의해 제공된 이제까지의 정보를 바탕으로, 실수로 아내를 죽음에 이르게 한 머록이 느꼈을 슬픔, 회한, 죄책감, 지나온 세월이 가져다 준 삶의 무게, 그리고 앞으로 짊어지고 나아가야 할 삶의 무게 등을 떠올릴 것이며, 물리적으로 짐을 진 것과 같은 구부정한 머록의 모습을 이러한 연상작용과 연결시킬 것이다. 그런데 이에 대한 번역어인 '짐꾼'은 '짐을 지어 나르는 사람'이라는 물리적 의미만을 전달함으로써 원문이 갖는 연상작용을 거세해버리고 있다. 그러므로 '그의 구부러진 어깨는 짐꾼을 연상케 했다'를 '무거운 짐을 지고 있는 것처럼 어깨는 구부정했다'라고 바꾸어 번역하면 원문의 독자들이 느끼는 맥락효과를 유사하게 전달할 수 있을 것이다.

다음은 번역의 유창성(fluency)으로 인해 묵시적 정보가 상실된 경우이다. 머록은 간밤에 표범과 격투를 벌인 후 의식을 잃었다가 다시 의식을 되찾는다.

> Then there were darkness blacker than before, and silence; and when he returned to consciousness the sun was high and the wood vocal with songs of birds.
>
> 그리고 다시 그 전보다 더한 어둠과 고요함이 찾아왔다. 그가 의식을 되찾았을 때 태양은 높이 떠 있었고, 나무들 사이에서 새들의 노랫소리가 들려오고 있었다.

번역문만을 보면 한국어가 매우 자연스럽고 시적이기까지 하다. 그러나 자세히 살펴보면 원문과 번역문의 어조가 많이 달라져 있음을 알 수 있다. 원문에서는 'there were', 'the sun was' 등의 표현을 통해 모든 것이 머록과는 상관없이 그저 그 자리에 있음을 보여주고 있다. 어둠이, 적막감이, 태양이, 그리고 새들의 노랫소리가 거기에 있을 뿐이다. 그러나 번역문에서는 어조가 보다 적극적으로 바뀌어 있다. 어둠과 적막감이 '찾아들고' 새들의 노랫소리가 머록에게 '들려온다.' 원문을 읽는 독자들은 세상이 머록과는 상관없이 늘 그랬던 것처럼 여전히 그 자리에 존재하지만 아내를 잃어버린 머록은 더 이상 그 세상에 속하지 않을 것임을 예상할 수 있다. 또한 태양과 새들의 노랫소리로 상징되는 세상은 앞으로 다가올 머록의 삶과도 대조되는 것으로서 느낄 수 있다. 태양과 노랫소리는 여전히 그 자리에 존재하지만 더 이상 머록에게는 들리지 않는, 머록의 삶과는 관계없는 것들이라는 사실을 묵시적 느낄 수 있다. 그러나 어조를 바꿈으로써 이러한 묵시적 정보들이 사라져버렸다. 원문을 살려 번역하면 '곧이어 전보다도 더 짙은 어둠과 정적이 감돌았다. 머록이 다시 의식이 들었을 때는 해가 중천에 떠 있었고 숲에서는 새들의 노래 소리가 요란했다'가 될 것이다.

지금까지 번역전략의 선택에 따라 원문에서 전달되는 묵시적 정보가 어떻게 달라지는지, 또 결과적으로 작품의 시적 효과 전달에 있어서 어떻게 달라지는지를 살펴보았다.

문학작품 속에서 묵시적 정보는 아주 다양한 방식과 장치를 통해서 묵시적으로 전달된다. 이는 텍스트와 독자 간의 내밀한 대화를 통해 독자의 머릿속에서 일어나는 정신작용이다. 관련성 이론에 의하면 이러한 묵시적 정보전달을 매개하는 것은 추론이다. 문학작품을 읽는 독자들은 텍스트 제공정보와 독자(번역가) 제공정보를 바탕으로 자신이 읽는 텍스트에 대한 추론의 과정을 거쳐 묵시적 정보를 읽어낸다.

번역가의 역할은 도착어 텍스트의 독자들이 이러한 묵시적 정보를 읽어낼 수 있도록 매개하는 일이다. 번역가가 선택하는 번역전략에 따라 묵시적 정보는 독자에게 전달되어 작품에 시적 효과를 제공하기도 하고, 또는 번역과정에서 상실되어 1차적 정보를 전달하는 데 그침으로써 묵시적 정보가 상실되어버리기도 한다.

묵시적 정보에 대한 이해는 저절로 주어지는 것이 아니라 문학작품을 읽는 훈련을 통해서만 가능하다. 문학텍스트를 번역하는 번역가는 작품에 대한 이해는 물론이고 스스로 문학적 감성을 훈련하는 것이 필요하다. 그리고 번역하는 과정에서 끊임없이 텍스트와 자신이 가지고 있는 정보와 도착어 문화권의 독자 사이를 오가는 과정을 반복해야 한다. 번역가가 번역을 하기 위해 문학작품을 읽는 과정은 일반 독자들이 문학작품을 읽는 것과는 다르다. 번역가의 문학작품 독서과정은 입체적이고 반복적이며 회고적이어야 한다. 또한 같은 사물을 지칭하는 지시적 등가어라 하더라도 독자가 느끼는 문학적 감성은 아주 다를 수 있다는 점을 항상 염두에 두어야 한다.

참고문헌(References)

김병철(1988), 『한국 근대번역문학사 연구』, 서울: 을유문화사.
유리 M. 로트만(1998), 『문화기호학』, 유재천 옮김, 서울: 문예출판사.
폴 리쾨르(2004), 『번역론』, 윤성우·이향 옮김(2006), 서울: 철학과현실사.
이정민 외(1987, 2000), 『언어학 사전(Dictionary of Linguistics)』, (3판 개정증
　　보판), 서울: 박영사.
한국문학평론가협회(2006), 『문학비평용어사전』, 서울: 국학자료원.

Adams, Robert M.(1973), *Proteus, His Lies, His Truth: Discussions of Literary
　　Translation,* New York: Norton.
Ávarez, Román and Vidal M. Carmen-África(1996), 'Translating: A Political
　　Act', In Román Ávarez and M. Carmen-África Vidal. (Eds.), *Translation,
　　Power, Subversion,* 1~9.
Ávarez, Román and Vidal M. Carmen-África. (eds.), 1996, *Translation, Power,
　　Subversion,* Clevedon: Multilingual Matters.
Baker, Mona (ed.), 1998, 2001, *Routledge Encyclopedia of Translation Studies,*
　　London and New York: Routledge.
Baker, Mona(2001), 'Norms', In M. Baker (ed.), *Routledge Encyclopedia of
　　Translation Studies,* London and New York: Routledge, 163~165.
Bassnett, Susan, and Harishi Trivedi(1999), *Post-colonial Translation: Theory and
　　Practice,* London: Routledge.
Beaugrande, R. de and W. Dressler(1981), *Introduction to Text Linguistics,*
　　London: Longman.
Bierce, Ambrose(1891), *The Boarded Window,* Chicago Wood, Kindle Edition(2014).
Caminade, M. & Pym, Anthony(1998), 'Translator-Training Institutions', In M.
　　Baker (ed), *Routledge Encyclopedia of Translation Studies,* London and New
　　York: Routledge, 280~285.
Catford, J. C.(1965), *A Linguistic Theory of Translation, An Essay in Applied*

Linguistics, London: Oxford University Press.

Chesterman, Andrew(1997), *Memes of Translation: The Spread of Ideas in Translation Theory,* Amsterdam and Philadelphia: John Benjamins.

Collins(1991), *Collins Dictionary of the English Language,* Glasgow: Harper Collins.

Cronin, Michael(2003), *Translation and Globalization,* London and New York: Routledge.

Even-Zohar, Itamar(1990), 'Polysystem Studies', *Poetics Today* 11(1), Special Issue,

_____(1997), 'The Making of a Culture Repertoire and the Role of Transfer', *Target* 9(2), 355~363.

_____(2004), 'The Position of Translated Literature within the Literary Polysystem', In Lawrence Venuti. (Ed.), *The Translation Studies Reader,* 199~204.

Gutt, Dr Ernst-August(1992), 'Implicit information in literary translation: A relevance-theoretic perspective', Paper prepared for the symposium on the Pragmatics of Literary Translation at the Åbo Akademi University, Åbo/Turku 10~12, 11, 1992. Retrieved December, 2013, from website: http://cog prints.org/2494/

_____(1998), 'Pragmatic Aspects of Translation: Some Relevance-Theory Observations', In L. Hickey(ed.), *The Pragmatics of Translation,* Clevedon: Multilingual Matters, 41~53.

_____(2000), *Translation and Relevance: Cognition and Context.* Oxford: Blackwell,

Halverson, Sandra(1997), 'The Concept of Equivalence in Translation Studies: Much Ado About Something', Target 9(2), 207~233.

Hatim, Basil and Munday, Jeremy(2004), *Translation, An Advanced Resource Book,* London: Routledge.

Hermans, Theo(2004), *Translation in Systems Descriptive and System-oriented Approaches Explained,* Shanghai: Shanghai Foreign Language Education Press.

Hervey, S and Higgins, I.(1992), *Thinking Translation, A Course in Translation Method: French-English,* London and New York: Routledge.

Holmes, James(1998), 'The Name and Nature of Translation Studies', In L. Venuti (ed), *The Translation Studies Reader,* London and New York: Routledge, 172~185.

Johnson, Rod & Pete Whitelock(2008), *Machine Translation as an Expert Task,* http://www.mt-archive.info/TMI-1985-Johnson.pdf (Accessed in February, 2016).

Koller, W(1979), 'Equivalence in Translation Theory', Translated from the German by A. Chesterman, in A. Chesterman (Ed.), (1989) *Readings in Translation Theory,* Helsinki: Finn Lecturapp, 99~104.

Lagoudaki, Elina(2006), *Translation Memory Systems: Enlightening Users' Perspective, Key findings of the TM Survey 2006 carried out during July and August 2006,* Imperial College London: Translation Memories Survey 2006. http://www.atril-france.com/index_fichiers/Docs/Comparaison_logiciels TAO.pdf (Accessed in March, 2016).

Lefevere, André(1992), *Translation, Rewriting, and the Manipulation of Literary Fame,* London & New York: Routledge.

Levý, Jiri(2000), 'Translation as a Decision Process', In L. Venuti (ed.), *The Translation Studies Reader,* London: Routledge, 148~159, (Original work published in 1967).

Munday, Jeremy(2001), *Introducing Translation Studies,* London and New York: Routledge.

Nida, E. A. and Taber, Ch. R.(1969), *The Theory and Practice of Translation,* Leiden: Brill.

Niranjana, Tejaswini(1992), *Siting Translation: History, Post-structuralism, and the Colonial Context,* Berkeley: University of California Press.

Olvera-Lobo, Maria, et. al. Aula. int.(2005), 'Translator Training and Market Demands', *Perspectives: Studies in Translatology,* 13(2), 132~142.

Pym, Anthony(1993), *Epistemological Problems in Translation and its Teaching,* Calaceite: Caminade.

Pym, Anthony(1998), 'On the market as a factor in the training of translators', http://www.tinet.org/~apym/welcome.html (Accessed in November, 2015).

Pym, Anthony(2002), 'Translator Training: A Global Overview', http://www.tinet.org/~apym/welcome.html (Accessed in January, 2016).

Pym, Anthony(2008), 'Professional corpora': Teaching strategies for work with online documentation, translation memories, and content management, *Chinese Translators' Journal* 29(2), 41~45.

Roberts, Roda P.(1992), 'The Concept of Function of Translation and Its

Application to Literary Texts', *Target* 4(1), 1~16.

Sang, Zhonggang(2006), 'A Relevance Theory Perspective on Translating the Implicit Information in Literary Texts', *Journal of Translation* 2 (2), 43~60.

Savory, Theodore H.(1957), *The Art of Translation,* Johnathan Cape.

Schulte, Rainer & Biguenet, John (Eds.)(1992), *Theories of Translation, An Anthology of Essays from Dryden to Derrida*, Chicago and London: The University of Chicago Press.

Shaw, Bernard(2003), *Pygmalion,* Penguin Classics.

Shuttleworth, Mark. & Cowie, Moira (Eds.)(1997), *Dictionary of Translation Studies,* Manchester: St. Jerome.

Sperber, Dan, and Deirdre Wilson(1986), R*elevance: Communication and Cognition,* Oxford: Blackwell.

Toper, Pavel(1978), 'The Achievements of the Theory of Literary Translation', In Paul Horgeulin, (Ed.) *Translating, A Profession: Proceedings of the Eighth World Congress of the International Federation of Translators, Montreal 1977,* Montreal: CTIC, 41~47.

Toury, Gideon(1995), *Descriptive Translation Studies and beyond*, Amsterdam and Philadelphia: John Benjamins.

Venuti, Lawrence(1995), *The Translator's Invisibility, A History of Translation*, London & New York: Routledge.

Vermeer, Hans J.(1998), 'Didactics of translation', In M. Baker (ed), *Routledge Encyclopedia of Translation Studies,* London and New York: Routledge, 60~63.

Yun, Hunam(2010), *Appropriations of Irish Drama by Modern Korean Nationalist Theatre: a Focus on the Influence of Sean O'Casey in a Colonial Context,* Dissertation, The University of Warwick. http://wrap.warwick.ac.uk/34647/

윤후남

문학적 감수성이 풍부하던 대학시절, 고려대학교에서 영어영문학을 전공하면서 외국문학에 심취하게 되었으며 번역을 통해 작중인물들과 교감하는 것에 매력을 느끼게 되었다. 대학 4학년 때 번역에 대한 열정을 가지고 무턱대고 찾아간 출판사와의 인연을 계기로 전문번역가의 길로 들어서게 되었으며 그 후 수년 동안 소설, 시, 동화 등 다양한 작품들을 번역하였다. 그러다가 번역에 대해 학문적으로 좀 더 깊이 있게 공부할 필요성을 느껴, 번역학으로 세계적인 명성을 쌓은 영국의 워릭대학교에 입학하여 번역학 석사와 박사학위 과정을 마쳤다. 현재는 홍익대학교와 경희대학교에서 초빙교수로 번역학 강의를 하면서 번역학에 대한 저술활동과 더불어 전문번역가로서 활동하고 있다. 번역서로는 『웨이벌리』, 『중세의 신화』, 『아라비안나이트』, 『안데르센 동화전집』, 『피터래빗 시리즈』 등 다수가 있다.

전문번역,
나도 할 수 있다

초판인쇄   2016년 9월 30일
초판발행   2016년 9월 30일

지은이   윤후남
펴낸이   채종준
펴낸곳   한국학술정보㈜
주소   경기도 파주시 회동길 230(문발동)
전화   031) 908-3181(대표)
팩스   031) 908-3189
홈페이지   http://ebook.kstudy.com
전자우편   출판사업부 publish@kstudy.com
등록   제일산-115호(2000. 6. 19)

ISBN   978-89-268-7614-5 93710